Estudos e pesquisas em psicologia do desenvolvimento e da personalidade:

uma homenagem a Angela Biaggio

organizadores
Claudio Simon Hutz | Luciana Karine de Souza

Estudos e pesquisas em psicologia do desenvolvimento e da personalidade:

uma homenagem a Angela Biaggio

Casa do Psicólogo®
uma empresa PEARSON

Editor: *Ingo Bernd Güntert*
Gerente Editorial: *Fabio Melo*
Coordenadora Editorial: *Marcela Roncalli*
Assistente Editorial: *Cíntia de Paula*
Produção Editorial: *Casa de Ideias*

Dados Internacionais de Catalogação na Publicação (CIP)
Angélica Ilacqua CRB-8/7057

Estudos e pesquisas em psicologia do desenvolvimento e da personalidade : uma homenagem a Angela Biaggio / organizado por Claudio Simon Hutz, Luciana Karine de Souza. - São Paulo : Casa do Psicólogo, 2013.

Bibliografia

ISBN 978-85-8040-267-4

1. Personalidade - psicologia 2. Psicologia do desenvolvimento 3. Universalismo – relativismo 4. Biaggio, Angela Maria Brasil, 1940-2003 I. Hutz, Claudio Simon II. Souza, Luciana Karine de

13-0760 CDD 155.28

Índices para catálogo sistemático:

1. Personalidade – Psicologia

Impresso no Brasil
Printed in Brazil

As opiniões expressas neste livro, bem como seu conteúdo, são de responsabilidade de seus autores, não necessariamente correspondendo ao ponto de vista da editora.

Casapsi Livraria e Editora Ltda.
Rua Simão Álvares, 1020
Pinheiros • CEP 05417-020
São Paulo/SP – Brasil
Tel. Fax: (11) 3034-3600
www.casadopsicologo.com.br

Sumário

Apresentação

Este livro foi organizado com a finalidade de disponibilizar para a comunidade científica contribuições recentes e relevantes na área da Psicologia do Desenvolvimento e da Personalidade, bem como da Psicologia Social e da Avaliação Psicológica. Reconhece-se, também, a contribuição potencial destes trabalhos para a Educação e outras áreas do conhecimento, considerando-se o nível interdisciplinar dos diálogos conceituais e teóricos realizados pelos seus autores.

Sobre o livro

A organização deste livro foi fundamentada por uma razão maior: trata-se de uma homenagem a uma grande pesquisadora brasileira, a professora Angela Maria Brasil Biaggio (1940-2003), que muito contribuiu para o desenvolvimento científico na área da Psicologia no país. Além disso, o livro traz o último manuscrito pronto para publicação deixado pela professora Angela. Ele foi escrito com base na apresentação de seu trabalho em um simpósio integrante do encontro da Association for Moral Education realizado em Chicago, em novembro de 2002, ao qual compareceu mesmo com a saúde fragilizada.

Alguns dos autores que compõem este livro foram convidados em virtude de suas relações profissionais com a professora Angela. Ela foi colega de trabalho de Aroldo Rodrigues, Tania Sperb, William Gomes, Sílvia Koller (de quem foi orientadora), Juracy Marques e do organizador Claudio Hutz. Ao lado desses colegas, participou do esforço científico que impulsionou a produção publicada e a pós-graduação em Psicologia no Brasil. Travou diálogos teóricos e de pesquisa com estudiosos como Georg Lind, Helen Haste, Cleonice Camino e Clark Power (com quem realizou o pós-doutorado).

Esses autores estão reunidos neste livro também, porque reconhecem a contribuição que a professora Angela deixou para a Psicologia brasileira, incluindo sua visibilidade para a comunidade científica internacional. Além de divulgarem seus estudos e reflexões teóricas de alta qualidade, os autores homenageiam a colega e amiga que muito cedo nos deixou. Em especial, a professora Angela deixou marcas na trajetória de sucesso do Programa de Pós-Graduação em Psicologia da Universidade Federal do Rio Grande do Sul. O Instituto de Psicologia que abriga esse programa inclui, em suas dependências, a sala Angela Biaggio.

Sobre os capítulos

O leitor vai perceber que o livro manteve o idioma original dos manuscritos, isto é, quatro capítulos foram escritos em inglês e assim mantidos. Dada a crescente necessidade de domínio da língua inglesa no meio científico em Psicologia no Brasil, tanto para a atualização das pesquisas como para a divulgação das investigações brasileiras para além do território nacional, julgou-se apropriado mantê-los no idioma original.

O primeiro capítulo, "Moral judgment and peace: studies with the DIT-2", foi escrito pela professora Angela para sua participação no simpósio realizado na reunião da Association for Moral Education. Nesse trabalho, ela descreve as análises que realizou na condução da adaptação do Defining Issues Test-2 para uso no Brasil, bem como no desenvolvimento do instrumento inovador Peace Attitudes Scale (PAS), de sua autoria. A criação desse instrumento não apenas contribui para as análises em termos de validação de construto da adaptação do DIT-2 para o Brasil, como também abre oportunidades para a investigação das atitudes dos brasileiros sobre os temas abordados. Mais especificamente, o PAS avalia respostas em nível pós-convencional de raciocínio moral, conforme a proposta de L. Kohlberg. Diante disso, a professora Angela deixou, na verdade, um primeiro passo no desenvolvimento do PAS, que requer o desenvolvimento de pesquisas que o utilizem e o aperfeiçoem. A relevância do tema é indiscutível e trabalhos como esse, abordando questões sobre a paz, a guerra e a violência, vinham ganhando a atenção e a dedicação científica da professora desde o início da década de 1990.

"Alocação de responsabilidade por transgressões perpetradas por influência de outrem: uma análise atribucional" é a contribuição do professor Aroldo Rodrigues, presente no segundo capítulo deste livro. Nesse texto, o autor relata os estudos que conduziu para procurar responder à questão de como é percebido um dado comportamento provocado por influência social e quais são suas repercussões psicológicas. O professor Aroldo contribui, de modo marcante, para o tratamento do tema, discutindo modelos teóricos, respondendo a críticas e comparando dados transculturais. Ao final, o autor faz uma crítica interessante à postura do governo norte-americano em relacão às decisões tomadas diante da invasão do Iraque, com base na discussão de estudos relatados.

O terceiro capítulo, escrito pelo pesquisador norte-americano F. Clark Power e intitulado "Education for justice and peace: the just community approach to moral education", apresenta os bons resultados alcançados pelo Programa YES, desenvolvido pelo autor e realizado em escolas norte-americanas com base em sua metodologia da "comunidade justa". Foi em seus estudos de pós-doutorado com a orientação de Clark Power que a professora Angela acompanhou a aplicação da técnica da comunidade justa para desenvolver a democracia, o senso ético e a autonomia em escolas. De volta ao Brasil, a professora aplicou a técnica em uma escola de Porto Alegre, com resultados interessantes (vide referências no Currículo *Lattes* da professora, atualizado em 2001 com permissão do CNPq). Trata-se de um programa que tem grande potencial para contribuir com o desenvolvimento da autonomia e da consciência crítica das crianças e dos jovens brasileiros, bem como para o funcionamento da escola e do entendimento de um espaço que influencia a construção da cidadania.

O trabalho seguinte é uma contribuição de Simone Paludo e Sílvia Koller à discussão sobre o universalismo e o relativismo no campo da moralidade – discussão também realizada pela professora Angela na década de 1990. Nesse quarto capítulo, intitulado "Universalismo *versus* relativismo moral: dois lados de uma mesma moeda", as autoras apresentam o modelo intuicionista social para compreender a moralidade e aprofundam a questão das emoções morais e dos contextos de desenvolvimento com base em pesquisas brasileiras desenvolvidas na área. A contribuição conceitual e empírica que as autoras oferecem para o campo de estudos da moralidade no Brasil é evidente e ilustra a preocupação da associação entre pesquisa científica e melhoria das condições de vida de brasileiros, que inspiram milhares de cientistas sociais no país.

O quinto capítulo é de autoria de Helen Haste e intitula-se "Moral competence and the cultural context". A pesquisadora inglesa discute o conceito de competência moral e suas implicações culturais com profundidade teórica e argumentação sólida. Identifica cinco competências morais e discorre sobre elas com preocupação conceitual em identificar, no domínio moral, o que é um sujeito moralmente competente. Assim como os outros autores, ao final, traça algumas reflexões associadas à economia e à política internacional – temas sempre acompanhados de discussões éticas e morais.

O sexto capítulo traz o texto de Juracy C. Marques – "Desenvolvimento social e desenvolvimento moral: uma equação não resolvida" –, que inicia com a apresentação da teoria do desenvolvimento do raciocínio moral de L. Kohlberg e a discussão da aplicação educacional dessa teoria a contextos de grupo. Em seguida, essa perspectiva é contrastada com a dos estudos culturais de abordagem mais relativista no que diz respeito à moralidade, intercalando a discussão com exemplos que permeiam o cotidiano das relações interpessoais. A discussão da professora Juracy culmina na questão da felicidade humana, sugerindo a união da paixão com o pensamento crítico como garantia da autenticidade da felicidade.

O pesquisador alemão Georg Lind contribuiu para este livro com o sétimo capítulo: "Thirty years of the moral judgment test: support for the dual-aspect theory of moral development". Há décadas, o autor tem se dedicado a desenvolver um instrumento de avaliação do raciocínio moral que se mostre teoricamente fundamentado e robusto, além de contribuir para ações em contextos educacionais. Sua argumentação a favor da força do instrumento *Moral judgment test* é totalmente amparada em pesquisas desenvolvidas por sua equipe e colaboradores internacionais. Até o momento, existem aproximadamente trinta versões adaptadas do instrumento para uso em outros idiomas, o que demonstra o interesse da comunidade científica pelo trabalho de Lind e a amplitude do alcance de seu empenho em desenvolver um instrumento de alta qualidade psicométrica. Interessantemente, o autor argumenta que, para além de ensinar ou instigar valores morais, parece haver uma necessidade maior por ensinar competências morais para auxiliar em situações de tomada de decisão que envolvem questões morais na vida das pessoas.

O capítulo oito traz a discussão teórico-conceitual desenvolvida por Cleonice Camino, Verônica Luna e Júlio Rique sobre empatia, intitulada "O conceito de empatia na Psicologia". Partindo da Psicologia Geral Experimental, passando pela Psicologia da Personalidade, do Desenvolvimento, Aprendizagem Social, Abordagem Motivacional até a Etologia, os autores oferecem um panorama útil tanto para o conhecimento das distintas abordagens sobre o tema quanto para apontar as tendências científicas desenvolvidas até o momento.

O nono capítulo apresenta um tema atual, que vem sendo bastante investigado na área da Psicologia do Desenvolvimento, ao qual a professora Angela se dedicou com afinco. As autoras Verônica Petersen Chaves e Tania Mara Sperb relatam, em "A interação mãe-criança em famílias adotivas: um estudo comparativo", uma investigação conduzida com mães e filhos adotivos. Os comportamentos da mãe e da criança foram analisados e permitiram resultados interessantes que contribuem para a produção científica nacional sobre adoção e para o entendimento da adaptação tanto da criança adotada como da família que a recebe.

O livro encerra com o capítulo de Luciana Karine de Souza, Gustavo Gauer e William Gomes que apresenta notas sobre a vida da professora Angela, organizadas em uma linha do tempo biográfica e com dados pessoais e profissionais. O capítulo também lista as publicações póstumas e um resumo do currículo da professora escrito por ela mesma, no qual indica sua produção científica mais relevante.

Assim, com este livro pretende-se oferecer a pesquisadores e professores do ensino superior textos de alta qualidade nas áreas da Psicologia do Desenvolvimento e da Personalidade, fundamentados em pesquisas de temas relevantes e de interesse tanto da comunidade científica nacional como internacional. Também deseja-se homenagear uma grande pesquisadora que deixou contribuições marcantes na trajetória da produção científica nacional em Psicologia do Desenvolvimento e de boa parte dos vinte e cinco anos do Programa de Pós-Graduação em Psicologia da Universidade Federal do Rio Grande do Sul, a professora Angela Maria Brasil Biaggio.

Os organizadores

Moral judgment and peace: studies with the DIT-2[1,2]

Angela M. B. Biaggio

Graduate Program in Developmental Psychology Federal University of Rio Grande do Sul

The purpose of this paper is to report on the adaptation of Rest, Narvaez, Thoma and Bebeau's DIT-2 (Defining Issues Test-2) to the Portuguese language and Brazilian population. The DIT-2 is a revision of Rest's (1999) DIT-1, formerly called just DIT, one of the most widely used instruments to assess moral judgment, along with Kohlberg's MJI (Moral Judgment Interview), Gibbs' SRM (Sociomoral Reflection Measure) and SROM (Sociomoral Reflection Objective Measure) (Gibbs *et al.*, 1984), and more recently, Lind's MJT (Moral Judgment Test). All these instruments have been translated and adapted to the Portuguese language, and their reliability checked. They have been used in many research studies in Brazil. Bzuneck (1979) first translated the DIT-1, later revised by Camino and Luna (1989); Biaggio translated the MJI (1976) and the SROM (1989); and Bataglia (2001) translated the MJT.

The DIT is based on Kohlberg's (1976, 1984) approach to morality. A summary of Kohlberg's developmental theory, consisting of a brief description of the six stages of moral maturity, is presented in Appendix A. DIT research agrees with Kohlberg's approach in four ways, according to Rest *et al.* (1999):

---

1 Este é o último manuscrito inédito da professora Angela Biaggio, escrito em 2002.

2 Paper presented at 28th Annual Conference of the Association for Moral Education, Chicago, US. Studies conducted with collaboration of A. Shimizu, F. Bocco, P. Goldmeier, J. A. Hernandez, T. M. Martinez, M. Simão and L. K de Souza.

a) It emphasizes cognition;
b) It promotes the self-construction of basic epistemological categories (e.g. reciprocity, rights, duty, justice);
c) It portrays change over time, in terms of cognitive development (i.e., it is possible to talk of "advance" in which "higher is better");
d) It characterizes the developmental change of adolescence from conventional to post-conventional moral thinking.

One major difference between Kohlberg's approach and the DIT is that instead of the interview method upheld by Kohlberg, the DIT uses a multiple-choice recognition task requiring that participants rank and rate a standard set of data. Still according to the authors of the test, although the DIT-1 has been a reliable and valid instrument for about 25 years, several issues suggested the desirability of a revision:

a) Some of the dilemmas and language are dated (e.g., Kohlberg's Heinz story; the Vietnam War; calling Asian-Americans "orientals");
b) DIT-1's main index was **p**, the **percentage of post-conventional thinking** (Stages 5-A, 5-B, and 6). The DIT-2 uses a new developmental score, the **N2 index** (Rest, Thoma, Narvaez, & Bebeau, 1997);
c) The problem of bogus data (faking, carelessness etc.) in group administration. The DIT-2 has several checks for participant reliability. Reliability of the DIT-2 purges less participants than the DIT-1 (154/200 survivors for the DIT-1 *versus* 192/200 survivors for the DIT-2).

Several kinds of reliability studies are reported by them, as follows:

- **Relationships with education and age (Table 1)**

Table 1 Correlations between maturity of moral judgment, age, and educational level

	Educational level	Age
DIT-1 **p** index	.62	.52
N2	.69	.56

- **Relationships with views on public policy issues (abortion, free speech, rights of homosexuals, religion in public schools, women and roles, and so on)**

Table 2 Alpha values for DIT-1 and DIT-2

	P	N2	N
DIT-1	.76	x	154
DIT-2	.74	.81	192

Note. Crombach's alphas.

- **Correlations between DIT-1 and DIT-2**

Table 3 Correlations between DIT-1 and DIT-2

DIT-1 **p score** and DIT-2 N2	.71
DIT-1 and DIT-2 N2	.79

Validation of the DIT-2 was based on data from the same 200 participants who took the DIT-1 and the DIT-2. These participants included several age and educational levels, including students from ninth-grade to graduate and professional studies. The information on Table 3 is all from the Narvaez *et al.*'s study with the original DIT-1 and DIT-2 (Rest *et al.*, 1999).

Study 1: Portuguese translation

The DIT-2 was translated to the Portuguese language independently by Biaggio and by Shimizu (2002). The two researchers compared translations of each item, then decided together which was the best translation in case of differences.

Biaggio and Souza administered the Portuguese version of the DIT-2 to 164 university students. The means and standard deviations for DIT-2 variables obtained are shown in Table 4.

Table 4 Means and standard deviations for DIT-2 variables

	Personal interest Stage 2/3	Maintain norms Stage 4	P score	N2	Humanitarian Liberalism	Religious Orthodoxy
Mean	32.13	28.56	31.33	28.68	2.37	5.12
SD	11.87	11.73	11.36	10.89	1.72	3.03
N	155	155	155	151	155	155

Note. N is smaller than 164 because of purged participants on account of reliability checks.

Internal consistency reliability yielded an alpha of .7980, which is very close to US data (.81, for n = 192), using RAWP, but alpha = .38 for **p score** and .41 for N2. These last two values are closer to those obtained by Shimizu with Brazilian samples from other regions.

An attempt to analyze item-total score reliability yielded significant correlations between RAWP and each of the five stories, as well as between N2RAW and each of the five stories, and between p scores and each story, as shown in Tables 5, 6, and 7.

Table 5 Correlations between RAWP and each story (N = 164)

	DEMP	CANP	SCHP	REPP	FAMP
RAWP	.549**	.603**	.606**	.482**	.453**

Note. ** = $p < .01$

Table 6 Correlations between N2RAW and each story (N = 159)

	DEMN2	CANN2	SCHN2	REPN2	FAMN2
N2RAW	.549**	.515**	.652	.532**	.548**

Note. ** = $p < .01$

Table 7 Correlations between p scores and each story

	DEMP	CANP	SCHLP	REPP	FAMP
p score	.531**	.583**	.623**	.480**	

Note. ** = $p < .01$

Data indicate good reliability for the Portuguese version of the DIT-2.

Shimizu (2002) tested the same translation of the DIT-2 with 621 Brazilian eight-graders and high-school seniors from public and private schools, from three geographically widely apart cities in Brazil: one in the north (Floriano, state of Piauí), one in the southeast (Marília, São Paulo), and one in the south (Erechim, Rio Grande do Sul). Both the DIT-1 and the DIT-2 were administered, with between one day and one month of time interval. Data were gathered in the year 2000. Northeast and public school parents were from a lower socioeconomic group.

Correlations between DIT-1 and the DIT-2 were significant at the .05 level, with r's of low absolute values, for stages 2, 3, 4, and 5A. The r was non-significant for Stages 5B and 6. Crombach's alphas obtained by Shimizu were .38 for DIT-1 and .339 for DIT-2's **p score**. Table 8 shows alphas for Rest *et al.*'s study (1999), Biaggio (2002) and Shimizu (2000).

Table 8 Rest *et al.*'s study (1999), Biaggio (2002) and Shimizu (2000)

	REST *ET AL.*	BIAGGIO	SHIMIZU
DIT-1	.78		.38
DIT-2	.70 (p)	.80 (p)	.339 (p)
	.41 (N2)	.38 (RAWP)	.41 (N2)

Shimizu believes that the low alphas may be due to the level of reading comprehension of the participants in her sample (all eigth-graders and high-school students (whereas in the Biaggio and Souza study the participants were all university students). She also questions the adequacy of some of the dilemmas for the Brazilian context, especially story # 5, about student protest regarding the US government's use of military force for economic advantage.

Regarding the language structure of the test, we find, like Shimizu, that the interrogative form of the 12 questions that follow each story make the task confusing. The same kind of confusion may be due to the use of the adverb "no" in some questions, for example, in story # 2, question # 1: "Doesn't the public have the right to know all the facts about a candidate to a position?"; in story # 2, question # 1: "Doesn't the public have the right to know all the facts?" Also, story # 5, question # 10 "Shouldn't the authorities be respected by the students?".

Shimizu also discusses stories obtained by Brazilian students, who show a predominance of Stage 4, both in the DIT-1 and DIT-2. Private school students showed significantly higher p scores than those of public schools.

Study II: development of the Peace Attitudes Scale (PAS)

In order to check on the construct validity, we devised an instrument to measure attitudes toward peace, assuming that post-conventional thinking (Stages 5 and 6) are related to peace attitudes. We arrived at this idea, based on Kant's (1795/1983) text on perpetual peace, Piaget's (1934/1998) "Is an education for peace possible?", and Kohlberg's notions about peace. Kohlberg (1984) cites persons like Jesus Christ, Gandhi, and Martin Luther King, all pacifists, as examples of revolutionary pacifist thinking characterizing Stage 6.

The instrument, "Peace Attitudes Scale", henceforth called PAS, consists of 11 citations (short paragraphs) by noted pacifist leaders and authors, with which the respondent must indicate his/her degree of agreement, in a four-point scale. These citations are by Jesus Christ, Gandhi, Martin Luther King (1964), St. Francis of Assisi, and St. Paul. In order to avoid problems of "response set", five "negative items" were interspersed, that is, items defending anti-pacifist notions of "just war", such as viewpoints by Rudolf Niebuhr's (MacGregor, 1954), the Protestant theologian, and citations from the Koran.

Participants in this phase of the study were 100 university students of both sexes, from two major universities (one private, and one public), in Porto Alegre, Rio Grande do Sul, Brazil.

In order to evaluate the reliability of the scale, alphas were calculated for the initial 18 item scale, for the 11 item pro-peace subscale (positively scored items), and for the pro just war items (seven negatively scored items), yielding the following results shown in Table 9.

Table 9 Alpha values for the pas total scale, positive sub-scale, and negative sub-scale

	Total scale	Positive sub-scale	Negative sub-scale
Original scale Alpha values	.6388	.7854	.5871
Revised scale Alpha values	.7017	.7973	.4070

For evaluation of each item, item total-score correlations were obtained. These ranged from .328 to .610, except for two negative items, which were eliminated from the scale. This increased the value of alpha to .7017 for the total scale.

The negative items eliminated were numbers 6 and 8, of the original 18-item scale, and read: "6K – It is the duty of the individual to defend the State. It is a holy war. Whether you are weakly or strongly armed, march to combat and sacrifice your goods and people for the cause of God."; and "8N – All justice in the field of man's collective behavior is reached through some kind of decent balance of power, however, this power may always lead to tyranny or anarchy. Thus, a war may be a consequence of, or a remedy to tyranny which results from irresponsible use of power."

The final version of the scale contains therefore 16 items (Appendix B). Alpha values for the total scale and for the two subscales were .7917; .7973; and .4070. We can see that the negative items had lower reliability, perhaps because of the smaller number of items.

Study III: relationships between maturity of moral judgment and attitudes towards peace

The relationship between maturity of moral judgment and attitudes toward peace was investigated by correlating maturity of moral judgment with attitudes toward peace correlating PAS total scores, positive sub-scale, and negative sub-scale, with DIT-2 scales Stage 2/3, Stage 4, **p**, and N2 scores, Humanitarian Liberalism, and Religious Orthodoxy.

The statistically significant relationships found are shown in Table 10.

Table 10 Correlations between PAS and DIT-2 scales

	PAS total positive	DIT-2 p scores	DIT-2 N2
PAS total negative	x r = .471, p < .01	r = .270, p < .01	r = .283, p < .01

	Humanitarian Liberalism	Religious Orthodoxy
x Stage 4	r = -.336, p < .01	r = .460, p < .01

	PAS total positive
x Religious Orthodoxy	r = .3340, p < .01

	DIT-2 N2
DIT-2 p score	r = .901, p < .01

Discussion

The three studies show that:

1) The Portuguese version of the DIT-2 has good indication of reliability, making it possible to use it as a research instrument;
2) The peace instrument constructed *ad hoc* for this study shows good internal consistency;
3) The relationship between moral judgment and peace attitudes is not so easy to understand or to explain:
    a) Both the DIT **p scores** and N2 scores correlated significantly although not highly, in absolute values with the Peace negative items sub-scale, that is, high moral judgment participants tended to disagree with just war arguments, but there is no evidence that they agree with pacifist statements (positively scored items). This must have lowered the correlation of the DIT-2 indices with the total peace scale. It is also odd that the significant

correlations were found with the peace sub-scale which had the lowest internal consistency;

b) Religious orthodoxy correlated positively with Peace Total Positive, which was not expected, but may be understood if one looks to the low incidence of Stages 5 and 6 in the sample (restriction of range). If most of the highest moral judgment participants were predominantly Stage 4, this would fit well with religious orthodoxy.

4) Still of interest to the analysis of the two instruments were the significant correlations between DIT-2 **p** and N2 ($r = .90$, $p < .001$) and between PAS total positive and total negative sub-scales ($r = .47$; $p < .01$).

We may conclude that there are some interesting relationships between maturity of moral judgment and attitudes pro-peace, and that Kohlberg's theory of moral development and its applications to moral education may be adapted for peace education purposes.

References

Bataglia, P. (2001). *A construção da competência moral e a formação do psicólogo.* Doctoral dissertation, Instituto de Psicologia, Universidade de São Paulo, SP, Brazil.

Biaggio, A. M. B. (1989) Adaptation of Gibbs *et al.*'s SROM to the Brazilian population. Paper presented at the *Interamerican Congress of Psychology,* Buenos Aires, Argentina.

Bzuneck, A. (1979). *Julgamento moral de adolescentes delinquentes e não delinquentes e ausência paterna.* Doctoral dissertation, Instituto de Psicologia, Universidade de São Paulo, SP, Brazil.

Camino, C., & Luna, V. (1989). Reformulação e adaptação do Defining Issues Test. Paper presented at the *Interamerican Congress of Psychology,* Buenos Aires, Argentina.

Gibbs, J. C., Arnold, K. D., Morgan, R. L., Schwartz, E. S., Gavaghan, M. P., & Tappan, M. B. (1984). Construction and validation of a multiple-choice measure of moral reasoning. *Child Development, 55,* 527-536.

Kant, I. (1795/1983). To perpetual peace: A philosophical sketch. In I. Kant, *Perpetual Peace and Other Essays* (T. Humphrey, Trans.). Indianapolis: Hackett.

King, M. L., Jr. (1964). *Why we can't wait.* New York: A Signet book, by The New American Library of World Literature.

Kohlberg, L. (1976). Moral stages and moralization: The cognitive developmental approach. In T. Lickona (Ed.). *Moral development and behavior*. New York: Holt, Rinehart & Winston.

Kohlberg, L. (1984). *Essays on Moral Development, Vol. II: The Psychology of Moral Development*. San Francisco: Harper and Row.

Lourenço, O. (1999). Toward a positive conception of peace. In A. Raviv, L. Oppenheimer, & D. Bar-Tal (Eds.), *How Children Understand War and Peace*. San Francisco: Harper and Row.

MacGregor, G. H. C. (1954). *The New Testament Basis of Pacifism* (Rev. Ed.). Nyack, NY: Fellowship Publications.

Piaget, J. (1934/1998). É possível uma educação para a paz? (C. Berliner, Trans.). In S. Parrat-Dayan, & A. Tryphon (Eds.). *Jean Piaget. Sobre a pedagogia. Textos inéditos.* São Paulo: Casa do Psicólogo.

Rest, J., Narvaez, D., Bebeau, M. J., & Thoma, S. J. (1999). *Post-conventional Moral Thinking: A Neo-Kohlbergian Approach*. Mahwah, NJ: Lawrence Erlbaum.

Rest, J., Thoma, S. J., Narvaez, D., & Bebeau, M. J. (1997). Alchemy and beyond: Indexing the Defining Issues Test. *Journal of Educational Psychology, 89(3), 498-507.*

Shimizu, H. (2000). Japanese cultural psychology and empathic understanding: Implications for Academic and Cultural Psychology. *Ethos*, 28(2), 224-247.

Shimizu, A. M. (2002). *Representações sociais e julgamentos morais de jovens: Um estudo intercultural comparando duas abordagens teórico-metodológicas.* Doctoral dissertation, Universidade Estadual Paulista, Marília, SP, Brazil.

Appendix A

Kohlberg's stages of moral development (Kohlberg, 1984)

Level A: pre-moral
Stage 1 – Punishment and obedience orientation
Stage 2 – Naïve Instrumental hedonism
Level B: morality of conventional role conformity:
Stage 3 – Good-boy morality of maintaining good relationships, approval by others
Stage 4 – Authority maintaining morality
Level C: morality of self-accepted moral principles
Stage 5 – Morality of contract, of individual rights, and democratically accepted laws
Stage 6 – Morality of individual principles of conscience

Appendix B

Peace Attitude Scale – PAS (Biaggio, 2002)

Below are presented sentences or adaptations of sentences by some historical personalities. Read each statement carefully and check how much they are in agreement with your own thinking. For each statement you will have a one to six scale, in which 1 means that you disagree totally, and 6, that you agree totally.

1G – I believe that non-violence is infinitely superior to violence and that forgiveness is much more virile than punishment.

TOTALLY DISAGREE	DISAGREE	SLIGHTLY DISAGREE	SLIGHTLY AGREE	AGREE	TOTALLY AGREE
1	2	3	4	5	6

2N – Pacifists do not see that selfishness introduces an element of conflict in the world and that even the most positive relationships are not free of it... It is because man are selfish that justice can only be reached through a certain degree of coercion on one hand and by resistance to coercion on the other hand.

3K – Violence often brings temporary results. Nations frequently obtained their independence through battles, but in spite of temporary victories, violence never brings permanent peace. It does not solve any social problem, it simply brings new and more complicated problems.

4N – If pacifists were less obsessed to dilute the ethic of non-violent politics, and with the obvious contradiction between ethics and the fact of war, they might have noticed that the duty not to resist evil is only one part of the ethics we violate, not only in time of war, but in our daily life. For someone who lives in a society in which coercive and political oppression are taken for granted, it is difficult enough to show why war is more offensive to the Christian conscience than any other corporate evil; and if we discriminate against it, we may well be involved in inconsistency and hypocrisy.

5P – Bless those who persecute you... Do not pay evil with evil...if possible, be at peace with one another... If your enemy is hungry, feed him, if he is thirsty, give him something to drink. Do not be carried away with evil, but pay evil with good.

6K – Violence is not practical, and it is immoral. It is not practical, because it consists of a descending spiral of destruction to all. The old law "an eye for an eye" leaves everybody blind. Violence is blind because it tries to humiliate the opponent instead of getting his understanding, it tries to annihilate rather than to convert. Violence is immoral because it is nourished by hate, not by love. It destroys the community and makes brotherhood impossible. It leaves society in a monologue instead of a dialogue. Violence ends up defeating itself. It fosters bitterness in survivors and brutality in the destroyers.

7G – The method of non-violence may seem slow, very slow, but I am convinced it is the quickest.

8G – Non-violence is seen sometimes as passive and non-active. But it is a much more active movement than others and it requires the use of arms. Truth and non-violence are sometimes the most active forces that are available in the world.

9K – No individual or group needs to be submitted to any evil, nor do they need to use violence to oppose this evil; there is the way of non-violence.

10N – War may be seen as the smaller of two evils, and therefore as legitimate activity. The bad consequences of not utilizing war could be greater than the admitted consequences of using it. War is evil, but the results of pacifism could be worse.

11K – One should emphasize that non-violence is not a method for cowards, it is ultimately the method of the strong person. The method may be physically passive, but it is spiritually very active. It is not passive resistance to evil, it is active non-violent resistance to evil.

12F – Lord, make me an instrument of thy peace – where there is hatred, that I may take love.

13N – Although we may know that we should love one another as we love ourselves, there is a law in our body which goes against this law which is in our mind, so that we love first and most of all ourselves.

14J – Do not resist him who is bad, but if someone hits you on the right face, give him the other face.

15G – After a half century of experience, I know that humanity cannot be freed except by non-violence.

16H – War is the father of all and the king of all; and some were made gods, and others, men; some slaves, and other free men. We must know that war is common to all and that fight is justice, and that all things come to be and disappear through fight.

Obs.: The items of this test were back-translated from Portuguese to English by A. Biaggio.

Alocação de responsabilidade por transgressões perpetradas por influência de outrem: uma análise atribucional

Aroldo Rodrigues

California State University

O comportamento analisado no presente capítulo se reveste das seguintes características: (a) uma pessoa é solicitada por outrem a exibir determinado comportamento e esta se recusa a fazê-lo porque para ele constitui uma transgressão de natureza ética; (b) o influenciador tenta persuadir a pessoa a perpetrar o comportamento desejado utilizando-se, para lograr seu objetivo, de diferentes formas de influência social; (c) diante da pressão exercida pelo influenciador, a pessoa cede e se comporta da maneira desejada pelo agente da influência.

A Psicologia Social tem demonstrado, convincentemente, que o poder da situação social é capaz de levar as pessoas a se comportarem de maneira distinta daquela que comumente fazem (ver, por exemplo, Milgram, 1963; Zimbardo, 1970, 2008). As investigações reportadas a seguir apresentam um cenário em que o poder da situação induz uma pessoa a adotar um comportamento antiético, apesar de sua relutância inicial em fazê-lo. O objetivo das pesquisas conduzidas é descobrir as características das causas às quais o comportamento antiético é atribuído e investigar as consequências psicológicas dessa atribuição. A fim de atingir esse objetivo, dois referenciais teóricos foram utilizados: (a) a taxonomia das bases do poder social, apresentada por Raven (1965), e a teoria atribucional da conduta social, postulada por Weiner (1995, 2006). A seguir, uma breve descrição desses modelos teóricos.

A taxonomia das bases do poder social de Raven

Em sua primeira taxonomia das bases de poder social, Raven (1965) identificou seis delas, a saber: recompensa (poder derivado da capacidade de o influenciador premiar o influenciado); coerção (poder derivado da capacidade de o influenciador punir o influenciado); legitimidade (poder derivado da posição ou do *status* do influenciador); referência (poder derivado do fato de o influenciador ser uma referência positiva para o influenciado); conhecimento (poder derivado do conhecimento especializado e profundo do influenciador em determinados assuntos); e informação (poder derivado da força dos argumentos). O exemplo a seguir ilustra essas seis bases de poder social e mostra como a pessoa que as utiliza influencia outras pessoas. Neste exemplo, será descrito um cenário que mostra uma interação entre um médico e uma enfermeira, o qual foi utilizado em vários dos estudos empíricos reportados neste capítulo.

Suponhamos que uma enfermeira, obedecendo às ordens de um médico, administra uma dose de um remédio ainda em estado experimental a um paciente, o qual tem sua saúde significativamente piorada. Embora a enfermeira tenha, a princípio, se recusado a seguir a ordem médica por contrariar seu código de ética, ela acaba cedendo e administrando a nova droga ao paciente. Assim, as seis bases de poder referidas anteriormente podem ser utilizadas pelo médico para persuadir a enfermeira a fazer sua vontade. Por exemplo, o médico pode dizer à enfermeira que ele é um renomado especialista naquele tipo de doença e sabe o que está fazendo (poder de conhecimento); pode recorrer à sua condição de médico do paciente, que tem o direito de prescrever o remédio que lhe parece mais adequado para a cura do doente (poder legítimo); pode ainda ameaçar demitir a enfermeira caso ela se recuse a seguir suas ordens (poder de coerção), ou oferecer-lhe uma promoção por fazer o que ele lhe disse (poder de recompensa). Ainda outra alternativa seria o médico invocar a admiração mútua que existe entre eles, o bom relacionamento que sempre mantiveram, a fim de convencê-la a seguir suas ordens (poder de referência), ou, finalmente, explicar à enfermeira as razões pelas quais o remédio será eficaz até que ela entenda a necessidade de administrá-lo ao paciente (poder de informação).

Vários investigadores têm sugerido maneiras de agrupar estratégias de poder e tentativas de influência social (por exemplo, Cody, MacLaugin, & Jordan, 1980; Falbo & Peplau, 1980; Knipis, Schmidt, Swaffin-Smith, & Wilkinson, 1984). Raven (1965) afirma que os poderes de recompensa e de coerção têm em comum a característica de serem públicos (isto é, só são eficazes quando sob a fiscalização do influenciador) e dependentes (dependem da capacidade de o influenciador recompensar ou punir). Por outro lado, três das outras quatro bases de poder – legitimidade, referência e conhecimento – têm em comum a característica de serem privadas (ou seja, independem de fiscalização por parte do influenciador para serem eficazes) e são também dependentes de características do influenciador, tais como posição de legitimidade, ser uma referência positiva ou possuir conhecimento especializado. O poder de informação é a única base de poder que, embora privada como as três últimas citadas, é independente do influenciador, pois sua eficácia deriva da força dos argumentos e não necessariamente da pessoa que os apresenta. Entre os autores que se utilizam da taxonomia de Raven (1965), Fontaine e Beerman (1977) verificaram que os poderes de conhecimento, de legitimidade e de coerção conduzem a uma baixa expectativa de aquiescência e satisfação por parte da pessoa influenciada, enquanto que recompensa, informação e referência têm em comum o fato de suscitarem uma elevada expectativa de aquiescência por parte da pessoa alvo da tentativa de influência. Embora por razões diferentes das que serão apresentadas neste capítulo, esses investigadores agrupam as bases de poder de maneira semelhante à que será reportada aqui, em função das pesquisas conduzidas pelo autor. Litman-Adizes, Fontaine e Raven (1978) verificaram que, quando um subordinado obedece a ordens do supervisor, seu comportamento é atribuído mais à vontade do empregado (isto é, é percebido como decorrente de uma causa interna) quando as bases de poder utilizadas na tentativa de influência são informação, recompensa ou referência, e atribuído mais à pressão do influenciador (isto é, é percebido como decorrente de uma causa externa), quando a base de poder utilizada pelo influenciador é legitimidade, conhecimento ou coerção. Mais uma vez, o agrupamento das bases de poder em dois grupos (o que leva à percepção de maior internalidade do comportamento da pessoa influenciada e o que conduz a uma percepção de maior externalidade de tal comportamento) se coaduna com o que revelaram as pesquisas que serão reportadas neste trabalho. Mais recentemente, entretanto, Brown e Raven (1994) agruparam informação, conhecimento e referência como capazes de induzir comportamentos percebidos como mais internos do que os suscitados por legitimidade, recompensa e coerção, contrariando, assim, os agrupamentos previamente citados. Uma explicação para parte dos achados de Brown e Raven será apresentada e testada empiricamente mais adiante neste capítulo.

A teoria da conduta social de Weiner

A teoria da conduta social de Weiner (1995) focaliza a maneira pela qual atribuímos responsabilidade às pessoas pela conduta que exibem. Ao considerarmos uma pessoa responsável por um determinado comportamento, a teoria postula que a atribuição do comportamento a uma causa interna (originada na própria pessoa) ou externa (derivada de fatores externos à pessoa) é fundamental na alocação de responsabilidade. Se o comportamento é atribuído a causas internas, em seguida, é necessário estabelecer se o comportamento emitido é ou não capaz de ser controlado pela pessoa. Mesmo quando o comportamento é visto como interno e controlável, a existência de circunstâncias atenuantes pode isentar a pessoa de responsabilidade por seu ato, ou reduzi-la significativamente. Se a causa do comportamento é interna, controlável e não existem circunstâncias atenuantes, então o autor é responsabilizado por seu ato. Com base em sua teoria anterior sobre aspectos atribucionais relativos a motivação e emoção, este autor assinala que as consequências dos julgamentos de responsabilidade incluem: culpa, censura, elogio, crítica, raiva, pena, punição, ajuda ou recusa de ajuda. Por exemplo, se um aluno fracassa por falta de estudo (uma causa interna e controlável), ele experimentará sentimentos de culpa, irritará o professor e será provavelmente censurado, criticado e punido com uma nota ruim. Se, entretanto, a causa do fracasso é falta de capacidade ou aptidão (uma causa interna, mas incontrolável), o estudante poderá sentir vergonha, mas não culpa, e provavelmente suscitará pena por parte do professor e desejo de ajudá-lo.

A teoria de Weiner se aplica a um amplo espectro de fenômenos sociais, tais como avaliação de rendimento, reação a estigmas, agressão, comportamento de ajuda, pedido de desculpas etc. A premissa básica da teoria é a de que, em tais situações sociais, verifica-se a sequência *cognição (atribuição)* → *afeto* → *ação*. Mais especificamente, dado um certo comportamento da pessoa, a causa do comportamento é determinada, e a responsabilidade por ele é atribuída à pessoa ou não (cognição); isso eliciará emoções específicas (afeto) dependendo das características de internalidade/externalidade e controlabilidade/incontrolabilidade da causa do comportamento; finalmente, tais antecedentes determinam o comportamento (a ação) que se segue.

O objetivo deste capítulo

A indagação que suscitou os estudos a serem relatados no decorrer deste capítulo foi a seguinte: sob a perspectiva da teoria da atribuição (Weiner, 1986, 1995, 2006), como é percebido (em termos atribucionais) um comportamento provocado pela utilização de influência social derivada das seis bases de poder constantes da taxonomia de Raven, quer pela pessoa influenciada, quer por observadores de seu comportamento? E quais são as consequências psicológicas desta percepção? Em outras palavras, o comportamento emitido pela pessoa influenciada é percebido como mais interno (mais devido à sua vontade de emiti-lo) ou mais externo (mais devido ao influenciador)? Mais sob seu controle ou menos sob seu controle?

Pesquisas anteriores (Rodrigues, 1995; Rodrigues & Lloyd, 1998) demonstraram que, sob uma perspectiva atribucional, os poderes de recompensa, referência e informação, embora fenotipicamente distintos, são genotipicamente semelhantes. Essas três formas de influência social, quando percebidas como causa de uma transgressão por parte da pessoa influenciada, conduzem à percepção desse comportamento como mais interno e mais controlável pela pessoa que o emite. Legitimidade, conhecimento e coerção também são genotipicamente semelhantes em termos atribucionais, pois induzem a um comportamento percebido como menos interno e menos controlável pelo influenciado. Tais estudos também revelaram que as consequências antecipadas pela teoria da conduta social de Weiner (1995) seguem essas atribuições diferenciais, ou seja, quando o comportamento de aquiescência é provocado pelo poder de recompensa, referência ou informação, maior responsabilidade, mais censura, mais raiva e maior punição são suscitados nas pessoas que o observam. Por outro lado, quando tal comportamento é suscitado por legitimidade, conhecimento ou coerção, seu ator é visto como menos responsável, e menos censura, menos raiva e menor punição a ele se segue.

O presente capítulo fará um resumo dos achados anteriores, apresentará novos resultados relativos ao assunto, responderá a certas críticas e reportará novas pesquisas transculturais. Ênfase especial será dada à percepção de internalidade e controlabilidade da causa do comportamento de aquiescência ao influenciador, pois, em virtude da ausência de circunstâncias atenuantes, essa percepção influi na alocação da responsabilidade e na experiência de determinadas emoções positivas ou negativas, e também em certos comportamentos (Weiner, 1986, 1995, 2006). O capítulo termina com uma discussão da relevância dos achados reportados para um melhor entendimento de certos fenômenos sociais, tais como a obediência ao experimentador nos estudos de Milgram, redução de dissonância, comportamento criminoso, justiça retributiva e a falsa alegação da existência de armas de destruição em massa para justificar a invasão do Iraque pelos Estados Unidos.

Segue a descrição de treze estudos, dos quais sete foram publicados anteriormente. Por causa das limitações de espaço, somente os novos estudos serão descritos em mais detalhes, enquanto que os já publicados serão apenas brevemente resumidos.

Poder social e atribuição: resumo dos experimentos iniciais

Em dois artigos publicados anteriormente (Rodrigues, 1995; Rodrigues & Lloyd, 1998), vários estudos mostram que comportamento de aquiescência causado por recompensa, referência e informação é percebido como mais interno e mais controlável do que aquele suscitado por legitimidade, conhecimento ou coerção. Responsabilidade, censura, emoções específicas e determinados comportamentos decorrem das dimensões causais da causa percebida para o comportamento observado.

Estudo 1: O experimento original

O primeiro de uma série de estudos sobre a relação entre comportamento suscitado por influência derivada de uma das seis bases de poder da taxonomia de Raven e atribuição de causalidade foi reportado por Rodrigues (1995). O cenário básico apresentado aos participantes do experimento pode ser assim resumido: "um médico pede a uma enfermeira para administrar um remédio experimental (ainda não aprovado pelo sistema de saúde) a um de seus pacientes; a enfermeira se nega a fazê-lo, pois isso vai de encontro a seu código de ética; o médico utiliza uma das seis bases de poder da taxonomia proposta por Raven (1965); a enfermeira acaba aquiescendo ao solicitado pelo médico" (do autor).

Em uma das condições experimentais, o resultado foi positivo, isto é, o paciente se recuperou e deixou o hospital; na outra, o resultado foi negativo, ou seja, o paciente foi removido para o CTI e veio a falecer. As seguintes variáveis dependentes foram medidas em escalas de 9 pontos: internalidade e controlabilidade do comportamento da enfermeira aquiescendo ao pedido do médico; responsabilidade da enfermeira por seu ato; e, dependendo da condição (bom ou mau resultado), quão orgulhosa/culpada se sentiu a enfermeira, quanto seu comportamento aumentou/diminuiu sua autoestima e quão agradecidos/irritados os parentes do paciente se sentiram em face do que ela fez. O estudo envolveu 120 participantes, todos estudantes universitários da California State University (CSUF) em Fresno, nos Estados Unidos.

Os resultados desse experimento mostraram que, quando o comportamento da enfermeira deriva da utilização pelo médico dos poderes de recompensa, referência e informação (de agora em diante chamados *bases de poder do Grupo 1*), ele é percebido como mais interno, mais controlável, a enfermeira é vista como mais responsável, e afetos positivos (na condição de bom resultado) e negativos (na condição de mau resultado) são mais intensos do que quando seu comportamento deriva da utilização pelo médico dos poderes de legitimidade, conhecimento e coerção (daqui por diante denominados *bases de poder do Grupo 2*). O leitor interessado encontrará no artigo citado (Rodrigues, 1995) os valores obtidos para cada variável dependente.

Estudo 2: Enfermeiras como participantes

Uma réplica desse estudo inicial foi levada a efeito com 44 enfermeiras que trabalhavam em hospitais da cidade de Fresno na Califórnia. Em razão do cenário utilizado (interação entre um médico e uma enfermeira), pareceu-nos que ele seria mais engajante para enfermeiras profissionais do que para estudantes universitários. Os resultados confirmaram perfeitamente aqueles obtidos no primeiro estudo, mostrando que o comportamento da enfermeira é percebido como mais interno e mais controlável e a enfermeira é considerada mais responsável quando seu comportamento é suscitado pelas bases de poder do Grupo 1 do que quando o é pelas bases de poder do Grupo 2. O mesmo ocorreu em relação à intensidade dos afetos suscitados e reportados no estudo inicial.

Estudo 3: Participantes como atores

Nos dois estudos mencionados, os participantes eram solicitados a preencher as escalas medidoras das variáveis dependentes no papel de observadores do comportamento por ela exibido. Como demonstrado por

Jones e Nisbett (1972) e, posteriormente, revisitado por Robins, Spranca e Mendelsohn (1996), atores e observadores possuem tendenciosidades diferentes ao fazerem inferências causais. Observadores tendem mais a fazer atribuições internas, porém, quando se trata de seus próprios comportamentos, tendem a fazer atribuições externas, principalmente quando se trata de comportamentos censuráveis ou transgressões. Um terceiro estudo foi conduzido pelo autor com 96 estudantes universitários da CSUF para verificar se o mesmo padrão de resultados obtidos anteriormente seria replicado quando os participantes consideram seu próprio comportamento em vez de observarem o de outrem.

Para isso, foi criado um cenário envolvendo uma interação entre um supervisor e um empregado. O supervisor pede ao empregado para fazer algo antiético e o empregado se recusa a fazê-lo. Tentativas de influência baseadas em cada uma das seis bases de poder de taxonomia de Raven são utilizadas e o empregado (no caso, o participante do experimento) acaba por aquiescer. As mesmas variáveis dependentes do estudo anterior foram medidas por meio de escalas apropriadas. Mais uma vez, os resultados dos experimentos anteriores foram confirmados. Recompensa, referência e informação levaram a comportamento percebido como mais interno e mais controlável do que legitimidade, conhecimento e coerção. Alocação de responsabilidade e intensidade de afetos também confirmaram os estudos anteriores.

Estudo 4: Resultados obtidos em outra cultura

Para verificar se os resultados obtidos na cultura norte-americana seriam replicados em uma cultura diferente, o experimento original foi conduzido com 120 estudantes universitários brasileiros. Como pode ser observado em Rodrigues e Lloyd (1998), os resultados obtidos com a amostra brasileira replicaram exatamente os obtidos no estudo inicial recém-resumido.

Estudo 5: Adicionando o componente comportamental

A teoria da conduta social de Weiner (1995) postula a sequência cognição (atribuição) → afeto → ação. Isso significa dizer que a atribuição de um comportamento a certas dimensões causais determina a alocação de responsabilidade ou não à pessoa que emite tal comportamento e suscita determinados afetos que, por sua vez, influenciam a ação que se segue (ajuda ou não, punição ou recompensa etc.). Consequentemente, se um ato reprovável ou uma transgressão ética são percebidos como internos e controláveis, e não há circunstâncias atenuantes, o ator é percebido como responsável e isso conduz a afetos negativos (raiva, irritação), o que, por sua vez, motivam um comportamento compatível (punição, censura).

O experimento a seguir utilizou o mesmo cenário descritivo da interação médico-enfermeira de estudos anteriores. As variáveis dependentes também foram as mesmas, sendo uma nova introduzida. Os participantes foram solicitados a desempenhar o papel de diretor do hospital em que houve o incidente envolvendo o médico e a enfermeira, e a indicar, em escala apropriada, a severidade da punição (ou ausência de punição) a ser aplicada à enfermeira por haver administrado a droga experimental ao paciente. As demais escalas relativas às outras variáveis dependentes (internalidade) também foram apresentadas aos participantes.

A sequência cognição (atribuição) → afeto → ação predita pelo modelo teórico proposto por Weiner (1995) foi confirmada pelo método estatístico *path analysis* (chi^2 = n.s. e CFI [Comparative Fit Index] = 0,995), indicado na Figura 1.

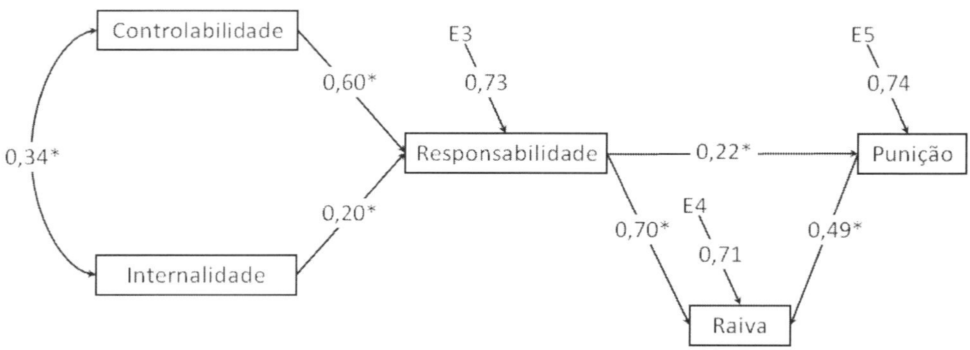

Figura1. *Path analysis* dos determinantes de punição. Os asteriscos indicam significância estatística.

Estudos anteriores indicaram mais internalidade, controlabilidade, responsabilidade e afetos negativos quando o comportamento de aquiescência à solicitação do médico derivou de recompensa, referência ou informação do que quando tal comportamento foi induzido por legitimidade, conhecimento ou coerção. Tais resultados foram replicados no presente estudo. Como indicado na Figura 1, internalidade e controlabilidade conduzem à alocação de responsabilidade, e isso influencia o grau de raiva e a magnitude da punição.

Estudo 6: Um cenário diferente

Note-se que os achados mencionados até aqui foram obtidos utilizando-se o cenário envolvendo o médico e a enfermeira em quatro dos cinco estudos reportados. O Estudo 3 utilizou um cenário diferente (supervisor e empregado) e o presente estudo, no intuito de mostrar que os resultados obtidos independem do cenário apresentado aos participantes do experimento, lança mão de um cenário distinto dos demais. No presente experimento, o cenário utilizado revela um diálogo entre dois policiais, um deles (o de maior patente) procura persuadir outro policial (de menor patente) a mentir em juízo (Rodrigues, Williams, Lloyd, & Stricker, 1997). A inovação trazida pela utilização deste cenário é que ele permite a medida das variáveis dependentes utilizadas nos estudos anteriores em relação não só ao influenciado (como anteriormente), mas também no que concerne ao influenciador.

Noventa e cinco participantes, todos estudantes universitários, foram solicitados a ler um cenário em que um policial (de agora em diante chamado de Policial A), o qual esqueceu de ler o *Miranda Rights*[1] para o suspeito de um crime, tenta persuadir o outro policial que estava com ele no momento da prisão do suspeito (de agora em diante chamado de Policial B) a dizer em corte judicial que o *Miranda Rights* foi lido no momento da apreensão. Como nos outros estudos, inicialmente o alvo da tentativa de influência se recusa a cometer a transgressão, e o influenciador se utiliza de uma das seis formas de influência social derivadas da taxonomia de Raven e acaba por obter a aquiescência do influenciado. As mesmas variáveis dependentes utilizadas no experimento anterior, isto é, internalidade, controlabilidade, responsabilidade, raiva e magnitude da punição foram também medidas. Os participantes eram solicitados a marcar as escalas medidoras destas variáveis tanto para o Policial A (o influenciador) como para o Policial B (o influenciado).

Os resultados ratificaram os obtidos anteriormente, como revela a Tabela 1. Quando a aquiescência do Policial B foi induzida por recompensa, referência ou informação (bases de poder do Grupo 1), seu comportamento foi percebido como mais interno e mais controlável do que quando tal comportamento foi suscitado pelo uso do poder legítimo, de conhecimento ou de coerção (bases de poder do Grupo 2). O presente experimento permite que se compare o julgamento do comportamento de ambos, influenciador e influenciado. Nenhuma diferença significativa foi encontrada no julgamento da internalida-

1 "Direitos de Miranda", em português. Nos Estados Unidos, por força de tal lei, o policial é obrigado a informar ao acusado que ele tem o direito de permanecer calado até que obtenha um advogado.

de, controlabilidade, responsabilidade e magnitude da punição dos comportamentos de ambos os policiais quando a influência derivou das bases de poder do Grupo 1. Entretanto, tais diferenças foram significativas quando o comportamento do Policial B foi obtido por meio da utilização das bases de poder do Grupo 2. Tais fatos parecem indicar que recompensa, referência e informação, quando utilizadas como forma de influência social para levar uma pessoa a cometer uma transgressão, não funcionam como circunstâncias atenuantes de sua responsabilidade por seu ato, enquanto legitimidade, conhecimento e coerção funcionam como tal.

Tabela 1 **Análise de variância para cada variável após o resultado significante de uma análise de variância múltipla**

Variáveis Dependentes	Policial A	Policial B (Grupo 1)	Policial B (Grupo 2)	F	p
Internalidade	4,60 a	4,61 a	3,06 b	9,33	<0,001
Controlabilidade	6,48 a	7,03 a	5,51 b	11,77	<0,001
Responsabilidade	7,01 a	6,66 a	5,84 b	13,18	<0,001
Raiva	7,71 a	6,27 b	5,44 c	48,20	<0,001
Punição	6,39 a	6,08 a	5,32 b	12,96	<0,001

Nota. Subscritos diferentes indicam diferença estatisticamente significante.

Críticas e respostas

Uma das críticas apresentadas aos experimentos reportados anteriormente foi que a razão pela qual encontramos diferenças nas atribuições feitas aos comportamentos derivados de influência suscitada pelo uso das bases de poder do Grupo 1 e do Grupo 2 se deve, exclusivamente, ao fato de as bases de poder do Grupo 2 serem percebidas como *mais fortes* do que as do Grupo 1. Por serem mais fortes, levam à percepção de maior externalidade e incontrolabilidade do comportamento emitido. Dois experimentos foram conduzidos na tentativa de responder a essa crítica.

Estudo 7: Diferentes magnitudes de recompensa e punição

Das seis bases de poder constantes da taxonomia de Raven, recompensa e coerção são as mais suscetíveis de serem apresentadas em diferentes graus de magnitude. Oferecer uma recompensa de dez mil reais, por exemplo, é obviamente mais forte do que uma recompensa de mil reais; ameaçar um empregado de demissão é uma forma muito mais forte de coerção do que ameaçá-lo com uma multa de cinquenta reais no fim do mês. Mais difícil é manipular a força de legitimidade e conhecimento, por exemplo, pois a pessoa tem ou não tem legitimidade e é ou não é perita no assunto. No primeiro estudo destinado a responder à crítica de que a razão pela qual os experimentos anteriores revelaram uma diferença genotípica entre bases de poder do Grupo 1 e do Grupo 2 se deve ao fato de estas serem mais fortes do que aquelas, e não à diferença entre elas do ponto de vista da teoria da atribuição de Weiner, dois tipos de recompensa (forte e fraca) e dois tipos de coerção (forte e fraca) foram utilizados no cenário apresentado aos participantes.

Método

Participantes

Cento e vinte e seis estudantes universitários da CSUF participaram do experimento. Sessenta e dois foram alocados à condição de "bom resultado" e 64, à de "mau resultado". Cerca de dois terços dos participantes em cada condição eram do sexo feminino.

Procedimento

Mais uma vez, o cenário descrevendo a interação entre o médico e a enfermeira foi utilizado. Em cada uma das condições (resultado bom ou resultado mau) dois níveis de recompensa (alto e baixo) e dois níveis de coerção (alto e baixo) foram empregados. No caso de recompensa alta, o médico prometia promover a enfermeira caso ela fizesse o que ele queria; como recompensa baixa, foi-lhe oferecido um bônus de 50 dólares no fim do mês. No caso de coerção, o alto nível de coerção foi expresso pela ameaça de demissão da enfermeira e o baixo nível foi indicado pela ameaça de o médico escrever uma carta de repreensão por sua recusa em obedecer.

Assim, um experimento fatorial 2 X 2 X 2 (duas condições de resultados, duas bases de poder e dois níveis de intensidade), com medidas repetidas nos dois últimos fatores, foi planejado. Apenas as variáveis dependentes internalidade e controlabilidade serão aqui reportadas, pois a crítica a que o experimento procura responder se refere a elas.

Resultados

Como não foi encontrada diferença significativa entre os sexos, os dados foram analisados englobando ambos os sexos. A Tabela 2 apresenta as médias de internalidade e de controlabilidade encontradas para os grupos experimentais.

Tabela 2 Médias de internalidade e controlabilidade em cada grupo experimental

	Condição Bom Resultado				Condição Mau Resultado			
	Rec Alta	Rec Baixa	Coe Alta	Coe Baixa	Rec Alta	Rec Baixa	Coe Alta	Coe Baixa
Internalidade	6,21a	6,74a	4,18b	4,71b	6,05a	6,38b	4,58b	4,92b
Controlabilidade	7,48a	7,29a	5,02b	5,25b	7,18a	7,37a	5,23b	5,57b

Nota. As médias em cada variável dependente com subscritos iguais indicam ausência de significância estatística, tal como revelado pelo teste de Neuman-Keuls.

A análise de variância relativa aos dados de internalidade indicou efeitos significativos dos dois tipos de poder (recompensa e coerção, $F(1,124) = 51,57$, $p < 0,001$). A interação entre as variáveis independentes não foi significativa. Para controlabilidade, se verificou o mesmo, ou seja, apenas o efeito principal de tipo de poder foi significativo ($F(1,124) = 75,08$, $p < 0,001$) e a interação não foi significativa. O teste de Neuman-Keuls indicou que alta e baixa recompensa e coerção não diferem significativamente, tanto para internalidade como para controlabilidade. Consequentemente, os dados revelaram que recompensa (alta ou baixa) induz a comportamento percebido como mais interno e mais controlável do que punição (alta ou baixa), confirmando assim os achados dos estudos anteriores. A diferença de magnitude da recompensa ou da coerção não influiu nos resultados obtidos

Discussão

Os resultados indicaram claramente que a atribuição de internalidade e controlabilidade a um comportamento de aquiescência suscitado por recompensa alta não difere significativamente daquela decorrente de recompensa baixa. O mesmo se aplica aos resultados obtidos com os dois graus de intensidade de coerção. Confirmando achados anteriores, os dados mostraram que comportamento de aquiescência decorrente do uso do poder de recompensa (alto ou baixo) é percebido como mais interno e mais controlável do que o decorrente do poder de coerção (alto ou baixo). Disso infere-se que, em relação a essas duas bases de influência social, a força ou a intensidade do poder exercido não influi nos resultados, dando apoio à afirmação de que recompensa e coerção são genotipicamente distintas quando analisadas sob uma perspectiva atribucional.

Estudo 8: Examinando o efeito da força das seis bases de poder

O presente experimento examina, de maneira mais convincente e completa, o problema da possível influência da força de cada base de poder e sua possível influência nas atribuições feitas ao comportamento por elas instigado. A fim de equalizar a força das seis bases de poder, foi utilizado o método escalar de intervalos aparentemente iguais (*equal appearing interval scale method*) proposto por Thurstone. O experimento foi conduzido em duas fases, tais como descrito a seguir.

Método

Participantes (fase I)

Duzentos estudantes universitários da CSUF participaram desta fase do experimento; destes, 117 eram do sexo feminino e 83, do sexo masculino.

Procedimento (fase I)

O cenário descrevendo a interação médico-enfermeira utilizado anteriormente (sem as condições de bom e mau resultado) foi apresentado aos participantes. Isso foi seguido de sessenta indicações das seis bases de poder da taxonomia de Raven, dez indicações para cada uma das seis bases. Essas sessenta ilustrações das bases de poder foram apresentadas em ordem aleatória e descreviam o tipo de influência empregada pelo médico. Os participantes foram solicitados a indicar, em uma escala de 11 pontos (como sugerido por Thurstone & Chave, 1929), a força de cada uma das sessenta formas de influência social, ou seja, quão forte era a pressão que elas exerceriam sobre a enfermeira para que obedecesse ao médico. Para familiarizar os participantes com o uso da escala de 11 pontos – na qual 1 significava pressão muito fraca e 11, muito forte –, exemplos de uma afirmação envolvendo pressão fraca e de uma expressando pressão forte foram apresentados para que os participantes aprendessem a usar a escala. O julgamento da força de cada uma das sessenta formas de tentativa de influência permitiu que fossem calculados os *valores escalares* de cada uma delas por meio da obtenção da mediana dos julgamentos de cada afirmação. Das dez frases indicativas de cada uma das seis bases de poder, foi selecionada aquela cujo valor escalar foi igual a seis. Se havia duas ou mais frases com o mesmo valor escalar, aquela com o menor desvio-padrão era escolhida. Sendo assim, uma forma de expressar cada uma das seis bases de poder percebida como sendo de igual força (6 em uma escala de 11 pontos destinada a medir a força da tentativa de influência) foi selecionada, resultando em seis frases indicativas de cada uma das bases de poder, todas psicometricamente equalizadas em sua força. Essas seis formas de expressar as bases de poder, todas com valor escalar igual a 6, foram as seguintes: (a) o médico disse que tornariam as coisas mais fáceis para a enfermeira no futuro (*recompensa*); (b) o médico disse que cortaria o salário da enfermeira em cinquenta dólares por mês, nos próximos cinco meses (*coerção*); (c) o médico disse à enfermeira que ele tinha o direito de solicitar que a enfermeira administrasse o remédio, porque sua posição é superior à dela (*legitimidade*); (d) o médico disse à enfermeira que ela deveria fazer o que ele disse, pois ele sempre foi uma referência positiva para ela (*referência*); (e) o médico disse que a enfermeira deveria fazer o que ele disse, pois ele é mais competente do que ela (*conhecimento*); (f) o médico disse à enfermeira para fazer o que ele disse, pois outros médicos concordam que o remédio é eficiente (*informação*).

Participantes (Fase II)

Oitenta e quatro estudantes universitários da CSUF, dos quais 52 eram do sexo feminino e 32, do sexo masculino, participaram do experimento.

Procedimento (Fase II)

O cenário envolvendo a interação médico-enfermeira, com duas condições de resultado bom ou mau, foi utilizado (42 participantes em cada condição). As seis bases de poder, usando a fraseologia obtida na Fase I (cada uma com valor escalar igual a 6 na escala de força da afirmação) foram apresentadas em ordem aleatória aos participantes. A apresentação das seis bases de poder foi aleatorizada usando-se o modelo de Quadrados Latinos, com sete réplicas em cada condição. Tal como nos experimentos anteriores, internalidade, controlabilidade, responsabilidade, afetos e intensidade da punição foram as variáveis dependentes. Por limitação de espaço, somente os dados relativos à internalidade e controlabilidade serão reportados a seguir.

Resultados

Uma análise de variância múltipla levando em contas todas as variáveis dependentes revelou um F significante estatisticamente [$F(28,2407) = 8{,}54$, $p < 0{,}001$] em relação aos seis tipos de poder. Análises de variância simples foram então efetuadas para internalidade e controlabilidade e o efeito principal de tipos de poder foi o único efeito significativo (valores de F (5,415) iguais a 5,38 e 10,46, respectivamente, ambos com valores de $p < 0{,}001$). A Tabela 3 mostra os dados obtidos em ambas as condições combinadas, pois o efeito decorrente do tipo de condição não foi estatisticamente significativo.

Apesar de a fraseologia utilizada para representar cada uma das seis bases de poder ter sido psicometricamente equalizada no que concerne à sua força, o comportamento exibido pela enfermeira, quando decorrente de recompensa, referência e informação (bases de poder do Grupo 1), foi percebido como mais interno e mais controlável do que quando induzido por legitimidade, conhecimento e coerção (bases de poder do Grupo 2). Os dados relativos às demais variáveis dependentes revelaram também as mesmas diferenças entre bases de poder do Grupo 1 e do Grupo 2 obtidas nos estudos anteriores, mostrando assim que a diferença entre os efeitos de influência social causados pela utilização das bases de poder do Grupo 1 e do Grupo 2 decorre da diferença genotípica entre eles, quando analisados sob uma perspectiva atribucional.

Tabela 3 Médias em internalidade e controlabilidade para cada base de poder

	Recomp	Informação	Referência	Conheci.	Legitim.	Coerção
Internabilidade	5,50a	4,90a,c,d	5,20a,c	4,50b,d	4,24b,d	4,48b,c,d
Controlabilidade	6,92a	6,10a,c	6,52a,c	5,74b	4,99b	5,95b,c

Nota. As médias em cada variável dependente com subscritos iguais indicam ausência de significância estatística, tal como revelado pelo teste de Neuman-Keuls.

Problema da assimetria das atribuições feitas ao comportamento de aquiescência causado por recompensa e coerção

Atribuições assimétricas causadas por recompensa e coerção foram anteriormente assinaladas por vários autores (por exemplo, Kelley, 1972; Wells,

1980). Um experimento não publicado, de autoria de Kruglanski e Yinon e citado por Kelley (1972), assim como os dois experimentos conduzidos por Wells (1980), mostra a existência de tais atribuições assimétricas quando o comportamento decorrente de recompensa e coerção é visto sob uma perspectiva atribucional. Enquanto o comportamento derivado de influência resultante de recompensa leva a atribuição a causas internas, aquele derivado de coerção conduz a atribuições a causas externas. Nesses estudos, em que os participantes foram solicitados a julgar uma transgressão perpetrada em decorrência de recompensa ou de coerção, o transgressor foi avaliado mais favoravelmente quando a causa de seu comportamento foi a influência coercitiva e alocaram mais responsabilidade ao transgressor quando seu comportamento decorreu da promessa de recompensa. Wells (1980) também menciona um estudo conduzido por Kite (1964), segundo o qual "[...] mais responsabilidade é atribuída à pessoa, (e menos a circunstâncias externas) quando o comportamento visa a lucro, do que quando ele tem em vista a prevenção de uma perda" (p. 49).

Apesar de essa assimetria atribucional da percepção de comportamentos decorrentes de recompensa e de coerção ter sido encontrada em todos os experimentos reportados neste capítulo, tal achado não é tão incontroverso como possa parecer. Ele tem sido questionado por: (a) French e Raven (1959), Raven (1965), Brown e Raven (1994), para os quais tanto recompensa como coerção são vistos como fontes externas de influência social; (b) por aqueles que estudam motivação extrínseca (Deci, 1975; Pittman & Pittman, 1980), os quais consideram recompensa como uma fonte de motivação externa.

Brown e Raven (1994) verificaram que os poderes de recompensa e coerção, quando utilizados como fonte de influência para suscitar um determinado comportamento, levam a uma atribuição externa como causa do comportamento de obediência. No cenário por eles utilizado, um médico tenta induzir seu paciente a ingerir um determinado remédio que, segundo o paciente, poderia provocar efeitos colaterais indesejáveis. Dizem Brown e Raven (1994): "[...] poder de coerção e poder de recompensa dependem da capacidade de o agente (o médico) ter meios de mediar punições ou recompensas para o alvo da persuasão (o paciente), caso este obedeça a sua prescrição" (p. 6). Tal asserção implica esses autores considerarem recompensa e coerção como fontes de influência externa, o que deveria levar à atribuição de causa externa ao comportamento eliciado por tais bases de poder. A meu ver, a diferença entre os achados até agora reportados neste capítulo e os obtidos por Brown e Raven decorre do fato de que nos experimentos por mim conduzidos, o ator era induzido a perpetrar uma *transgressão*, ou seja, algo antiético e repreensível. O comportamento de obediência é sempre algo antiético e repreensível. Sendo assim, é plausível levantar a hipótese de que somente quando o comportamento suscitado pela influência social apresenta tais características, recompensa e coerção levam a atribuições assimétricas, ou seja, internalidade no caso de recompensa e externalidade no caso de coerção. Como no estudo de Brown e Raven o comportamento induzido não constituía uma transgressão, recompensa ou coerção, ele foi percebido como induzido por uma causa externa ao agente.

Os estudos sobre motivação intrínseca e extrínseca não parecem muito relevantes para o tipo de comportamento considerado nos estudos reportados neste capítulo. O comportamento de aquiescência, ou submissão à tentativa de influência, é, obviamente, motivado por causas externas, pois nenhuma pressão para a emissão do comportamento seria necessária caso a pessoa quisesse espontaneamente emiti-lo. Sendo assim, supondo que, em geral, uma pessoa não tem uma motivação intrínseca para uma cometer uma transgressão (excetuando-se os comportamentos criminosos culposos), a pressão externa se faz necessária para que ela proceda dessa forma. Nesse sentido, todas as seis fontes de influência consideradas nos estudos reportados constituem motivadores extrínsecos. O argumento desenvolvido nos experimentos por mim e meus colegas é o de que o comportamento suscitado pelas seis bases de poder da taxonomia de Raven, do ponto de vista da teoria atribucional de Weiner, é percebido diferentemente. Os dados obtidos nos estudos reportados mostram, com bastante clareza, que transgressões resultantes das bases de poder do Grupo 1 (recompensa, referência e informação) conduzem a maior internalidade, maior controlabilidade, maior responsabilidade e afetos específicos, enquanto que as decorrentes das bases de poder do Grupo 2 (legitimidade, conhecimento e coerção) são percebidas como menos internas, menos controláveis, seus atores menos responsáveis e diferentes afetos delas decorrem. A diferença entre a percepção de internalidade decorrente de comportamento suscitado por recompensa ou coerção constitui outro aspecto interessante dos resultados obtidos.

O experimento a seguir testa a hipótese de que comportamento de aquiescência suscitado por recompensa é percebido como mais interno do que aquele derivado de coerção, apenas quando se trata de um comportamento reprovável.

Estudo 9: Condição necessária para que atribuições assimétricas sejam feitas ao comportamento suscitado por recompensa e coerção

Método

Participantes

Noventa e seis estudantes universitários da CSUF (61% do sexo feminino e 39% do sexo masculino) participaram do estudo. Quarenta e oito foram alocados à condição de "comportamento não reprovável" e os demais 48, à condição de "comportamento reprovável", tal como descrito a seguir.

Procedimento

Dois cenários foram utilizados no experimento. Em um deles, uma pessoa (o participante) é convidada a jogar tênis (*condição de comportamento não reprovável*). Depois de ser convidado e recusar-se a fazê-lo, o autor do convite utiliza cada uma das seis bases da taxonomia de Raven para persuadi-lo a aceitar. O mesmo procedimento foi seguido com o segundo cenário, no qual um empregado (o participante) é solicitado a fazer algo antiético a fim de lograr vantagens financeiras (*condição de comportamento reprovável*). As mesmas seis formas de influência foram utilizadas para persuadi-lo. As mesmas variáveis dependentes utilizadas nos estudos anteriores foram medidas utilizando escalas de 9 pontos. Amostras independentes foram utilizadas em cada condição, com medidas repetidas nos seis tipos de influência, cuja apresentação foi aleatorizada para controlar os possíveis efeitos de ordem, usando-se, para isso, um modelo de Quadrados Latinos. Finalmente, para verificar a eficácia da manipulação da variável independente (tipo de comportamento), os participantes foram solicitados a indicar, em escalas de 9 pontos, quão desconfortável, quão problemático do ponto de vista ético e quão conflitivo foi para eles emitir o comportamento solicitado pelo influenciador.

Resultados

Os dados foram analisados levando-se em conta ambos os sexos, pois não foram encontradas diferenças significativas entre eles. A verificação da eficácia da manipulação (comportamento reprovável ou não) foi feita por meio das perguntas mencionadas no procedimento. Quanto maior o valor indicado nas escalas utilizadas, maior o desconforto experimentado por ter cedido à influência exercida. As médias obtidas foram: 7,58 para a condição de *compor-*

tamento reprovável e, para a de *comportamento não reprovável*, 3,94 (t(94)) = 10,83, p < 0,001, indicando que a manipulação foi bem-sucedida.

A Tabela 4 mostra os resultados obtidos nas duas condições experimentais relativos à internalidade. A única diferença significativa estatisticamente foi a entre recompensa e coerção na condição de *comportamento reprovável* (t(47)) = 2,39, p < 0,02. As médias em internalidade para recompensa e coerção na condição *comportamento não reprovável* não foram estatisticamente significativas.

Tabela 4 Médias em internalidade para recompensa e coerção em ambas as condições experimentais

	Recompensa	Coerção	T	P
Comportamento não reprovável	4,79	3,06	2,39	<0.02
Comportamento reprovável	3,8	3,06	<1	n.s

Discussão

A hipótese de que a diferença na atribuição de internalidade a um comportamento suscitado por recompensa e coerção se verifica apenas quando o comportamento observado constitui uma transgressão (comportamento eticamente problemático, inconfortável e indesejável) é claramente confirmada pelos dados obtidos neste estudo. Tais achados são coerentes com os reportados por Kuglanski e Yinon (citados por Kelley, 1972), DeCharms, Carpernter e Kuperman (1965) e Wells (1980), todos relatando atribuições assimétricas para recompensa e coerção quando o comportamento de aquiescência era reprovável, explicando assim por que Brown e Raven encontraram resultados diferentes.

Estudos transculturais

A importância de réplicas transculturais tem sido reconhecida por muitos autores (por exemplo, Leung & Bond, 1984; Markus & Kitayama, 1991; Pepitone, 1999; Sharon & Amir, 1998; Trimple, 1988; Triandis, 1988). Depois de replicar várias vezes os achados relativos a atribuições a comportamento de transgressão decorrente de bases de poder do Grupo 1 e do Grupo 2 na cultura norte-americana, pareceu-me oportuno verificar se o mesmo seria encontrado em outras culturas. Duas culturas distintas foram selecionadas para verificar a generalidade transcultural dos achados obtidos com participantes norte-americanos, uma ocidental (Brasil) e outra oriental (Arábia Saudita). Brasil e Estados Unidos diferem em vários aspectos, mas também apresentam muito em comum. A influência da cultura norte-americana (sistema político, música, religião, orientação capitalista etc.) é bastante forte, embora seja geralmente aceito que brasileiros são menos individualistas do que os norte-americanos (Lobel & Rodrigues, 1987), e que o catolicismo predominante no Brasil contrasta com o protestantismo dominante nos Estados Unidos (Vianna Moog, 1954). Contudo, em relação à Arábia Saudita, as diferenças culturais são bastante acentuadas. Trata-se, nesse caso, de uma cultura islâmica, claramente de orientação coletivista e não individualista, e aderente a códigos morais bastante rígidos. Veremos, a seguir, o que foi verificado nessas duas culturas quando se procurou replicar os achados obtidos na cultura norte-americana.

Estudos 10, 11 e 12: Estudos conduzidos no Brasil

Três experimentos reportados anteriormente neste capítulo foram replicados no Brasil: o experimento original, os Estudos 7 e 8 (efeito da força das bases de poder) e o Estudo 9 (influência do tipo de comportamento observado). Em todos esses experimentos, o procedimento foi exatamente igual aos conduzidos com participantes norte-americanos.

Os resultados nas duas culturas foram extremamente semelhantes. Tal como no estudo original (primeiro estudo aqui reportado), a réplica brasileira (Estudo 10) revelou que as bases de poder do Grupo 1 induzem comportamento percebido como mais interno e mais controlável, o que conduz à alocação de mais responsabilidade e suscita afetos específicos preditos pela teoria atribucional de Weiner. Quando as bases de poder foram psicometricamente equalizadas (Estudo 8), a réplica brasileira (Estudo 11) também revelou os mesmos resultados obtidos na cultural norte-americana, ou seja, a diferença entre as bases de poder do Grupo 1 e do Grupo 2, em termos atribucionais, foram mais uma vez evidenciadas pelos dados. Finalmente, o experimento destinado a mostrar que a diferença em percepção de internalidade decorrente de recompensa e coerção se verifica apenas quando o comportamento analisado constitui uma transgressão (Estudo 9) foi igualmente replicado com sucesso (Estudo 12) com a amostra brasileira[2].

---

2 O leitor interessado poderá obter os dados das amostras brasileiras solicitando-os ao autor.

Estudo 13: Dados obtidos em uma cultura oriental (Arábia Saudita)

Alanazi e Rodrigues (2003) repetiram, na Arábia Saudita, o Estudo 5 reportado anteriormente. Duzentos e oitenta e sete participantes (145 do sexo masculino e 142 do sexo feminino) responderam a uma tradução em árabe do cenário utilizado no Estudo 5, em que os participantes eram solicitados a desempenhar o papel de diretor do hospital onde o incidente entre o médico e a enfermeira ocorreu. O procedimento foi exatamente igual ao utilizado no Estudo 5. A Tabela 5 mostra os resultados obtidos.

Tabela 5 Médias em internalidade e controlabilidade para as seis bases de poder em duas condições experimentais

	Recomp	Coerção	Legitit.	Ref.	Conhec.	Inform.		
			(Condição Resultado Bom N = 141)				*F*	*p*
Internalidade	4,00a	3,83a	3,48a	5,94b	4,27a	5,19c	17,77	<0,001
Controlabilidade	6,22a	5,91a	3,69c	6,54a	4,95b	5,71a	21,36	<0,001
			(Condição Resultado Ruim N = 146)					
Internalidade	5,08a	5,08a	3,16c	6,49b	4,12d	4,68a,d	28,04	<0,001
Controlabilidade	7,16a	6,54a,d	3,90c	7,15a	4,89b	5,23b	45,01	<0,001

Nota. Médias com subscritos iguais em cada linha indicam ausência de significância estatística entre elas, tal como determinado pelo teste de Neuman-Keuls.

Os dados da Tabela 5 mostram que o comportamento induzido por diferentes bases de poder são atribuídos a causas que diferem em internalidade e controlabilidade. Ao contrário do obtido em todos os estudos previamente reportados, a amostra saudita indicou elevada percepção de controlabilidade quando a fonte de influência é coerção (5,91 e 6,54 em cada condição experimental). A atribuição de internalidade ao comportamento resultante de influência coercitiva não foi diferente da atribuída ao suscitado por recompensa. Outro achado que contraria resultados anteriores se refere à baixa percepção de controlabilidade, em ambas as condições, do comportamento decorrente do poder de informação. Alanazi e Rodrigues (2003) explicam tais discrepâncias tomando por base as características idiossincráticas da cultura árabe-saudita.

A Arábia Saudita possui uma cultura coletivista. Ela prioriza objetivos e interesses grupais, os quais se devem sobrepor aos individuais. O comportamento induzido por coerção, em vez de ser visto como causado por um agente interno, é visto como uma forma de a pessoa evitar um mal o que, em última análise, é uma atitude interesseira e, portanto, percebida como interna. Consequentemente, um comportamento induzido por recompensa ou por coerção tende a ser percebido, nessa cultura, como um comportamento interesseiro e, portanto, decorrente de uma causa interna. Seria possível dizer, então, que recompensa e coerção, do ponto de vista atribucional, são genotipicamente semelhantes para os sauditas.

Em culturas coletivistas, a norma é obedecer às pessoas investidas de autoridade legítima e aos possuidores de grande conhecimento. A baixa controlabilidade verificada em relação ao poder de informação pode ter sido consequência de a apresentação de argumentos refletir conhecimento.

Resumindo, o comportamento decorrente de recompensa e de referência foi percebido como mais interno e mais controlável do que o suscitado por legitimidade e conhecimento, replicando os resultados obtidos nos Estados Unidos e no Brasil. A influência decorrente de coerção, por outro lado, percebida como mais externa nas culturas ocidentais pesquisadas, se revelou como fonte de influência mais interna na cultura oriental; já a informação, percebida como fonte de influência mais interna nos Estados Unidos e no Brasil, foi percebida como fonte de influência mais externa na Arábia Saudita.

Tais resultados indicam a influência da cultura na percepção das causas atribuídas ao comportamento de transgressão induzido por diferentes formas de influência social.

Aplicações

Os consistentes achados reportados até aqui podem ser utilizados no entendimento de uma variedade de fenômenos psicossociais. Dados revelados por pesquisas em Psicologia Social podem ser aplicados de duas maneiras: (1) no melhor entendimento de fenômenos psicossociais; (2) na solução de problemas sociais. Quando utilizados para solucionar problemas sociais, normalmente, apenas as descobertas da Psicologia Social não são suficientes; a elas se devem agregar as descobertas de outras ciências. Nesta seção, apresentaremos considerações sobre a aplicação dos resultados obtidos em nosso programa de pesquisa relativo ao melhor entendimento de vários fenômenos psicossociais. Veremos como tais achados facilitam o entendimento de fenômenos tais como: (a) a obediência à autoridade manifestada pelos participantes dos estudos de Milgram; (b) a redução de dissonância cognitiva em estudos sobre aquiescência induzida ou forçada; (c) o comportamento criminoso por obediência à autoridade; (d) a justiça retributiva; e (e) a justificativa apresentada para a invasão do Iraque.

a. Obediência à autoridade nos experimentos de Milgram

Em experimento que se tornou clássico na Psicologia, Milgram (1963) verificou que cerca de 63% dos participantes obedecem à solicitação do experimentador de que administrem choques, que chegam a 450 volts de intensidade, em outro participante supostamente envolvido em uma tarefa de aprendizagem. A cada erro do aprendiz, o participante era solicitado a puni-lo, aumentando a intensidade do choque. Psicólogos e psiquiatras, quando indagados, antes do experimento, sobre que porcentagem de participantes obedeceria às ordens do experimentador, responderam que provavelmente não mais que 1%. Na realidade, 63% deles obedeceram. Os achados de Milgram (que conduziu vários estudos semelhantes que replicaram os resultados do estudo inicial) foram objeto de várias interpretações e explicações (ver Blass, 2000, para uma excelente revisão deste assunto). Os participantes dos experimentos de Milgram fizeram algo que, não fosse a influência exercida pelo experimentador, eles jamais teriam feito (infligir choques dolorosos a um semelhante). O ponto que nos interessa aqui é saber por que os participantes aquiesceram à solicitação do experimentador. Segundo Blass (2000): "Milgram apresentou o experimentador como representando uma autoridade legítima, alguém que era visto como tendo o direito de emitir uma ordem, a qual uma pessoa se sente obrigada a obedecer" (p. 38). Outros têm argumentado que, no experimento de Milgram, o experimentador é visto como um especialista, uma pessoa com conhecimento superior (por exemplo, Greenwood, 1982; Morelli, 1983; Patten, 1977), e isso levou os participantes a obedecerem. Supondo que os participantes do experimento de Milgram fizeram uma atribuição externa para seu comportamento de administrar os choques (percepção de legitimidade ou conhecimento do experimentador), a teoria da conduta social de Weiner (1995, 2006) nos leva a predizer que essa atribuição a uma causa externa e incontrolável eximiria os participantes de responsabilidade, culpa, remorso e outras emoções negativas, por terem seguido as ordens do experimentador.

Blass (2000) descreve um experimento por ele conduzido, o qual é extremamente relevante ao assunto tratado neste capítulo. Em seu estudo, ele solicitou aos participantes que assistissem a um filme de doze minutos apresentando uma versão abreviada daquele elaborado por Milgram (1965) sobre seu estudo. Após assistirem ao vídeo, os participantes eram solicitados a indicar qual era a razão mais provável para os participantes do estudo de

Milgram haverem se comportado de tal maneira. Os participantes receberam seis cartões, cada um contendo uma razão baseada nas seis bases de poder da taxonomia de Raven. Eles deveriam ordenar as seis razões, considerando 1 como a razão mais provável e 6 como a menos provável. Os resultados revelaram que as razões indicadas como as mais prováveis foram *conhecimento* (média das classificações = 2,31), *legitimidade* (média = 2,40) e *coerção* (média = 2,71). As menos prováveis foram *informação* (média = 3,23), *recompensa* (média = 4,46) e *referência* (média = 5,86).

Os resultados obtidos por Blass nesse estudo são exatamente os esperados com base no que foi relatado neste capítulo. As bases de poder do Grupo 1 (recompensa, referência e informação) foram as consideradas menos prováveis de terem levado os participantes do experimento de Milgram a comportarem-se como fizeram; já as bases de poder do Grupo 2 (legitimidade, conhecimento e coerção) foram consideradas as mais prováveis, pois, como vimos, comportamento suscitado por influência social derivada dessas bases de poder faz com que o perpetrador do comportamento seja visto como menos responsável por exibi-lo.

b. Redução de dissonância em estudos inspirados pelo paradigma de obediência forçada

Desde o clássico experimento conduzido por Festinger e Carlsmith (1959), numerosos estudos (por exemplo, Carlsmith, Collins, & Helmreich, 1966; Cohen, 1962; Linder, Cooper, & Jones, 1967) confirmaram o achado original segundo o qual quanto menor a recompensa capaz de induzir uma pessoa a comportamento contra-atitudinal, maior a dissonância e, consequentemente, maior a mudança de atitude.

Quando se passa em revista os estudos inspirados pelo experimento original de Festinger e Carlsmith, verificamos que mais de 95% utilizam recompensa (e não coerção) para induzir o comportamento contra-atitudinal.

Os resultados reportados neste capítulo tornam fácil de entender o porquê de a esmagadora maioria dos experimentos sobre aquiescência forçada usa diferentes magnitudes de recompensa em vez de diferentes magnitudes de coerção. A razão disso é que coerção, por induzir a um comportamento percebido como mais externo e menos controlável, gera muito menos dissonância (ou mesmo nenhuma dissonância) do que comportamento decorrente do poder de recompensa.

c. Comportamento criminoso

Em seu livro *Crimes of Obedience*, Kelman e Hamilton (1989) discutem o julgamento do tenente Calley que, na guerra do Vietnã, dirigiu um ataque que massacrou mulheres e crianças em uma matança indiscriminada. O tenente foi levado à corte marcial. Em sua defesa, ele alegou que estava apenas cumprindo ordens emanadas de seus superiores, acrescentando que os militares juram obedecer às ordens de seus comandantes. Em outras palavras, seu argumento é o utilizado por todos aqueles que cometem crimes hediondos em obediência a ordens superiores. Os carrascos nazistas invocaram a mesma razão pelos crimes cometidos.

À luz dos dados reportados neste capítulo, o poder legítimo (no caso, o exercido por superiores para prescreverem determinados comportamentos a seus subordinados), por induzir comportamento percebido como menos interno e menos controlável, faz com que as pessoas que os emitem se sintam menos responsáveis.

Outros tipos de comportamento criminoso podem ser vistos à luz desses mesmos achados. Por exemplo, em uma corte criminal, se um criminoso acusado de roubo alega que o fez por não ter dinheiro para comprar um remédio indispensável que mantém sua filha viva, seu crime será visto com mais benevolência pelo júri do que o de um ladrão que confesse que roubou simplesmente para aumentar sua conta bancária. A situação do primeiro é vista como o coagindo a roubar, enquanto a do segundo é percebida como decorrente de sua busca de recompensa. Roubar para evitar o sofrimento, embora reprovável, é visto como menos grave do que roubar para benefício próprio. Juízes e jurados levam isso em consideração na hora de julgar o réu. Tal como assinalado por Kelley (1972) "[...] o significado de um comportamento é sem dúvida influenciado pelo tipo de incentivos existentes para que ele seja perpetrado. Um exemplo eloquente é o princípio jurídico de que assassinato em defesa da família ou outros interesses pessoais é mais tolerável do que assassinato em busca de ganhos pessoais" (p. 22).

d. Justiça retributiva

Justiça retributiva diz respeito ao comportamento necessário à reparação de algo errado. Os comportamentos estudados nos vários experimentos reportados neste capítulo constituíam alguma forma de transgressão, a perpetração de algo errado. Essa transgressão era perpetrada por causa da influência exercida por outra pessoa que utilizava uma das seis bases de poder da taxonomia da Raven para obter o que desejava. Será que a transgressão causada pelos seis tipos de influência social (recompensa, informação referência, legitimidade, conhecimento e coerção) conduz a uma retribuição igual ou diferente?

Embora as variáveis que determinam a direção e a severidade do comportamento indicativo de justiça retributiva sejam numerosas (por exemplo, tipo de transgressão, intencionalidade, severidade das consequências, capacidade de antecipação dos males que se seguem à transgressão, etc.), considerando outros fatores como sendo iguais, o que foi descoberto nas pesquisas aqui reportadas justifica a predição de que uma transgressão causada por recompensa, informação ou referência (bases de poder do Grupo 1) induz a uma retribuição mais severa que aquela gerada por legitimidade, conhecimento e coerção (bases de poder do Grupo 2). Apoio a essa predição pode ser encontrado nos experimentos reportados neste capítulo e que tiveram punição como uma das variáveis dependentes. Nesses estudos, o comportamento derivado das bases de poder do Grupo 1 induz a punições maiores do que o causado pelas bases de poder do Grupo 2.

e. Justificativa para a invasão do Iraque pelos Estados Unidos e pela Inglaterra

Como dissemos em outra publicação (Rodrigues, Assmar, & Jablonski, 2005), em março de 2003, os governos de George Bush e Tony Blair determinaram que suas forças armadas, com todo seu poderio, invadissem o Iraque, sem a aprovação das Nações Unidas e sem esgotar os meios diplomáticos para evitar a guerra, baseados tão somente em suas próprias definições de bem e de mal.

Esses governos, demonstrando descaso em relação à opinião pública mundial, iniciaram uma guerra que, provavelmente, será registrada na história como uma das mais arbitrárias, sem sentido e desnecessárias de todas as que já foram travadas. O país mais poderoso do mundo, de forma unilateral, resolveu invadir uma das nações mais fracas e mais exauridas, com base em premissas erradas e sem a aprovação da comunidade das nações. Como Pat Buchanan (2004, p. 6) afirmou: "Em 2003, os Estados Unidos invadiram um país, que não nos ameaçou, não nos atacou e não queria guerra contra nós, para desarmá-lo de armas que nós descobrimos depois que ele não possuía".

Os resultados reportados neste capítulo nos permitem entender por que a razão alegada para invadir o Iraque foi a de que o país possuía armas de destruição em massa. Quando o comportamento de alguém é visto como uma transgressão de normas sociais (a invasão de um país em violação a leis internacionais é certamente uma transgressão de normas sociais), e esse comportamento é percebido como causado por um desejo de evitar punição, em vez de obter uma recompensa, seu perpetrador é visto como menos responsável, na medida em que seu ato é visto como menos dependente de sua vontade e de seu controle. Em outras palavras, o comportamento que pretende evitar uma punição é mais justificável do que o comportamento que visa atingir uma recompensa. Assim, procurando apoio da opinião pública para a invasão, os governos invasores alegaram como razão para sua violação das regras internacionais o fato de estar protegendo seus cidadãos contra um massacre atômico ou nuclear. Imagine qual seria a reação da opinião pública se o motivo alegado tivesse sido o desejo de beneficiar-se das reservas petrolíferas do Iraque?

Essas consequências assimétricas de recompensa e punição em julgamentos de atribuição foram demonstradas em inúmeras pesquisas, tais como vimos anteriormente neste capítulo. Daí o esforço feito pelos Estados Unidos e pela Inglaterra para convencer a opinião pública mundial de que o Iraque possuía armas de destruição em massa.

Limitações

A principal limitação dos estudos do programa de pesquisa reportado neste capítulo é que nenhum dos experimentos conduzidos observou o comportamento da pessoa que cedeu à tentativa de influência e perpetrou a transgressão. Como tais experimentos lidam com a realização de um comportamento antiético, não nos foi possível solicitar aos participantes que se engajassem em comportamento de tal natureza. Daí a necessidade de recorrer a cenários que descreviam o comportamento reprovável e solicitar a reação dos participantes ao que era descrito nos cenários construídos. Parece, pois, que a verificação concreta dos achados dos experimentos reportados só pode ser obtida por meio de pesquisa *ex-post-facto*, ou seja, uma vez perpetrada uma transgressão por causa de uma das bases de influência social aqui consideradas, o pesquisador abordaria o transgressor e o entrevistaria.

Observando fatos ocorridos, podemos encontrar confirmação para alguns dos achados obtidos nos experimentos descritos neste capítulo. Por exemplo, durante a invasão da Somália pelos Estados Unidos, em 1994, um soldado norte-americano, apreendido pelas forças da Somália, foi entrevistado na televisão e perguntado por seu interrogador se ele considerava justo matar cidadãos civis inocentes. O soldado respondeu: "Eu sou um soldado, meu senhor, e faço o que me mandam". Obviamente, o soldado invocou a obediência a uma autoridade legítima (seu comandante) como forma de não assumir responsabilidade. O mesmo foi visto no episódio do julgamento do tenente Caley anteriormente referido, nos julgamentos de Nuremberg etc.

Conclusão

Apesar da limitação referida há pouco, o fato de os resultados dos experimentos aqui reportados terem sido replicados em amostras distintas, utilizando diferentes cenários e com amostras de diferentes culturas, parece seguro afirmar que o comportamento reprovável, induzido por um dos tipos de influência social derivados da taxonomia de Raven, induz à percepção de maior ou menor responsabilidade conforme a base de poder utilizada. Quando a base de poder utilizada na persuasão é recompensa, referência ou informação, o comportamento é atribuído a causas mais internas e controláveis do que quando a base da influência é legitimidade, conhecimento ou coerção. Como, segundo a teoria da conduta social de Weiner, maior responsabilidade é atribuída ao perpetrador de comportamento eliciado por causas internas e controláveis, a pessoa que emite comportamento induzido pelas bases de poder do Grupo 1 (recompensa, referência e informação) é percebida como mais responsável do que a pessoa que cede à influência decorrente das bases de poder do Grupo 2 (legitimidade, conhecimento e coerção).

Ainda de acordo com a teoria de Weiner, afetos e comportamentos específicos decorrem da atribuição do comportamento a causas internas e controláveis, como demonstrado nos experimentos conduzidos. Tais achados permitem um melhor entendimento de vários fenômenos psicossociais, dos quais apresentamos alguns exemplos, bem como podem ser utilizados por educadores, terapeutas, advogados e demais pessoas que se interessam pela alocação de responsabilidade pela perpetração de transgressões resultantes de influência social e suas consequências afetivas e comportamentais.

Referências

Alanazi, F. M. & Rodrigues, A. (2003). Power basis and attributions in three cultures. *Journal of Social Psychology*, *143*, 375-395

Blass, T. (2000). The Milgram paradigm after 35 years: some things we now know about obedience to authority. In T. Blass (Org.). *Obedience to authority*. New Jersey: Lawrence Erlbaum.

Bond, M. H. (1998). Social psychology across cultures: two ways forward. In J. H. Adair, D. Belanger, & K. L. Dion (Orgs.). *Advances in psychological science* (pp. 93-110). East Sussex: Psychology Press.

Brown, J. H., & Raven, B. H. (1994). Power and compliance in doctor/patient relationships. *Revista de Psicologia de la Salud*, *6*(1), 3-22.

Buchanan, P. (2004). *When the right went wrong*. New York: Thomas Dunne

Carlsmith, J. M., Collins, B. E., & Helmreich, R. K. (1966). Studies in forced compliance: I – the effect of pressure for compliance on attitude change produced by face-to-face role playing and anonymous essay writing. *Journal of Personality and Social Psychology*, *4*, 1-33.

Cody, M. J., McLaughlin, M. L., & Jordan, W. J. (1980). A multidimensional scaling of three sets of compliance-gaining strategies. *Communication Quarterly*, *28*, 34-46.

Cohen, A. (1962). New evidence. In J. Brehm, & A. Cohen (Orgs.). *Explorations on cognitive dissonance*. New York: Wiley.

DeCharms, R., Carpernter, V., & Kuperman, A. (1965). The "origin-pawn" variable in person perception. *Sociometry*, *28*, 241-258.

Deci, E. L. (1975). *Intrinsic motivation*. New York: Plenum Press.

Falbo, T., & Peplau, L. A. (1980). Power strategies in intimate relationships. *Journal of Personality and Social Psychology*, *38*(4), 618-628.

Festinger, L. (1957). *A theory of cognitive dissonance*. Palo Alto: Stanford University Press.

Festinger, L., & Carlsmith, J. M. (1959). Cognitive consequences of forced compliance. *Journal of Abnormal and Social Psychology*, *58*, 203-210.

Fletcher, G. J. O., & Ward, C. (1988). Attribution theory and processes: a cross-cultural perspective. In M. H. Bond (Org.). *The cross-cultural challenge to social psychology* (pp. 230-244). Newbury Park: Sage.

Fontaine, G., & Beerman, J. (1977). Affective consequences of social power: power holder and target expectancies associated with different types of power. *Psychological Reports*, *40*, 771-774.

French, J. P., & Raven, B. H. (1959). The bases of social power. In D. Cartwright (Org.). *Studies in social power* (pp. 150-167). Ann Arbor, MI: Institute for Social Research.

Greenwood, J. D. (1982). On the relation between laboratory experiments and social behavior: causal explanation and generalization. *Journal for the Theory of Social Behavior, 12*, 225-250.

Jones, E. E., & Nisbett, R. E. (1972). The actor and the observer: divergent perceptions of the cause of behavior. In E. Jones, D. Kanouse, H. Kelley, R. Nisbett, S. Valins, & B. Weiner (Orgs.). *Attribution: perceiving the causes of behavior* (pp. 79-94). Morristown, NJ: General Learning Press.

Kelley, H. H. (1972). Attribution in social interaction. In E. Jones, D. Kanouse, H. Kelley, R. Nisbett, S. Valins, & B. Weiner (Orgs.). *Attribution: perceiving the causes of behavior* (pp. 1-26). Morristown, NJ: General Learning Press.

Kelman, H. C., & Hamilton, V. L. (1989). *Crimes of obedience: toward a social psychology of authority and responsibility*. New Haven, CT: Yale University Press.

Kipnis D., Schmidt, S. M., Swaffin-Smith, C., & Wilkinson, I. (1984). Patterns of managerial influence: shotgun managers, tacticians, and bystanders. *Organizational Dynamics, 12*(3), 58-67.

Kite, R. W. (1964). *Attribution of causality as a function of the use of reward and punishment*. Ph.D. Doctoral dissertation, Stanford University, USA.

Leung, K., & Bond, M. H. (1984). The impact of cultural collectivism on reward allocation. *Journal of Personality and Social Psychology, 47*, 793-804.

Linder, D. E., Cooper, J., & Jones, E. E. (1967). Decision freedom as a determinant of the role of incentive magnitude in attitude change. *Journal of Personality and Social Psychology, 6*, 245-254.

Litman-Adizes, T., Fontaine, G., & Raven, B. H. (1978). Consequences of social power and causal attribution for compliance as seen by powerholder and target. *Personality and Social Psychology Bulletin, 4*, 260-264.

Lobel, S. A., & Rodrigues, A. (1987). Allocentrism and idiocentrism among Brazilian university students. *Interdisciplinaria, 8*, 25-40.

Markus, H., & Kitayama, S. (1991). Culture and the self: implications for cognition, emotion, and motivation. *Psychological Review, 98*, 224-253.

Milgram, S. (1963). Behavioral study of obedience. *Journal of Abnormal and Social psychology, 67*, 371-378.

Miller, J. G. (1984). Culture and the development of everyday social explanation. *Journal of Personality and Social Psychology, 46*, 961-978.

Morelli, M. (1983). Milgram's dilemma of obedience. *Metaphilosophy, 14*, 183-189.

Patten, S. C. (1977). Milgram's shocking experiments. *Philosophy, 52*, 425-440.

Pepitone, A. (1999). Historical sketches and critical commentary about social psychology. In A. Rodrigues, & R. V. Levine (Orgs.). *Reflections on 100 years of experimental social psychology* (pp. 170-199). New York: Basic Books.

Pittman, T. S., & Pittman, N. L. (1980). Deprivation of control and the attribution process. *Journal of Personality and Social Psychology, 39*, 377-389.

Raven, B. H. (1965). *Social influence and power.* In I. Steiner, & M. Fishbein (Orgs.). *Current studies in social psychology* (pp. 271-381). New York: Holt, Rinehart & Winston.

Raven, B. H. (1993). The bases of social power: origins and recent developments. *Journal of Social Issues, 49*, 227-252.

Rind, B., & Kipnis, D. (1999). Changes In self-perception as a result of successfully persuading others. *Journal of Social Issues, 55*(1), 1041-156.

Robins, R. W., Spranca, M. D., & Mendelsohn, G. A. (1996). The actor-observer effect revisited: effects of individual differences and repeated social interactions on actor and observer attributions. *Journal of Personality and Social Psychology, 71*, 375-389.

Rodrigues, A. (1995). Attribution and social influence. *Journal of Applied Social Psychology, 25*, 567-77.

Rodrigues, A., Assmar, E., & Jablonski, B. (2005). Social psychology and the invasion of Iraq. *Revista de Psicología Social, 20*(3), 387-398.

Rodrigues, A., & Lloyd, K. L. (1998). Reexamining bases of power from an attributional perspective. *Journal of Applied Social Psychology, 28*, 973-97.

Rodrigues, A., Williams, R. L., Lloyd, K. L., & Stricker, J. M. (1997). Coercion, legitimate and expert influence as mitigators of responsibility. In *Western Psychological Association Annual Meeting*. Portland, Oregon.

Sharon, I., & Amir, Y. (1998). Cross-cultural replications: a prerequisite for the validation of social-psychological laws. In M. H. Bond (Org.). *The cross-cultural challenge to social psychology* (pp. 96-108). Newbury Park, CA: Sage.

Shultz, T. R., Schleifer, M., & Altman, I. (1981). Judgments of causation, responsibility, and punishment in cases of harm doing. *Canadian Journal of the Behavior Science, 13*, 238-252.

Thurstone, L. L., & Chave, E. J. (1929). *The Measurement of Attitude.* Urbana, ILL: University of Chicago Press.

Triandis, H. C. (1988). Cross-cultural contributions to theory in social psychology. In M. H. Bond (Org.). *The cross-cultural challenge to social psychology* (pp. 122-140). Newbury Park, CA: Sage.

Trimple, J. E. (1988). Putting the etic to work: applying social psychological principles in cross-cultural settings. In M. H. Bond (Org.). *The cross-cultural challenge to social psychology* (pp. 109-121). Newbury Park, CA: Sage.

Vianna Moog, C. (1954). *Bandeirantes e pioneiros*. Rio de Janeiro: Civilização Brasileira.

Weiner, B. (1979). A theory of motivation for some classroom experiences. *Journal of Educational Psychology, 71*, 3-25.

Weiner, B. (1986). *An attributional theory of motivation and emotion*. New York: Spring-Verlag.

Weiner, B. (1995). *Judgments of responsibility*. New York: Guilford Press.

Weiner, B. (2006). *Social motivation, justice, and the moral emotions: an attributional approach*. Mahwah, NJ: Lawrence Erlbaum.

Wells, G. (1980). Asymmetric attributions for compliance: reward vs. punishment. *Journal of Experimental Social Psychology, 16*, 47-60.

Zimbardo, P. G. (1970). The human choice: individualism, reason, and order *versus* deindividuation, impulse, and chaos. In W. J. Arnold, & D. Levine (Orgs.). *Nebraska symposium on motivation* (pp. 237-307). Omaha, NE: University of Nebraska Press.

Zimbardo, P. G. (2008). The journey from the Bronx to Stanford to Abu Ghraib. In R. V. Levine, A. Rodrigues, & L. Zelezny (Orgs.). *Journeys in social psychology*. New York: Psychology Press.

Zucker, G. S., & Weiner, B. (1993). Conservatism and perception of poverty: an attributional analysis. *Journal of Applied Social Psychology, 28*, 925-943.

Education for justice and peace: the just community approach to moral education

F. Clark Power

University of Notre Dame

I recently asked a group of young elementary school teachers whether they planned on remaining in teaching. One idealistic young man replied, "I hope to teach for a few more years and then look for a way to change the world." He was teaching a fifth-grade class of poor children on the Texas border and having some success. On the other hand, he was keenly aware that his classroom was far removed from the corridors of power in Washington, D.C. or even in his state capital. He, like many sociologists of education, believed that schools reflect and maintain existing social norms rather than challenge them. In spite of his efforts to make his classroom different, he was well aware of his limitations as a lone individual in an underfunded school, which struggled to provide a basic education to a challenging student population.

Although schools by and large conserve the *status quo*, bold thinkers from Plato to Paulo Freire and Angela Biaggio have proposed that education could and should play a role in social transformation. As John Dewey (1897) put it, "Education is the fundamental method of social progress and reform" (p. 79). With a keen appreciation for Dewey's insight, Angela Biaggio devoted much of her energy over the last decade of her life to an exploration of the ways in which moral education might serve the cause of social justice and world peace. In the latter years of her life, she took a particular interest in the just community approach to moral education, an approach that Kohlberg believed could effectively serve the poor through the practice of democracy in everyday life. The just community approach remains a radical method of moral education because it addresses the organizational structure and culture of schools. It is more than a *curriculum* taught by an individual instructor but a way of organizing relationships and making decisions that engages faculty and students in a common educational project. The just community approach may also be understood as a way to foster political engagement among youth least likely to become engaged because of family background and prior experiences in school.

Moral and character education: social transformation *versus* virtue formation

Current debates about moral and character education have their roots in discussions originating in the early 1980s. During the 1960s and 1970s, values clarification and moral development approaches attracted great interest among educational scholars. Angela Biaggio, like many psychologists of her generation, was inspired and informed by Lawrence Kohlberg's cognitive developmental approach with its focus on fostering a principled, post-conventional framework for making moral decisions. Although proponents of this approach rarely called themselves "civic educators", they were, in fact, deeply committed to promoting responsible citizenship in a democratic society by practicing democracy in the classroom. Responsible citizenship, in their view, entailed moral deliberation about the common good, a concern for protecting universal human rights, and a willingness to engage in social criticism with the goal of fostering social justice. Rejecting the view that autocratic schools could adequately prepare students for democratic citizenship, Kohlberg and his colleagues (Power, Higgins, & Kohlberg, 1989) devised the just community approach, which combined direct participatory democracy with principles derived from Durkheim's sociology and moral development psychology.

Not surprisingly, not all moral educators agreed that moral education should democratic or have a strong agenda for social reform. The character education movement took root in the 1980s as a response a perceived moral decline in the schools. Some of the most visible leaders of the movement, Kevin Ryan, Edwin Wynne, and William Bennett, who served as Secretary of Education under President Reagan, took aim at the moral development approach as fostering moral relativism through its use of discussion and democratic decision-making. These traditionalists believed that the developmental approach failed to come to grips with the most fundamental problem in schools – a lack of self-discipline. They appealed Aristotle's emphasis on habit as the key to forming virtue in the young.

The 1986 Association for Moral Education meeting held in Chicago brought leading proponents of the emerging character education movement together with the moral developmentalists. Kevin Ryan (1989) opened the dialogue with a "defense" of the new movement and with a sketch of how it departed in some ways from the cognitive-developmental approach. Ryan noted that in contrast to Dewey's "transformational" model of changing society by changing schools, the character education movement had a more modest and rather different aim – to conserve the past: "Cultural literacy and the traditional content of the school are of central importance in character development" (p. 15).

Ryan did not deny the need for cultural change; students should be taught to "preserve and improve the culture" (p. 15). On the other hand, Ryan clearly advocated cultural transmission over cultural reform. He took issue with the efforts that Kohlberg, I, and others had undertaken to develop a democratic approach to moral education as undermining the authority and power of the teacher to "manage and channel" the "energy" and "wills" of the students (p. 16). Ryan asserted that children are malleable and "self-centered" and in need of "formation" by strong teachers (p. 16).

Ryan's defense of the character education movement amounted to be not only a defense of a traditionalist ideology of education but also an appropriation of the psychological principles underlying social learning theory. Ryan and fellow traditionalists assume that children are passive, selfish, and in need of external "formation". Lacking in the traditionalist's approach to character education is an appreciation of the agency and critical thinking of the child. The traditionalist approach so emphasizes the role of the teacher and the pedagogy of transmission that it underestimates the interactional dimension inherent in all learning as well as the importance of fostering children's sense of autonomy. As Piaget demonstrated so convincingly, children do not merely receive information from their environment but assimilate information according to their knowledge schemas (Piaget & Inhelder, 1969). Learning consists not in reproducing what has been received but in reconstructing it. The notion that the learner reconstructs what is received is an ancient one. Thomas Aquinas (1268/1999) put it this way in his commentary on Aristotle's psychology: "For whatever is received into something is received according to the condition of the recipient" (p. 755).

Attending to the contribution that learners make to their learning is important for moral education to be effective for a number of reasons. First, as I have noted, children distort what they hear according to their existing schemas of understanding. Second and more importantly, children have a natural interest in acting morally. Although Ryan rightly pointed out that children are impulsive and egocentric, research on moral development, empathy, and altruism demonstrates that children have a concern for fairness and the welfare of others and are willing to sacrifice themselves for others. Third, children become moral through everyday moral decision-making and problem-solving. Adults do not have to teach children moral rules for children to become moral. Children develop their moral understand through interacting with one another. The cognitive-developmental educators whom Ryan criticized do not deny the importance of passing on the intellectual and moral achievements of the past. They insist, however, that the past is not an inert body of knowledge and values but an ongoing conversation about truth and justice.

Although the traditionalist character educator model emphasizes the need to correct "self-centered children," does model's focus on self-responsibility rationalize a different kind of self-centeredness? Certainly children should develop personal virtues of hard-work and self-control. Yet an overemphasis on personal development may lead educators to assume that character operates in a social vacuum and can be addressed directly without reforming the social organizations in which individuals function. An overemphasis on character can also lead to a kind of "blaming the victim" in responding to the needs of children who are failing in school. Children need more than clear expectations and firm discipline. They need encouragement, peer support, and a sense of social control.

Many of the students in the just community schools of the 1970s and 1980s struggled with problems that required more than the conventional school structures could provide. Exhortations to virtue were simply not enough. Angela Biaggio recognized, as did many other psychologists and educators, that schools had to provide a new framework for social interaction in order to address problems of school failure. She realized that character could not be divorced from community and that individual responsibility could never be divorced from social responsibility.

Community and democracy: *You can't say you can't play*

In her classic, *You can't say you can't play*, Vivien Paley (1993) demonstrates that the culture of privatistic individualism, which undermines social responsibility, takes root as early as in the kindergarten classroom. Paley observes that "[...] the social structure of peer rejection begins as certain children... [assume] the right to limit the social experiences of their classmates. Henceforth a ruling class will notify others of their acceptability to, and the outsiders learn to anticipate the sting of rejection" (p. 3).

Paley illustrates the problem by describing an incident from her kindergarten class. Angelo called her over to comfort "shy" Clara who was crying. Clara explained, "Cynthia and Lisa builded a house for their puppies and I said can I play and they said no because I don't have a puppy I only have a kitty. They said I'm not their friend" (p. 14). Paley asked Cynthia and Lisa to include Clara, but Lisa objected that "they didn't need another person" (p. 15). When Paley pressed further, Lisa stood her ground, "It was my game. It was up to me" (p. 15). This troubled Paley. Does Lisa have the "right" to exclude Clara? Should children be free to be play with those whom they like? What about the children who are turned away? Particularly concerned about the students left on margins, Paley proposed a controversial rule for her classroom, "You can't say you can't play".

When Paley first proposed the "You can't say you can't play" as a new rule, only four of the twenty-children in Paley's kindergarten class agreed. Not surprisingly they were those most frequently excluded, the ones psychologists refer to as "rejected" or "neglected". Paley found that by the time children had reached the fifth grade, exclusion had become a fact of life. The teachers in the school acknowledged the problem but, like the fifth-graders, balked at Paley's proposed solution. Children cannot be expected to include others in their "free play". All teachers can do, if they choose to get involved at all, is to help to make the "outsiders" more "acceptable" to the insiders (p. 33). To Paley's dismay, the teachers accepted exclusion as inevitable, as kind of natural law, which they were powerless to change.

In Paley's estimation, the teachers failed to see that the problem as a social construct that could be changed. As Paley recognized, the mere fact that exclusion had become a social fact does not legitimize it or even prove that exclusion inevitable given human nature. Paley challenged the assumed moral legitimacy of exclusion. She asked whether some children should be given the prerogative of excluding other children because the others do not appear to fit in. If "outcasts" can be asked to change themselves in order to become more pleasing to the group, why can't the group be asked to change itself to embrace the outcasts?

Although the Bible teaches us that we are our sisters' and brothers' keeper, our culture tells us otherwise. Paley's inspiration for the "You can't say you can't play" rule was not the Cain and Abel story in Genesis or the parable of the Good Samaritan in Luke, but the injunction in Leviticus (19:34): "The stranger that soujourneth with you shall be unto you as the homeborn among you, and you shall love him as thyself; for you were strangers in the land of Egypt". Paley believes, as do many sociologists, that schools provide children with their first experiences of the public arena, of a space that arguably belongs to everyone. She writes, "Within this public space a new concept of open access can develop if we chose to make it a goal. Here will be found... the habit of full and equal participation upon request" (p. 21).

Although Paley was convinced that the "You can't say you can't play" rule was necessary, she was unsure whether it is fair for a teacher or a principal to impose such a rule. Paley discussed in some detail the implications of the rule with children from the kindergarten through the fifth grade, even as she gently persuades them to adopt it. She believed that even though the rule deserved to be adopted, it had to be adopted through a democratic process. Why? From a moral point of view, Paley held that involving children in a democratic discussion shows respect for them. After all, it is the children who are being asked to do the including. Moreover, Paley understands that for such a rule to work, it is not enough to tell children that the rule is good for them. The children themselves have to knowingly commit themselves to the practice of inclusion. Through many weeks of discussion, the children come to see that the moral system that protects their right to choose their playmates, does not protect the children who simply do not have the choice to join the group. Through Paley's sensitive direction and inspiration, they begin to believe in their power to create another kind of social order.

We learn from the way Paley organized her classroom something about democracy as both a means and end of education. The children at the top of the social hierarchy, those who get to call the shots, are typically blissfully unaware of those at the bottom, those whom they counsel "to find their own friends" or "play by themselves". Similarly those at the bottom are typically trapped in their isolation and fail to acquire the social and leadership skills that those at the top might teach them. Through democratic discussion that gives everyone a voice and enjoins everyone to listen and to deliberate together, children at the top and the bottom of the hierarchy of status and power perceive a wider social reality and can build a more inclusive classroom community.

The just community approach and the YES Program

Paley's democratic classroom with its "You can't say you can't play" rule provides an important insight into in the spirit of the just community approach, which Angela Biaggio came to value so highly. Her hope that schools in Brazil as well as the United States could be at the vanguard of social reform led her to study the community approach, which Lawrence Kohlberg and his colleagues first developed in 1970s and refined in the decade that followed (Biaggio, 1997; Power, Higgins, & Kohlberg, 1987). After I started a just community project in a local program for at-risk students called Your Educational Success (YES) in 1991, Angela Biaggio came to study the school 1993. She believed, as I do, that the just community approach was not only an effective way of educating for justice and peace but also a lifeline for students, who for a variety of reasons were not succeeding in the conventional educational system. These students struggled socially as well as academically. The label "at-risk" was somewhat of a catchall term, which indicated that with records of truancy and low grades, these students were not likely to complete high school.

Not surprisingly, these students typically came from low-income, single-parent families. They had no educational plans or expectations. Some students had minor brushes with the law. YES offered these students an alternative school-within-a-school experience with a low student to teach ratio (10:1) and an exceptionally dedicated group of teachers, who were responsible for a core *curriculum* of English, Social Studies, and Mathematics. Most students took their other courses in the "parent" high school that housed them and a few students took vocational education classes at another *campus*.

YES began with a traditional approach to discipline informed by "authoritative parenting" principles. Before YES opened, I had given the teachers some information about the just community approach, but they had already received in-service preparation about a "family" approach to working with at-risk students, which dictated that they take a parental role in establishing clear, firm, and high expectations with a warm and open manner. They correctly perceived that this hierarchical parental approach would be at odds with the more egalitarian democratic approach that I advocated. On the other hand, they may have been a little too apprehensive about whether they could maintain sufficient control role in the just community democracy. Although the teachers politely declined my offer to help them to implement the just community approach in YES, they promised that they would contact me if they changed their minds.

I was somewhat surprised to get a call the following year from the YES teachers asking whether they might take me up on my offer. The teachers informed me that they had experienced some success in building relationships with individual students using the family model. On the other hand, the teachers acknowledged that they were disappointed that the students did not seem to respect the rules and that, in spite of their efforts, the students seemed disengaged and unmotivated. Although they were frustrated enough to try almost anything, the teachers were worried about giving students an equal vote. I promised them that we would work within their comfort level carefully and decide together the decisions that would be brought up for a vote. I also promised to help them to gain confidence as just community "advocate-participants".

Democracy in schools

The cautious response of the YES teachers to the democratic part of the just community approaches was by no means unique to those teachers. The fear that a democracy might become a monocracy goes back to debates about popular rule in ancient Greece and continues through De Tocqueville's (1863/2000) warning about American democracy leading to a tyranny of the majority, which remains relevant to our very day. Although rule by a "philosopher-king" may seem preferable to rule by ordinary people or by children, we need to look more deeply into the reasons why democracy is both a moral and an educational imperative. The democracy entails more than popular voting. Democracy is a moral ideal as well as a decision-making procedure. Democracy as we understand it within the context of the just community approach demands deliberation, which has important consequences for the wisdom of the decisions made as well as the education of the decision-makers. Why do countries so deeply committed to the democratic ideals have schools that are so autocratic and teachers unprepared to offer students preparation in democratic participation?

Although it is certainly true that children are simply not expert enough to make most decisions about what should be taught and how they should be taught, children certainly seem to have something to contribute to the functioning of the school society in which they work and play. Children suffer from disturbances created by the antics of their fellow students, by bullying, by cheating, and by being wrongfully accused. They often understand why they and their peers misbehave and are capable of helping their peers "shape up". Piaget (1932/1965) studied children's moral judgment by observing how children regulated their own play free of the influence of adults. His observations led him to an awareness of the boomerang effect of adult's over-regulation of children's social activities. The more adults attempt to rule through obedience and constraint, the less likely children are to cooperate. The more opportunities children have to solve their problems through cooperation, the more likely they are to adopt and enforce reasonable resolutions.

The surest path to fostering moral judgment and moral responsibility is to provide children with opportunities to practice judgment and to take responsibility. Of course, we must not give children and adolescents decisions that they cannot handle affectively as well as cognitively. On the other hand, there are many rules and policies that address students' everyday social and disciplinary experiences that would benefit from student participation.

The inclusion of students in decision-making does not imply that teachers adopt a laissez-faire stance toward their students. Although students can and do rise to the occasion and become valuable participants in democratic meetings, students are still immature and in need of guidance. Teachers should approach the practice of democracy in schools as an apprenticeship, which gives students the opportunity to make real life decisions but to do so with direction (Power, 1992). As experience with the just community approach has taught us (Power, Higgins & Kohlberg, 1989; Power & Power, 1992), the teacher's role in a democratic meeting demands skill, patience, and commitment to building a community with students. Although teachers and students all have an equal vote, teachers on account of their age, experience, and wisdom wield considerably more influence. How the teachers make use of that influence is crucial for the success of the apprenticeship experience.

In traditional apprenticeships, the teachers were master craftspeople who attracted novices who recognized their mastery and submitted themselves to their masters' direction. In the just community schools that I worked with, most of the teachers themselves have had very little experience with direct participatory democracy. Although they were in some sense "novices" themselves, I worked with them before each meeting and after each meeting to prepare them as discussion leaders. The students very much appreciated the effort that the teachers made to include them in the governance of the school. Most importantly, the students looked up to the teachers as models of engaged participants and as totally devoted to the YES community.

The just community approach asks that teachers accept their equality as equal voting members of the democracy but also to take a leadership or what we (Power, Higgins, & Kohlberg, 1989) have described as an advocacy role in community meetings. They accomplish this first by teaching students the procedural skills necessary for democratic governance. Second, the teachers challenge students in community meetings to foster the common good by making decisions that further the ideals of community and democracy. Finally, the teachers listen thoughtfully to all points of view and encourage students to do the same.

If students are to reap the benefits of an apprenticeship in democracy and participation in a genuinely moral community, time must be devoted to regular community meetings. These meetings are "legislative assemblies" in which students and faculty make their rules and policies. Experience suggests that meetings ought to be weekly for several reasons. First and most importantly, the deliberative process takes time. In the early days of all of the just community programs, both the students and faculty moved rather quickly from making proposals to taking votes. Although they recognized the importance of giving everyone who wanted to speak the opportunity to participate, they underestimated the importance carefully considering all points of view and of trying to reach an agreement that all would support. Typically students and faculty often discuss an issue over two meetings before taking a final vote. Second, the more students actually participate in the meeting, the more engaged they will be in upholding community policies. Third, the fact that the community meeting is a regular part of the school week gives it a ritual significance. The community meeting is a time when all members of the Program focus on their membership in the community and their aspirations as a community. "Community" is a popular concept in education today, but it typically lacks substance beyond students and faculty relating in a friendly manner. The community meeting is a common activity that concretizes an experience of community as shared governance and responsibility.

Building community through democracy

As I noted earlier, one of the greatest challenges I faced in introducing democratic governance to YES was to convince the teachers that the deliberative process would be a way of building a sense of community that would support high academic achievement and reduce disciplinary problems, particularly truancy. The teachers' experience of democratic politics may have also played a role in making them cautious about the power of democracy to elicit students' altruism. In many ways, we experience democratic politics as a competitive process in which interest groups pursue their own advantage. In such a context, what matters is getting a majority of voters on one's side. This process involves considerable negotiation, compromise, and persuasion, which tends to appeal to self-interest or to the interest of particular factions. The democracy envisioned in the just community approach starts with the premise that the purpose of democracy is to solve problems through discussion in a way that advances the common good. In this kind of democracy, the participants do not focus on how they can promote their own agenda or that of a subgroup; rather, they collaborate with others in order to arrive at a decision that is acceptable to all. Participants discuss problems with a genuine openness to the points of view of others and with an expectation that the process of dialogue will lead to new and better solutions than would be had without such an exchange.

Because this approach to democracy puts a premium on discussion, it is best described as deliberative democracy (Cohen, 1996; Gutmann & Thompson, 2004). At the heart of deliberative democracy is a concern for justification or giving reasons for one's position. In this sense deliberative democracy resembles the dilemma discussion approach, which is a direct application of Kohlberg's research methodology to promoting moral development (Blatt & Kohlberg, 1975). The leader of a dilemma discussion functions as a facilitator, who probes for the reasoning behind the participants' stances and encourages students to reply to the arguments given by others. The leader also functions as a Socratic gadfly, who challenges participants to examine inadequacies within their own arguments and to consider arguments at a higher stage. The success of the moral discussion approach appears to depend upon the extent to which the discussion elicits different points of view and stimulates cognitive conflict within the participants. Although dyads and small groups clearly can generate significant moral discussion without a leader (Berkowitz & Gibbs, 1983), the larger a group gets the moral valuable it is to have a leader to direct the flow of the discussion, to assure that participation is as wide as possible, and most importantly to press all of the participants to attend to the justification that they give for their positions. Focusing on the justifications of their positions helps students to develop their own moral reasoning. It also helps the community as a whole to appreciate that they are bound together by moral values and not merely mutual advantage.

The major difference between dilemma discussion method and deliberative democracy, beyond the obvious fact that the problem in a dilemma discussion is reduced to only two alternatives, is that the point of the deliberative democracy is to make real-life decisions that will affect the lives of the participants. Discussions of moral dilemmas are purely academic. They engage students' moral thinking and judgment, but they have no practical consequences. Deliberative democracy also influences moral thinking and judgment but goes much further. Including students in making decisions shows respect for students as moral persons.

A second major difference between the dilemma discussion approach and the use of deliberative democracy in the just community approach is the fact that the discussion is a means of building a sense of community solidarity and moral identity. In the typical classroom setting, the teachers find themselves struggling to maintain order and to motivate students. As Willard Waller (1932/1974) noted in his classic the practice of democracy in liberal democratic societies, students and teachers typically constitute two different cultures. This can lead students to regard the discipline of the classroom and school as the teachers' responsibility. Deliberative democracy helps teachers and students to share responsibility for problems and for resolving them in common action.

What YES accomplished

Once the teachers committed themselves to the just community approach, our next task was to engage the students. Perhaps not surprisingly, the students reacted to the announcement that YES was to become a democratic community with only mild curiosity. The teachers held a "constitutional convention" with students to build a basic democratic framework. The students were rather passive throughout the proceedings which focused for the most part on procedural matters. The convention gained in significance, however, as the students came to appreciate their role in the governance of their school.

The teachers captured students' interest in their democracy in two ways. First, they organized elections for key officers: president, vice president, secretary, and treasurer. I had originally opposed elected officers because I feared that it would undercut our efforts to build a direct participatory democracy by focusing responsibility on a just a few students. I compromised when the community agreed that officers would serve limited terms, which would give many students a chance to hold office. The original elections were also instructive. The only office students took an interest in running for was treasurer (the treasurer was responsible for collecting weekly dues from all students). Asked to give campaign speeches, the students running for office imitated the politicians they had seen on television making vague promises about how much they would do when elected without having the vaguest idea of what needed to be done. All of that changed dramatically in the years that followed when those running for office talked concretely about ideas for developing the spirit of community and helping each other to become more successful in school.

In an effort to convince students of the meaningfulness of the democracy, the teachers raised the possibility of operating a community lounge area for a limited period of time if the students were willing to take responsibility for keeping it clean and in order. The students jumped on the opportunity without worrying about the details of keeping it tidy. The faculty anticipated that problems would arise, which they did; but rather than become discouraged, the faculty realized that the problems would become "teachable moments" once they became agenda items for the community meeting.

Over time, faculty and students gained confidence in the effectiveness of deliberative democracy in making policies that everyone found to be fair and in the interest of the common good. YES's rules addressed disciplinary, problems of missed classes, tardiness, cheating, unfinished homework, and fighting. After a year, the students YES were outperforming their peers in larger high school on almost every index of disciplinary behavior by a wide margin. The YES students had also made impressive gains in the classroom and had taken on several community service projects involving the entire community.

The assistant superintendent in charge of secondary schools was naturally impressed with these conventional markers of success. He was more impressed, however, with YES as a model for civic education. After witnessing a community meeting chaired by the student officers, he marveled at how students discussed issues and observed the rules of order.

I was pleased to find that, in accord with my expectations, YES students' moral judgment development showed a one year average gain of 29 M.M.S. points, which is comparable to the best just community and moral discussion interventions. The magnitude of the change scores attests to quality of the moral discussions held in the community meeting and to the expertise of the faculty who participated strategically. When YES began, I participated in meetings much as Kohlberg did in the early days of Cluster. Like Kohlberg, I very consciously modeled the kinds of statements that I had urged the faculty to make. I repeatedly asked the students to provide justifications for their opinions and to consider the effects of a particular rule or a policy on the welfare of the community. By the time Angela Biaggio was attending community meetings, the role of the university consultant had greatly diminished and YES was operating very well on its own.

Unfortunately, an administrative change coupled with funding cuts ended the YES Program in its prime. As successful as YES was in touching the lives of students who had failed in the mainstream of public schooling, those responsible for allocating funding were not sufficiently impressed by YES's achievements. I fear that the lack of support for YES may have had to do with small number of students served by YES (36) as well as the fact that they were poor. In addition, I cannot help but wonder whether the just community approach itself seemed implausible in spite of its results. One of the programs that replaced YES was a Junior ROTC (Reserved Officers Training Corps) program. This is a program affiliated with the U.S. Army, which is designed to build character and citizenship through military discipline. Ironically perhaps, this program appealed to those holding the traditionalist character educator position that the behavioral problems that led students to be labeled "at-risk" were due to a lack of self-control or will-power. As I noted earlier, democratic programs, such YES's, do not make a lot of sense. Democracy, in their view, is the equivalent of a laissez-faire approach. Unfortunately, the decision-makers never took the time to visit the YES Program or to assess its outcomes. In addition, no one seemed to take notice that Junior ROTC program had admission requirements, which excluded the neediest of the YES students.

Angela Biaggio witnessed YES at the height of its success and YES at its closing. She was not at all surprised that students who never made it within the conventional system flourished within a just community setting. The YES Program with its deliberative democracy and ideal of community gave students a sense of agency and a moral mission. The students responded to the challenge and exceeded all of our expectations for them. Unfortunately, stereotypes about at-risk students and democratic education spoke more powerfully to the decision-makers than research data. We should not blame those who found military discipline a better approach to character education of the poor than democracy. Those of us who follow in Angela Biaggio's footsteps must work tirelessly on behalf of the justice and peace that can come only when rich and poor alike can deliberate together about our common destiny as citizens of a world community.

References

Aquinas, T. (1268/1997). Summa theologica (Question 7, Article 6). In A. C. Pegis (Ed.). *Basic writings of St. Thomas Aquinas*. Hackett.

Aquinas, T. (1999). *On Human Nature* (T. H. Hibbs, Ed.). Hackett.

Berkowitz, M. W., & Gibbs, J. C. (1983). Measuring the developmental features of moral discussion. *Merrill-Palmer Quarterly*, *29*, 399-410.

Biaggio, A. (1997). Kohlberg e a comunidade justa: desenvolvendo o senso ético e a cidadania na escola. *Psicologia: Reflexão e Crítica*, *10*, 47-69.

Biaggio, A. (1999, November). Desenvolvimento moral, ecologia e pacifismo. In *Association for Moral Education Meeting*, Minneapolis, MN, USA.

Biaggio, A., & Guazzelli, E. F. (1984). Relações entre maturidade de julgamento moral e locus de controle. *Arquivos Brasileiros de Psicologia Aplicada*, *36*(2), 63-73.

Biaggio, A., & Morosini, M. (1978). Reproducíón y pensamiento posconvencional; una comparación entre las teorias de Kohlberg y Giroux con respecto al papel de la escuela en la transformación de la sociedad. *Boletin de Psicologia*, Universidad José Cañas, El Salvador.

Biaggio, A., Natalício, L., & Spielberger, C. D. (1977). Desenvolvimento da forma experimental em Português do Inventário de Ansiedade Traço-Estado de Spielberger. *Arquivos Brasileiros de Psicologia Aplicada*, *29*(3), 31-44.

Blatt, M., & Kohlberg, L. (1975). The effect of classroom discussion upon children's moral judgment. *Journal of Moral Education*, *4*, 129-61.

Cohen, J. (1996). Procedure and substance in deliberative democracy. In S. Benhabib (Ed.). *Democracy and difference: contesting the boundaries of the political* (pp. 95-109). Princeton, NJ: University Press.

De Toqueville, A. (1863/2003). *Democracy in America*. New York: Penguin Classics.

Dewey, J. (1897). "My pedagogic creed", *The School Journal, LIV*(3), 77-80.

Durkheim, E. (1925/1973). *Moral education: a study in the theory and application of the sociology of education*. New York: Free Press.

Gutmann, A., & Thompson, D. (2004). *Why deliberative democracy?* Princeton, NJ: University Press.

Fishkin, J. (1995). *The voice of the people: public opinion and democracy*. New Haven: Yale University Press.

Nino, C. S. (1996). *The constitution of deliberative democracy*. New Haven: Yale University Press.

Paley, G. V. (1993). *You Can't Say You Can't Play*. Cambridge, MA: Harvard University Press.

Piaget, J. (1932/1965). *Moral judgment of the child*. New York: Free Press.

Piaget, J., & Inhelder, B. (1969). *The psychology of the child*. New York: Basic Books.

Power, F. C. (1992). An apprenticeship in democracy: the just community approach to civic education. *Curriculum, 13*(3), 188-195.

Power, F. C., & Power, A. M. R. (1992). A raft of hope: democratic education and the challenge of pluralism. *Journal of Moral Education, 21*(3) 193-206.

Power, F. C., Higgins, A., & Kohlberg, L. (1989). *Lawrence Kohlberg's approach to moral education*. New York: Columbia University Press.

Ryan, K. (1989). In defense of character education. In L. P. Nucci (Ed.). *Moral development and character education: A dialogue*. Berkeley, CA: McCutchan.

Tocqueville, A. S. (1863/2000). *Democracy in America* (H. C. Mansfield, & D. Winthrop, Trans. and Eds.). University of Chicago Press.

Waller, W. (1932/1974). *The sociology of teaching*. New York: J. Wiley & Sons.

Universalismo *versus* relativismo moral: dois lados de uma mesma moeda

Simone Paludo

Universidade Federal do Rio Grande

Sílvia Koller

Universidade Federal do Rio Grande do Sul

A moralidade tem estado no palco de discussões desde o século XVIII, quando os filósofos Hume (1739/1969) e Kant (1787/1989) reconheceram dois importantes protagonistas para compor esse cenário: a razão e a emoção. Esses pensadores iniciaram um debate sobre o universalismo e o relativismo que nortearam, durante muito tempo, as teorias do desenvolvimento moral. No início do século XX, Freud (1930/1953) propôs um modelo afetivo para explicar o desenvolvimento moral e focalizou na relação emocional da criança com seus progenitores. Em seguida, Piaget (1932/1977) confirmou que a moralidade está enraizada nas ligações afetivas que se estabelecem entre os indivíduos, no entanto, o componente afetivo não foi o enfoque principal da sua construção teórica. Seu modelo cognitivista enfatizou os aspectos cognitivos da moralidade, uma vez que estava interessado em compreender como as crianças desenvolviam o respeito às regras. Estendendo os estudos piagetianos, Kohlberg (1969) atribuiu um papel fundamental ao julgamento e ao raciocínio moral e propôs uma alternativa para avaliar o desenvolvimento moral. Esses estudos inspiraram muitos pesquisadores nos anos 1960 e 1970, no mundo todo, ao salientar o papel do ser humano ativo em seu contexto de desenvolvimento, capaz de criar as próprias regras morais, e não apenas servir como receptáculo para as imposições sociais (Gilligan, 1982; Nucci & Turiel, 1978; Turiel, 1983). No Brasil, os estudos da moralidade foram semeados por Angela Biaggio, que, ainda nos anos 1960, apresentou a teoria universalista proposta por Kohlberg como um tema importante para pesquisa, produção de conhecimento e possibilidades para intervenção na educação, na saúde e na cultura da paz.

Durante anos, Biaggio produziu uma série de estudos que marcou a importância de sua carreira no Brasil e internacionalizaram a produção científica sobre o tema. Seus muitos estudantes e seguidores pesquisaram aspectos variados e sua atitude de abertura e permanente posição crítica abriu possibilidades para novas investigações. Este capítulo é fruto de estudos que surgiram no campo da moralidade no Brasil e que tiveram o olhar e a apreciação de Biaggio em suas construções iniciais. Koller (1990) estudou em seu mestrado, sob a orientção de Biaggio, a influência do gênero no julgamento moral, usando a entrevista de avaliação de Kohlberg. No entanto, buscando novos horizontes além da abordagem universalista, Koller associa-se a Haidt e Dias (Haidt, Koller, & Dias, 1993) como colaboradora e futuramente, com uma proposta de estudos dentro da pró-sociabilidade, enfatiza aspectos emocionais ligados à moralidade (Eisenberg & Shell, 1986). "Preservando a espécie dos orientadores", tão valorizada por Biaggio, Koller orienta Paludo (2004, 2008) em estudos que envolvem as emoções morais a partir da proposta relativista e intuicionista. Assim, ambas produzem conhecimento sobre moralidade de crianças e adolescentes em situação de risco social e pessoal.

Universalismo *versus* relativismo moral: dois lados de uma mesma moeda

O debate iniciado no século XVIII ainda está presente na academia e foi amplamente discutido por Biaggio em 1999. A autora analisou a posição dos diferentes pesquisadores da Psicologia Moral e identificou Piaget e Kohlberg como os principais líderes das ideias universalistas sugeridas por Kant. Entre os autores mais recentes que seguiram essa perspectiva, Biaggio nominou James Rest e Orlando Lourenço, pelo fato de concordarem com a universalidade da sequência de estágios no julgamento moral. Para Biaggio, Turiel e Nucci assumiram também uma posição universalista, no entanto, revela ser prudente rever essa associação, pois esses autores utilizaram uma conceituação diferenciada daquela proposta por Kohlberg. Por outro lado, ao analisar a perspectiva relativista, identificou os nomes de Richard Shweder, Carol Gilligan e autores pós-modernos que consideram aspectos culturais na formação moral. Diante dessa dicotomia, Biaggio (1999) afirmou: "Inclino-me pela posição universalista, mas tendo sempre em vista que em ciência nada é definitivo e novas teorias poderão vir a superar as mais antigas" (p. 19).

Evidências suficientes eram identificadas por Biaggio (1999) sobre a universalidade da sequência de estágios proposta por Kohlberg, bem como a existência de valores compartilhados por todos os seres humanos, como a lealdade, o respeito à vida e o não prejuízo a outros. Biaggio reconheceu, entretanto, que a cultura pode atuar como um fator modulador, acentuando valores e o raciocínio moral. Essa inquietação a levou a desenvolver pesquisas transculturais que buscavam verificar os fatores universais e relativos na forma como as pessoas desenvolviam sua moralidade, temática tratada nos inúmeros estudos empíricos coordenados por Biaggio desde o início de sua carreira em 1969.

Questionamentos semelhantes começaram a modificar o foco universalista e cognitivista da Psicologia Moral predominante nos anos 1960 e 1970. Na tentativa de verificar a influência da cultura na moralidade, as propostas relativistas começaram a ganhar espaço entre os pesquisadores, nos anos 1980. As publicações de Shweder, Mahapatra e Miller (1987) trouxeram outra perspectiva sobre a moralidade, ao afirmar que o domínio moral varia culturalmente e se estende para além da justiça, dos direitos e do prejuízo como proposto pela perspectiva universalista. Para os autores, as culturas tendem a moralizar três grupos particulares dos aspectos sociais, baseados em três concepções de *self*: a ética da comunidade, de autonomia e de divindade. Cada ética é baseada em diferentes conceitualizações de ser humano: como possuidor de um grande empreendimento coletivo e interdependente (comunidade), como uma estrutura individual (autonomia) ou como uma entidade espiritual (divindade). Seus estudos mostraram que em culturas de sociedades não ocidentais, o domínio da moralidade ultrapassa a ética da autonomia (prejuízos, direito e justiça) e ainda envolve domínios relacionados à lealdade, à autoridade, ao respeito e à pureza espiritual (Shweder, Much, Mahapatra, & Park, 1997). Esses resultados sugeriram que as normas culturais também são construídas por aspectos intuitivos, especialmente pelas emoções.

A divulgação desses achados atraiu pesquisadores voltados para a investigação de como a cultura, os valores e as emoções poderiam ser importantes recursos mediadores na construção da moralidade (Frank, 1988; Haidt, 2001; Kagan, 1987; Wilson, 1975). Uma pesquisa transcultural precursora dessa ideia foi conduzida por uma equipe de estudiosos da moralidade e contou com a colaboração de brasileiros, inclusive de Koller, orientanda de Biaggio, que nesse momento buscou investigar os modelos relativistas. Haidt *et al.* (1993)

conduziram um estudo para verificar os pressupostos da teoria de Shweder *et al.* (1987), no que diz respeito à variação cultural do domínio moral. Examinaram as respostas de brasileiros e norte-americanos de diferentes níveis socioeconômicos diante de ações ofensivas, mas não prejudiciais, como limpar o banheiro com a bandeira nacional ou comer o cachorro de estimação após morto. Os resultados indicaram variações culturais e socioeconômicas no domínio da moralidade. Os participantes norte-americanos de alto nível socioeconômico exibiram julgamentos baseados em convenções sociais ou preferências pessoais, assumiram que as ações de desrespeito não são moralizadas, ou seja, não apresentam consequências prejudicais interpessoais. Já os grupos de nível socioeconômico baixo, especialmente os brasileiros, julgaram como morais as ações de desrespeito. Perante esses dados, argumentaram que algumas culturas permitem que os julgamentos morais estejam relacionados a asserções intuitivas ou afetivas (por exemplo, "isso está errado, porque isso é repugnante"), entretanto, em outras culturas o julgamento é baseado na razão (por exemplo, "isso pessoalmente me incomodaria, mas isso não está errado"). Assim, o estudo apresentou fortes evidências de que o julgamento moral pode ser resultado de uma intuição moral e do raciocínio moral, confirmando que as reações emocionais (intuição/afeto), quando avaliadas, podem favorecer um melhor entendimento da moralidade.

Achados produzidos nessa direção conduziram a chamada "revolução afetiva" na área da Psicologia da Moral, retomando a ênfase nas intuições/emoções sugerida por Hume no século XVIII. Esse momento favoreceu o rápido crescimento de estudos focalizados na emoção como preditora dos julgamentos morais. Em uma busca no *PsychInfo*, principal banco de dados internacional, com os descritores moral e as emoções, essa tendência pode ser confirmada. A análise quantitativa das publicações sobre a temática identificou a seguinte sequência ao longo dos anos: 137, 330 e 657 referências (ver Figura 1).

Houve um aumento considerável de publicações tratando da moralidade relacionada às emoções. Na Figura 1, é possível constatar que a comunidade científica internacional encontra-se engajada nessa direção desde meados dos anos 1970. No entanto, essa realidade ainda não é tão presente no Brasil. Buscando a Biblioteca Virtual em Saúde (BVS-Psi), na especialidade de Psicologia, verificou-se uma alta produção sobre moralidade ao identificar 1.070 referências na base de dados bibliográficos que contempla periódicos técnico-científicos, divulgação científica, teses e literatura latino-americana e

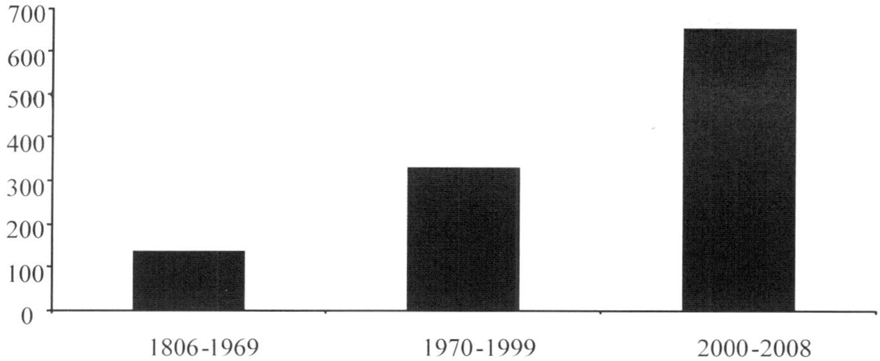

Figura 1. Publicações encontradas no *PsychInfo* a partir dos descritores moral e emoções.

438 textos completos sobre a temática. No entanto, ao fazer a mesma busca na BVS-Psi com os descritores utilizados no *PsychInfo*, moral e emoções, foram encontrados apenas treze referências em bases de dados bibliográficos e quatro textos completos. Tal escassez torna pública a necessidade de estudos sobre o "lado afetivo da moralidade".

Introduzindo o modelo intuicionista social da moralidade

Recentemente, tal "revolução" afetiva nos estudos da moralidade foi reforçada por uma proposta alternativa ao pensamento racionalista e universalista. Haidt (2001) propôs um modelo denominado Modelo Intuicionista Social (MIS – em inglês, *Social Intuitionist Model*) para explicar o julgamento e o raciocínio moral. O MIS considera as emoções e o raciocínio gerado por elas como processos importantes no julgamento moral, ou seja, na decisão entre certo e errado. Intuições/emoções foram definidas como processos emocionais automáticos e diretos que tendem a dominar as avaliações imediatas de eventos que envolvem questões morais. Haidt afirmou que os julgamentos morais são produtos das intuições, que em geral são respostas diretas, rápidas, automáticas e espontâneas. As intuições morais indicam emoções de aprovação e desaprovação, que emergem, se tornam conscientes e traduzem a avaliação moral da situação assistida ou vivenciada. Após a expressão desse julgamento, as pessoas deverão se engajar em um processo controlado e consciente de raciocínio cognitivo (chamado *post-hoc*), no qual evidências serão buscadas para apoiar a reação intuitiva inicial. Por exemplo, ao assistir a uma cena de um pai violentando o filho, é possível expressar uma rápida avaliação emocional que pode ser traduzida pela expressão: "Que absurdo, que horror!". Provavelmente, essa emoção expressa de forma rápida e sem avaliação prévia provocará um determinado julgamento, nesse caso negativo, determinando que essa situação é moralmente errada, e, por fim, gerará o raciocínio moral que encontrará subsídios para justificar a emoção inicial: "Esse pai está errado, ele não pode violentar seu filho dessa maneira. Ele está errado, porque o pai tem a função de proteger seu filho e não de maltratá-lo". Esse exemplo mostra como a emoção é responsável pela avaliação moral e pelo raciocínio cognitivo posterior produzido com maior ponderação e elaboração para justificar a intuição inicial. Para apoiar seu modelo teórico MIS, Haidt (2001) apontou evidências empíricas, demonstrando que certos julgamentos morais são fortemente afetados por fatores intuitivos. Sugeriu alguns exemplos considerados "embaraçosos" (*dumbfounding*), ou seja, instâncias nas quais os indivíduos são incapazes de dar razões adequadas para sustentar o seu julgamento moral inicial. Para testar essa premissa, em estudo anterior, Haidt, Bjorklund e Murphy (2000) apresentaram uma história sobre sexo consensual entre irmãos adultos. A maioria dos participantes afirmou imediatamente que o comportamento dos irmãos estava errado (julgamento moral) e tentou encontrar razões para justificar a avaliação (raciocínio moral). Alguns indicaram os perigos gerados pelo relacionamento sexual de irmãos vinculados, especialmente a possibilidade de prejuízos emocionais, enquanto outros simplesmente respondiam: "Eu não sei, eu não consigo explicar, eu somente sei que é errado". Essa falta de explicação racional reforça a proposta do MIS, uma vez que as pessoas sabem intuitivamente que algo está errado, mas não encontram um raciocínio lógico explicativo para justificar sua intuição.

Esse modelo afirma que as emoções têm, portanto, uma ação importante na moralidade (Haidt & Bjorklund, no prelo) e captura a interação das intuições, julgamentos e raciocínio. Haidt (2001) apresentou um esquema que descreve o MIS (ver Figura 2). O esquema consiste em conexões que representam os processos psicológicos envolvidos na relação entre intuição inicial do bom *versus* o ruim, julgamento moral e raciocínio moral. As quatro conexões numeradas, denominadas como julgamento intuitivo, raciocínio *post-hoc*, argumento racional e argumento social, são cruciais no MIS e consistem na maioria dos julgamentos morais das pessoas. Segundo Haidt (2001), as demais conexões não numeradas são definidas como julgamento racional e reflexão privada, ocorrendo raramente, mas são de amplo interesse, uma vez que envolvem dilemas filosóficos.

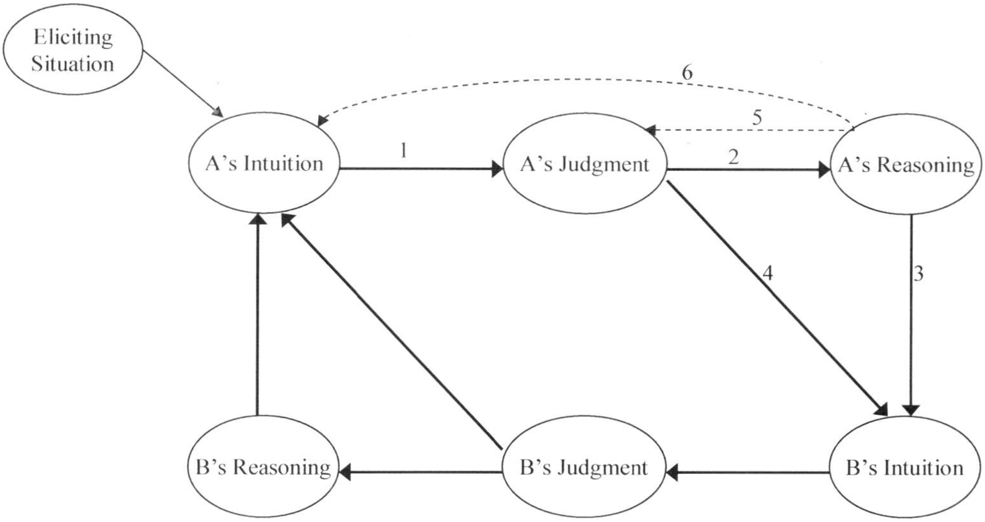

Figura 2. Modelo intuicionista social do julgamento moral proposto por Haidt (2001). As conexões numeradas são: 1) julgamento intuitivo; 2) raciocínio *post-hoc*; 3) argumento racional; e 4) argumento social. As duas conexões adicionais ocorrem raramente ou com menor frequência: 5) julgamento racional; e 6) reflexão privada. Fonte: Haidt (2001).

A Figura 2 evidencia os seis processos psicológicos envolvidos no MIS. De acordo com Haidt (2001), a primeira conexão refere-se ao vínculo intuição-julgamento, definida pela aparição repentina na consciência de uma emoção que exprime uma avaliação, que pode ser positiva ou negativa, motivada a partir da situação eliciadora. A segunda, denominada julgamento--raciocínio, evidencia o raciocínio moral *post-hoc* no qual a pessoa procura argumentos para apoiar o julgamento moral intuitivo apresentado no momento anterior. Já a terceira conexão, raciocínio-intuição, destaca como o aspecto emocional pode estar imbuído do racional, uma vez que as conclusões e as representações acuradas que as pessoas elaboram para justificar o seu próprio julgamento podem afetar outras pessoas. Haidt destaca que o argumento racional não envolve necessariamente a persuasão por razões lógicas, muitas vezes, as razões e os motivos que as pessoas oferecem podem ser tentativas de provocar certas intuições nas outras pessoas. Ao descrever a quarta conexão, intuição-julgamento, o autor demonstrou que a necessidade de pertencer aos grupos e o fato de as pessoas estarem sintonizadas às normas impostas por eles também podem interferir no julgamento moral (Haidt & Bjorklund, no prelo). Assim, essa conexão captura a influência do processo social de forma automática e inconsciente.

De acordo com Haidt (2001), essas quatro primeiras conexões são essenciais ao MIS e capturam o julgamento moral feito pela maioria das pessoas. O aspecto central do modelo pressupõe que as intuições geram os julgamentos, os quais geram o raciocínio *post-hoc*. O principal ponto do modelo é possibilitar pesquisas sobre julgamento moral partindo de um foco no pensamento individual para o mundo social, no qual os julgamentos ocorrem e são modificados. Para o autor, o julgamento moral deve ser sempre estudado como um processo social e interpessoal, pois a moralidade pode ser mais bem compreendida dentro do contexto social e cultural. Para complementar o modelo e abranger aqueles julgamentos pertencentes a culturas altamente especializadas e raras, Haidt (2001) considerou a existência de outras duas formas de vínculo no qual o raciocínio moral poderia afetar o julgamento moral: julgamento racional e reflexão privada. O julgamento racional diz respeito às decisões feitas por força da lógica, as quais ultrapassam as intuições morais iniciais ou, ainda, conflitam com o julgamento intuitivo, na qual a pessoa pode ter uma atitude dual. Já na reflexão privada, uma pessoa pode espontaneamente ativar uma nova intuição que contradiz a intuição do julgamento inicial. Uma forma possível de provocar novas intuições é o método de *role taking*, ou seja, colocar-se no lugar do outro. Essa é a principal trajetória da reflexão moral que concorda com os pressupostos cognitivistas de Piaget (1932) e Kohlberg (1969). A troca de papéis possibilita à pessoa experimentar e perceber os diferentes "lados" do dilema, bem como conhecer novas emoções e intuições. Intuições conflitantes podem ocorrer regularmente. O julgamento final poderá ser determinado pela intuição mais forte ou pela razão ao avaliar a aplicação da regra ou princípio. Todos os casos de raciocínio moral envolvem o processamento intuitivo. Nesse sentido, a reflexão privada envolve mecanismos afetivos e racionais.

A neurociência tem sido a principal aliada do processamento intuitivo ao evidenciar, por meio de neuroimagens, que as emoções são responsáveis por julgamentos (Berthoz, Armony, Blair, & Dolan, 2002; Damasio, 1994; Greene & Haidt, 2002; Greene, Sommerville, Nystrom, Darley & Cohen, 2001; Moll, Oliveira-Souza, Bramai & Grafman, 2002). Em estudo realizado por Greene *et al.* (2001), foram utilizados métodos da neurociência cognitiva, especialmente a neuroimagem, a fim de estudar o julgamento e o raciocínio moral. Para essa avaliação, utilizaram-se dois grupos diferentes de dilemas: 1) dilema moral impessoal, que implica uma maior distância pessoal para quem julga a ação e 2) dilema moral pessoal, em que o sujeito se encontra envolvido pessoalmente.

No primeiro caso, foi utilizado o dilema moral impessoal (*trolley*), no qual era exposto que um trem sem controle poderia matar cinco pessoas se mantivesse seu trajeto. No entanto, um sujeito, situado em um local distante dos fatos, poderia desviá-lo mediante o simples movimento de uma alavanca. No outro trajeto, só há uma pessoa, a qual sem dúvida o trem matará. Era questionado aos participantes se é correto acionar a alavanca. O segundo caso, dilema pessoal (*footbridge*), seguiu uma proposta parecida, com a diferença de que agora o sujeito está situado em uma ponte sobre a estrada de ferro e tem ao seu lado uma pessoa estranha. Para salvar as cinco pessoas que serão atropeladas, o sujeito poderia empurrar o estranho desde a ponte para a estrada de ferro, que seguramente morreria, detendo assim o trem. Era questionado se essa atitude seria correta. A maioria dos participantes estudados respondeu que no primeiro caso é apropriado desviar o trem, enquanto, no segundo, não era apropriado jogar o estranho à via. Esses resultados revelaram que os dilemas morais variam sistematicamente na extensão que os indivíduos se engajam nos processos emocionais e essas variações emocionais influenciam o julgamento moral, evidenciando o papel significativo que a emoção tem na expressão do julgamento moral. Uma revisão robusta das evidências empíricas oferecidas pela neurociência sobre a importância das emoções para o julgamento moral é descrita no artigo de Greene e Haidt (2002).

Embora existam evidências empíricas para o MIS da moralidade, pesquisadores têm apontado diversas críticas ao modelo (Pizarro & Bloom, 2003; Saltzstein & Kasachkoff, 2004), especialmente à supremacia oferecida às intuições no julgamento moral e à rejeição do papel do raciocínio moral. Tais críticas foram respondidas detalhadamente por Haidt (2003), que ressaltou que o MIS compreende a natureza do pensamento moral como um processo interativo e complexo. O pesquisador admitiu que o raciocínio moral tem uma função importante na atividade social, especialmente quando as pessoas estão engajadas em atividades em conjunto que favorecem a avaliação de ambos os lados de um julgamento. Nesse sentido, o raciocínio moral é produzido e reproduzido para justificar o julgamento moral gerado pela própria intuição e, ao compartilhar com outra pessoa essa justificativa, ela pode ser afetada. Para Haidt, a produção cognitiva também envolve um componente afetivo e o indivíduo pode ser persuadido pelo argumento emocional do outro, provocando assim uma nova valência afetiva e intuitiva naquele que escuta. No entanto, nem sempre a persuasão será utilizada, pois como as pessoas convivem com grupos e são altamente sintonizadas com as normas e as regras impostas por ele, muitas vezes a escuta de um julgamento e de um raciocínio podem influenciar a intuição do outro. Embora refira esses aspectos sociais em seu modelo, Haidt enfatizou que o raciocínio moral não é muito utilizado no cotidiano, pois as pessoas não buscam por evidências sobre ambos os lados de uma questão em julgamento, mas geralmente revelam as influências sociais e culturais.

Modelo social intuicionista: revelando as fundações da moralidade

O modelo de Haidt possibilita acessar o raciocínio e o julgamento moral relevante em determinada cultura a partir das emoções. Diante dessa constatação, Haidt e Joseph (2004) buscaram identificar os sistemas psicológicos que oferecem sustentação às emoções morais, examinando as teorias nativistas e empiristas da moralidade. Partiram da ideia de que a moralidade tem aspectos inatos e aspectos que podem ser aprendidos, sugerindo que os seres humanos nascem equipados com uma ética intuitiva que possibilita as intuições de aprovação e desaprovação ao avaliar um evento que envolva outro ser humano. Os autores propuseram que o sofrimento, a hierarquia, a reciprocidade e a pureza seriam os melhores exemplos de intuições inatas e as virtudes geradas dessas intuições (compaixão, justiça, lealdade) seriam construídas na cultura, uma vez que diferem na forma como são valorizadas e construídas.

O estudo das fundações da moralidade foi ampliado e descrito detalhadamente no artigo de Haidt e Graham (2007). De acordo com os pesquisadores, podem ser identificados cinco sistemas psicológicos, cada qual com sua história evolutiva, que dão origem às intuições morais entre as culturas. Cada sistema produz reações afetivas de aprovação e desaprovação quando determinados tipos de padrões são percebidos no mundo social. A diversidade cultural varia na medida em que constrói as virtudes baseadas nas cinco fundações.

A primeira fundação trata dos prejuízos e do cuidado, pois ao longo da evolução os humanos foram sensíveis à desaprovação do sofrimento dos outros e desenvolveram um potencial para sentir compaixão como resposta a essa emoção. Essa sensibilidade para a crueldade e a percepção do prejuízo causado por ela motivou a aprovação daqueles que previnem ou aliviam esses danos. No entanto, a variação para a valorização dessa virtude é dada pela cultura. A segunda fundação trata da equidade (*fairness*) e da reciprocidade. A formação de alianças e a cooperação entre diversas espécies conduziu à evolução do conjunto de emoções que motivaram o altruísmo recíproco, a raiva, a culpa e a gratidão. Para Haidt et al. (1993), todas as culturas desenvolveram virtudes relacionadas à justiça e à equidade, por esse motivo, a equidade é uma excelente candidata a valor universal enquanto a igualdade de direitos, não. A terceira fundação da moralidade refere-se à lealdade e ao grupo social (*ingroup*). Para os pesquisadores, a maioria das espécies convivia em grupo, desenvolvendo assim habilidades e emoções sociais para reconhecer a cooperação e a falta de lealdade com os membros do grupo. As pessoas valorizam seus grupos sociais, valorizam aqueles que se sacrificam pelo grupo enquanto desprezam aqueles que o traem ou falham com ele. Por outro lado, a valorização e a desvalorização dos rituais dentro de um grupo serão dadas pela cultura. A quarta fundação trata da autoridade e do respeito constituídos ao longo da evolução das espécies e está vinculada à estrutura hierárquica estabelecida dentro dos grupos. As pessoas sentem respeito e admiração pelas autoridades legítimas, mas o valor de uma boa ou má liderança é construído por valores culturais. Finalmente, a quinta fundação da moralidade envolve a pureza e a santidade. A evolução humana também incluiu a alimentação, que despertou novas emoções, como o nojo. Essa emoção apareceu com a função de guardiã do corpo, respondendo a eliciadores biológicos ou culturais vinculados a transmissão de doenças, mas expandiu-se na sociedade humana tornando-se uma emoção social. O significado que cada cultura oferece ao nojo direciona o comportamento das pessoas, tornando-o puro ou não.

Recentemente, Haidt (2008) reafirmou sua proposta de que existem cinco fundações da moralidade e afirmou que a moralidade humana se desenvolveu a partir da evolução biológica intuitiva e das inovações culturais predominantes. Propôs que a moralidade envolve um conjunto de práticas, instituições e mecanismos psicológicos evoluídos que trabalham juntos para regular ou reprimir as práticas imorais e tornar a vida social possível dentro de determinada cultura. Esse conceito traz novas inquietações à área e aos pesquisadores sobre moralidade, a afirmação que o autor faz sobre as intuições/emoções sugere que elas são adaptações evolutivas modificadas pela cultura, levantando, assim, questionamentos sobre a perspectiva moral priorizada – universalismo em função da evolução ou relativismo moral por causa da cultura.

Testando empiricamente o modelo social intuicionista

Seguindo a trajetória dos estudos sobre moral e a partir da familiaridade com os pressupostos universalistas de Kohlberg, ganhos por meio da orientação de Biaggio na pesquisa de mestrado de Koller (1990), o doutoramento dessa pesquisadora voltou-se para a análise do raciocínio moral pró-social de crianças em situação de rua. Em 1994, Koller investigou essa população em comparação com crianças escolares da mesma faixa etária e confirmou que aqueles que vivenciam a situação de rua não apresentam deficiências morais, uma vez que não foram encontradas diferenças significativas relacionadas ao raciocínio pró-social. Perante esse resultado, novas questões de pesquisa foram levantadas na tentativa de encontrar respostas vinculadas à peculiaridade cultural na qual esses meninos e meninas estão inseridos. Diante disso, Paludo (2004) sob a orientação de Koller e a avaliação de Biaggio, partindo de uma perspectiva relativista, investigou as emoções morais expressas pelas crianças em situação de rua. A autora encontrou resultados semelhantes que confirmaram que aqueles que se encontram em situação de rua apresentam julgamentos de certo e errado como quaisquer crianças da mesma idade. No entanto, Paludo constatou que as respostas afetivas a esses julgamentos são específicas da cultura de rua e da vulnerabilidade que vivem. A fim de ampliar essa discussão e avaliar o modelo intuicionista para essa população, uma nova pesquisa foi desenvolvida e concluída em 2008.

Paludo (2008), novamente sob orientação de Koller, testou um modelo hipotético baseado no MIS proposto por Haidt em 2001, com o objetivo geral de investigar a moralidade expressa pela população que vive em situação de risco pessoal e social a partir das emoções morais. Participaram do estudo 60 adolescentes em situação de risco pessoal e social, subdivididos em dois grupos. O primeiro grupo (G1), denominado como "adolescentes em situação de risco", contou com a participação de 27 adolescentes, com idades entre 12 e 16 anos (M = 14,4; SD = 1,33), de ambos os sexos, sendo 11 meninas e 16 meninos regularmente matriculados nas escolas, pertencentes ao nível socioeconômico baixo e que residiam com suas famílias. O segundo grupo (G2) foi composto por 33 adolescentes em situação de rua, com idades entre 11 e 16 anos (M = 14,2; SD = 1,4), de ambos os sexos, sendo 12 meninas e 21 meninos. Os participantes foram selecionados por conveniência nas ruas ou nas casas de acolhimento em regime aberto da cidade de Porto Alegre. Todos foram solicitados a relatar episódios emocionais vivenciados, o que totalizou 639 episódios emocionais, sendo 120 com conteúdos relacionados à alegria (18,8%), 102 à pena (16%), 95 ao nojo (14,9%), 93 à raiva (14,6%), 80 ao desprezo (12,5%), 78 à vergonha (12,2%) e 71 à culpa (11,1%).

Esse material foi submetido à análise qualitativa de conteúdo, a fim de identificar os principais contextos a que estavam relacionados, os temas centrais e os conteúdos morais. Posteriormente, foram realizados testes estatísticos não paramétricos que visaram a comparação entre os grupos. Os resultados obtidos ofereceram suporte empírico de que, por meio das emoções, é possível acessar a realidade social e as avaliações morais do contexto nos quais os grupos investigados estão inseridos, como proposto previamente por Shweder e Haidt (1993).

O modelo hipotético testado possibilitou conhecer as avaliações temáticas e os conteúdos morais emergentes para cada emoção investigada, bem como as fundações intuitivas e as virtudes culturalmente construídas. Foi possível verificar que as condições controladas de vida, rua e família, mediaram a revelação das temáticas e dos conteúdos morais por parte dos participantes. As peculiaridades de cada contexto de desenvolvimento imprimiram significados diferentes para cada emoção moral. Os relatos emocionais possibilitaram o acesso às concepções de cada um sobre as temáticas emocionais que os deixavam felizes, culpados, envergonhados, enojados, raivosos, penalizados e desprezados. Ainda, permitiram avaliar o conteúdo moral vinculado às justificativas *post-hoc*. Os relatos reiteraram justificativas condizentes com a realidade social que vivenciavam e mostraram que os adolescentes que viviam na rua julgaram como erradas as falhas dos seus responsáveis na ausência do cuidado e da proteção que deveriam ter recebido deles. Essa constatação explicou os principais motivos que os levaram a indicar a família como o principal contexto para a culpa, a raiva e o desprezo, diferentemente do grupo que vivia com seus familiares. Tal resultado revelou uma diferença significativa quando comparados os grupos, assumindo que a moralidade para aqueles que vivem no contexto da rua está construída na primeira fundação que trata do cuidado. Ficou evidente a desaprovação por aqueles que permitiram o sofrimento dos outros pela falta de cuidado e atenção, especialmente quando essa falha foi cometida pelos pais ou cuidadores que deveriam ter sido responsáveis por evitar dano. Diante do abandono afetivo e moral, os adolescentes repreenderam aqueles que não assumiram essa tarefa, a valorização dessa virtude demonstra que a moralidade para essa população é pautada intuitivamente no cuidado e no prejuízo. Nesse estudo, não foram encontradas evidências empíricas que apoiem as demais fundações morais propostas.

Esses resultados são uma pequena parcela diante da diversidade de estudos sobre moralidade, mas apontam as possibilidades de aplicação da abordagem relativista e intuicionista das teorias da Psicologia Moral. Foi possível verificar que o domínio da moralidade pode variar até mesmo entre grupos com características semelhantes, evidenciando que não existe uma única lista que defina ou capture a moralidade das pessoas, pois os contextos e as condições de vida imprimem especificidades baseadas nas situações de violência e adversidade. Por essa razão, novas investigações se fazem necessárias para testar e replicar esse modelo.

Finalizando o debate

Conforme exposto, os pressupostos universalistas ainda são amplamente utilizados e confirmados pela comunidade científica psicológica. O relativismo e o intuicionismo precisam ser reforçados com modelos empíricos para ganhar a notoriedade já alcançada pelas teorias cognitivistas. Além disso, necessitam de representantes tão competentes, dedicados e produtivos como a pesquisadora Angela Biaggio, para divulgar esse outro lado da moeda (intuicionismo e relativismo) nos estudos sobre moral. Sem dúvida, Biaggio já iniciou esse processo ao acompanhar e motivar os estudos relativistas desenvolvidos por Koller (1994). Da mesma forma, esteve presente nas primeiras inquietações de Paludo (2004), trazendo contribuições e propiciando novos caminhos para as pesquisas sobre emoções morais.

Biaggio foi pioneira durante décadas nos estudos universalistas desenvolvidos no país, no entanto, sempre esteve disponível para novas ideias, novos estudos e para a construção de uma sociedade mais justa. Cultivou, com o mesmo carinho e empenho dedicado às suas pesquisas, a continuidade da produção acadêmica por intermédio de seus alunos, orientandos e colaboradores. Tal fato tem colaborado com a preservação da espécie à medida que a obra de Biaggio está preservada e passando de geração em geração. A autora conquistou todos os estudiosos desse campo, divulgando não só o conhecimento teórico e empírico sobre moral, mas principalmente o respeito às divergências teóricas que ultrapassam posições individuais em prol de uma sociedade mais humana.

Referências

Berthoz, S., Armony, J., Blair, R., & Dolan, R. (2002). An fMRI study of intentional and unintentional (embarassing) violations of social norms. *Brain, 125*, 1696-1708.

Biaggio, A. (1999). Universalismo *versus* relativismo no julgamento moral. *Psicologia: Reflexão e Crítica, 12*, 5-20.

Damasio, A. (1994). *Descartes error*. Boston: Norton.

Eisenberg, N., & Shell, R. (1986). Prosocial moral judgment and behavior in children: the mediating role of cost. *Personality and Social Psychology Bulletin, 12*, 426-433.

Frank, R. (1988). *Passions within reason: the strategic role of the emotions*. New York: Norton.

Freud, S. (1930/1953). Civilization and its discontents. In J. Strachey (Org. and Trans.), *The Standard Edition of the Complete Psychological Works of Sigmund Freud* (Vol. 21). London: Hogarth.

Gilligan, C. (1982). *Uma voz diferente*. Rio de Janeiro: Rosa dos Tempos.

Greene, J., & Haidt, J. (2002). How (and where) does moral judgment work? *Trends in Cognitive Sciences, 12*, 517-523.

Greene, J., Sommerville, R., Nystrom, L., Darley, J., & Cohen, J. (2001). An fMRI study of emotional engagement in moral judgment. *Science, 293*, 2105-2108.

Haidt, J. (2001). The emotional dog and its rational tail: a social intuitionist approach to moral judgment. *Psychological Review, 4*, 814-834.

Haidt, J. (2003). The emotional dog does learn new tricks: a reply to Pizarro and Bloom 2003. *Psychological Review, 110*, 197-198.

Haidt, J. (2008). Morality. *Perspectives on Psychological Science, 3*, 65-72.

Haidt, J., Bjorklund, F., & Murphy, S. (2000). *Moral dumbfounding: when intuition finds no reason*. Manuscrito não publicado, University of Virginia.

Haidt, J., & Bjorklund, F. (no prelo). Social intuitionists answer six questions about morality. In W. Sinnott-Armstrong (Ed.). *Moral psychology, vol. 2: the cognitive science of morality*.

Haidt, J., & Graham, J. (2007). When morality opposes justice: conservatives have moral intuitions that liberals may not recognize. *Social Justice Research, 20*, 98-116.

Haidt, J., & Joseph, C. (2004). *Intuitive ethics: how innately prepared intuitions generate culturally variable virtues*. Daedalus, Fall, 55-66.

Haidt, J., Koller, S., & Dias, M. G. (1993). Affect, culture, and morality: or is it wrong to eat your dog? *Journal of Personality and Social Psychology, 65*, 613-628.

Hume, D. (1739/1969). *A treatise of human nature*. London: Penguin.

Kagan, J. (1987). *The nature of child*. New York: Basic Books.

Kant, I. (1787/1989). *Crítica da razão pura*. Lisboa: Fundação Calouste Gulbenkian.

Kohlberg, L. (1969). Stage and sequence: the cognitive developmental approach to socialization. In D. Goslin (Ed.). *Handbook of socialization theory and research* (pp. 325-480). Chicago: Rand McNally.

Koller, S. H. (1990). *Diferença de gênero no julgamento moral*. Dissertação de mestrado em Psicologia do Desenvolvimento, Universidade Federal do Rio Grande do Sul, Porto Alegre, RS, Brasil.

Koller, S. H. (1994). *Julgamento moral pró-social de meninos e meninas de rua*. Tese de doutorado em Educação, Pontifícia Universidade Católica do Rio Grande do Sul, Porto Alegre, RS, Brasil.

Moll, J., Oliveira-Souza, R., Bramai, I., & Grafman, J. (2002). Functional networks in emotional moral and nonmoral social judgments. *Neuroimage, 16*, 696-7073.

Nucci, L., & Turiel, E. (1978). Social interactions and the development of social concepts in preschool children. *Child Development, 49*, 400-407.

Paludo, S. (2004). *Expressão das emoções morais de crianças em situação de rua*. Dissertação de mestrado em Psicologia do Desenvolvimento, Universidade Federal do Rio Grande do Sul, Porto Alegre, RS, Brasil.

Paludo, S. (2008). *Emoções morais e gratidão: uma nova perspectiva sobre o desenvolvimento de jovens que vivem em situação de risco pessoal e social*. Tese de doutorado em Psicologia, Universidade Federal do Rio Grande do Sul, Porto Alegre, RS, Brasil.

Piaget, J. (1932/1965). *The moral judgment of the child*. Glencoe: Free Press.

Pizarro, D. A., & Bloom, P. (2003). The intelligence of the moral intuitions: comment on Haidt (2001). *Psychological Review, 110*, 193-196.

Saltzstein, H. D., & Kasachkoff, T. (2004) Haidt's moral intuitionist theory: a psychological and philosophical critique. *Review of General Psychology, 8*, 273-290.

Shweder, R., Mahapatra, M., & Miller (1987). Culture and moral development. In J. Kagan, & S. Lamb (Orgs.). *The emergence of morality in young chidlren* (pp. 1-83). Chicago: University of Chicago.

Shweder, R. A., Much, N. C., Mahapatra, M., & Park, L. (1997). The "big three" of morality (autonomy, community, and divinity), and the "big three" explanations of suffering. In A. Brandt, & P. Rozin (Eds.). *Morality and health* (pp. 119-169). New York: Routledge.

Turiel, E. (1983). *The development of social knowledge: morality and convention*. Cambridge: University Press.

Wilson, E. O. (1975). *Sociobiology*. Cambridge: Harvard University Press.

Moral competence and the cultural context

Helen Haste

Harvard Graduate School of Education, USA

University of Bath, England

Angela Biaggio was thoroughly grounded in looking at the development of moral reasoning but she had a larger view; for her, the rounded human being included dimensions that are sometimes termed "personality" – though that is a concept with a chequered history in psychology. In tribute to her breadth of vision and humanity, I will write about a dimension of morality that incorporates more than moral judgement, and which also allows for a theoretical model which provides an explanation of cultural processes. This concept is "competence".

All theories of moral *development* incorporate a *telos*, a goal or final state of "maturity". All such theories also incorporate a *theory of the nature of morality*. The telos of development is therefore the epitome of morality as defined within the theory, its full manifestation. By implication, earlier states of development (whether described as "stages" or not) are incomplete forms of moral functioning. However, not all theories of morality are developmental; they may emerge from a philosophical or psychological tradition which is focused on adult functioning not on progress towards it. For moral education, theories that explicitly include development have an obvious application; how to facilitate young people's appropriate "progression". This is less evident in theories that do not explicitly include a developmental perspective.

In cognitive-developmental theory, "maturity" is manifested as higher – and later-emerging – levels of complexity in reasoning and in perspective-taking, specifically in relation to the justifications given for moral judgements. In approaches to "character", or virtues-based models of morality, "maturity" is manifested as self-control, self-management and the management of desire, and effort, diligence and perseverance (Character Education Partnership, 2008). Moral emotion is experiencing a new resurgence; in particular the argument, originally presented by Hume as a rebuttal to Kant's emphasis on moral reason, that our primary response to a moral challenge is affective, and only later are we able to reflect upon this. Therefore, "morality" must be grounded in affective reactions that are attuned to what is considered "right" and "wrong". This had led to some enthusiasm amongst evolutionary psychologists for explanations that root affective moral responses in survival mechanisms in our history – including kin group support and disgust (Hauser, 2006). This is not, as yet, a developmental model; one affective domain that has been explored within a developmental framework is however empathy especially by Martin Hoffman (2000). Furthermore, I would argue that the primacy of moral affect is not a *prima facie* case for seeking an evolutionary explanation.

As well as different theories within Western psychology (and resting on Western philosophy) we need to consider both the existence of cultural variation in moral theory and the implications of different moral theories for what constitutes "moral maturity". A classic finding by Richard Shweder demonstrated that a very "mature" Hindu person produced obviously highly complex reasoning in response to Kohlberg's Heinz dilemma, but the components of his theory of morality were such that it could not be coded according to the Colby, Kohlberg *et al.* Manual (Shweder, Mahapatra, & Miller, 1987). There are now a number of studies that elaborate the cultural diversity of ethical systems, many deriving from the realisation that justice is not necessarily the universal basis for ethics and therefore in effect spin-offs from work that started with Kohlbergian dilemmas. However other work derives from emic anthropological studies. It was a significant epistemological shift when researchers began to argue that exploring the indigenous moral culture and its ethical discourses should be the starting point for thinking about moral reasoning development (Boyes & Walker, 1988; Dien, 1982; Iwasa, 1992; Snarey, 1985; Walker & Moran, 1991). Alongside this came also the very important recognition that any culture might have more than one, parallel, moral discourse. Justice might be present as an ethical discourse, but filial piety, or honour, might be more important.

What also became apparent was that ethical narratives in different cultures are not just value systems but rest upon underlying assumptions held in that society about relationships of interdependence, and which therefore underpin the codes that sustain the moral order. In many cases, it is not only relationships between persons that are salient, but also relationships with a form of divinity. Nancy Much and Rom Harré (1994) argue that "folk psychologies" – metaphysics of the person, whether formal or lay theories – "secrete" a moral perspective, based on the obligations implied by such metaphysics. Equally, moral theories secrete a model of self-other, and self-society, relations which set the necessary terms of moral relations.

Richard Shweder's anthropological work in a Hindu community in India alerted him to the diversity of ethical systems and in particular to the fact that complex moral reasoning took different forms within these. Kohlbergian moral theory, deriving from Kant (and finding parallels in Rawls), rested on the primacy of justice and just solutions as the means of resolving moral conflicts and dilemmas. Inherent within this ethic is an assumption that conflicts arise between the interests of autonomous individuals, and that those individuals are entitled, indeed obligated, to arrive at their own reasoned judgements. Underlying this is a model of people being separate, with potentially competing interests, needing a moral system to find the best and most "just" balance. Shweder's work embedded him in a society within which obligations to others and the community, and to religious beliefs and practices, over-rode individual interests.

Others also identified moral systems that did not rest primarily on the principle of finding a just solution amongst individualistic, separate persons. Some of these findings came from non-Western societies; some came from looking more closely at parallel ethics within Western society – as for example Carol Gilligan's argument that Western women focused on an ethic of care and responsibility, which rested on the assumption that people were connected in relationships, not separate, and the ethical goal was to maintain that connection and interpersonal harmony (Gilligan, 1982). While Gilligan claimed this was strongly gender-related, later work showed that these parallel ethics of justice and care and responsibility coexisted in both sexes in Western society, but were elicited by different kinds of moral dilemmas and conflicts.

Shweder's work led him to conclude that there are three dominant ethics. They are found in most cultures but the balance of their cultural salience varies. Their differences lie in the underlying focus of relationships. All three were evident within the sample of respondents studied by Shweder and his colleagues in Oriya, India (Shweder, Much, Mahapatra, & Park, 1997). The three "clusters" are the ethics of *autonomy*, *community* and *divinity*; each has a distinct implicit model of the self.

The Ethic of Autonomy is dominant in much Western thought. Its goal is to "promote the exercise of individual will in the pursuit of personal preferences... the point of moral regulations is to increase choice and personal liberty" (Shweder *et al.*, 1997, p. 138). Social pressures might restrict individual choice, but the *individual* has considerable power to achieve "autonomy" – as well as responsibility for making the right moral choices to ensure justice and avoid harm. Most of the research on Western moral reasoning development has been done within this model of self and society.

> The Ethic of Divinity is somewhat alien to Western psychology; with some notable exceptions, psychologists have adopted a secular, Enlightenment-derived cognitivist concept of the "human". Little attention is paid to the relationship between the sacred and secular either in lay thought or even in the history of religiously-inspired social justice movements. The principle behind the ethic is that the self's relationship with the divine underpins identity as well as moral obligations. According to Shweder *et al.* (1997): The central theme is reverence for the forms of the world, the realisation that pleasure and pain, right and wrong, are communicated through these forms and that the world communicates its message in accordance with the way one acts towards its forms (p. 149).

The Ethic of Community rests on the self as "part of a larger interdependent collective enterprise with a history and standing of its own" (Shweder *et al.*, 1997, p. 138). Moral discourse is about obligations engendered through participation in a particular community; the interdependent self has a moral obligation of sensitivity to others' needs. Individual self-fulfilment self should take second place to one's obligations to others. In many societies these obligations are hierarchical; those in more senior positions have particular obligations to their dependents, as well as the less powerful to the more.

The case that Shweder presents as particularly indicative is of a mature and sophisticated Hindu man whose reasoning in response to the Heinz dilemma was by any criterion extremely complex, but because it drew on different ethical principles and different underlying models of the individual's relationship to others and to the divine could not be coded according to the Kohlberg Manual in a way that reflected its complexity.

Jonathan Haidt has unpacked these somewhat, particularly with relevance to Western societies (Haidt & Graham, 2007). He identifies five ethics, of care/harm avoidance, fairness, loyalty/ingroup obligation, respect and authority, and purity. These perhaps stand more as domains of ethical concern, rather than distinct "ethics" underpinned by a secreted model of self in relation to others and the community. However, both Haidt and Shweder, as well as numerous researchers whose emic approach to moral reasoning found a disjunction between what pre-occupied their respondents and what could be coded in the Kohlberg Manual, highlight the cultural embeddedness of moral systems and the limited value of seeking moral universals as the *primary* goal of research.

The search for universals has at its root an implicit assumption that the more complex our reasoning, the more we are able to transcend our social context. This is heavily grounded in the ideal *telos* of "autonomy" which pervades both Western culture and cognitive-developmental theory in psychology (Haste, 1996). Coming from a different place, cognitive complexity in general (especially in relation to scientific concepts), James Wertsch (1985) argues that contrary to models – or ideals – of both autonomy and universals, in fact the very nature of our complex thought is shaped and framed by cultural parameters; what is deemed as more complex or sophisticated ways of thinking depends on cultural definitions and cognitive practices and therefore, "higher" levels of reasoning reflect greater embeddedness in the culture rather than distancing from it (Wertsch, 1985; Haste, 1993). Even where such higher levels of reasoning require deliberate distancing from the cultural context and taking on the perspective of other cultures or philosophies, this very skill is something that is valued in some cultures but not others. Substantively, it is possible to see that within any cultural belief system the hierarchy, or progression, of increasingly complex cognition, but the form it takes and what are deemed both the higher skills and the domains in which they should be exercised, are highly culturally determined. Taking Shweder's three moral orders for example, it is evident that in secular Western culture and reflected in its rhetoric of education, the development of "critical thinking" within "autonomy" is far more salient than within "divinity".

Understanding the development of moral reasoning therefore, requires attention to how individual cognition becomes more complex within the scaffolding processes of the culture, and what cultural narratives and discourses frame what count as valid both as the process and the products of complex thought.

I draw for explanation of this on a Vygotskian perspective (informed also by Bakhtin) (Bakhtin, 1986; Tappan, 1997, 2005; Vygotsky, 1978). Within this, the model of the individual is an active agent who generates meaning in dialectical relationship with significant others (parents, teachers, peers) and with the narratives and discourses of the culture which are available through language, metaphor, symbol and practice, in a variety of media and in normative behaviour, accepted, expected and most importantly, mutually *comprehended*.

This can be expressed in the form of a triangle (Figure I), in which the individual's "inside the head" cognition functions in continuous interaction with salient others and with the larger societal resources. Meaning is created also within and through interpersonal dialogue and argumentation; it is a process of social construction governed by normative expectations and what is mutually comprehensible. The cultural or societal resources are both the product of interpersonal interaction (and input from individual minds) and the context *within* which mutually comprehensible talk and thought can take place; what I take for granted in my interaction with my fellow cultural members reflects the normative assumptions, explanations, mores and forms of language of my culture.

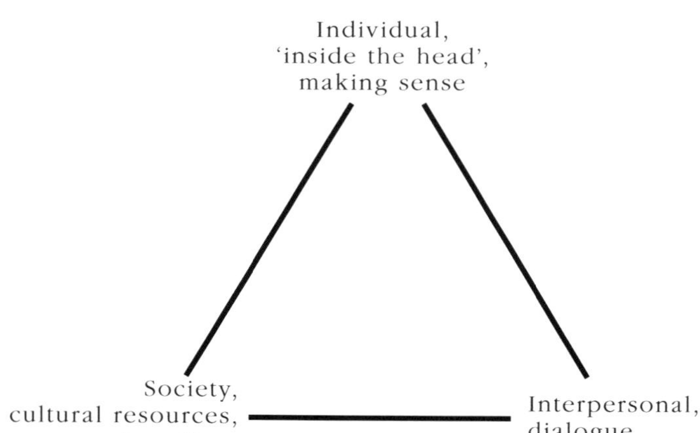

Figure I.

Competence

What, then, is "competence"? And what is "moral competence"? Minimally, it means functioning at an optimal level within the culturally-expected social and moral order. However this does not entirely capture the dialectical relationship between individual, social and cultural processes. Competence is about *adaptation*; it is not defined by a set of skills, though it may require skills. It involves adaptive and flexible reflection. It requires adaptation to change, but such adaptation may also comprise the maintenance of continuity.

I identify five competences. Each has different implications for the moral domain. This is not an overarching "theory of morality"; my concern is to consider critically what each aspect of adaptation would imply for moral functioning. The five competences are:

- Managing ambiguity and uncertainty;
- Agency and responsibility;
- Finding and maintaining community;
- Managing and integrating emotion;
- Technological change.

Managing ambiguity and uncertainty

A general feature of Western pedagogy and indeed conventional wisdom has been that we should avoid distraction, "stick to the point", disregard the irrelevant and overall, think in a linear way, seeking a single satisfactory solution. This has been the message despite the need for multi-tasking, now widely recognised as essential for "competent" functioning in many domains, which requires learning how to juggle, not exclude, competing stimuli and perspectives. The message not only set cognitive norms; it set up anxieties about ambiguity and failing to find the "clear" solution.

This has both cognitive and social implications; increasing social diversity as a consequence of immigration and population movement, along with the addition of an ethic that challenges discrimination against minority, less able, or just "different" groups, requires a way of thinking that is inclusive not exclusive, and that is pluralistic, not just "tolerant" of difference. It requires willingness to experience ambiguity and uncertainty, rather than flight into the clearly bounded. The classic picture *Sky and Water*, by M. C. Escher, provides a "thought experiment". This is the famous picture in which the upper part portrays birds in flight and the lower part portrays swimming fish. In the center of the picture the 'birds' lose their definition and morph into 'fish', through ambiguous shadow effects. It is a disconcerting experience to look at this picture. When I use this thought experiment, I ask the audience to look at the picture, for a minute. I ask; "Are you drawn to the safe clarity of the geese and the fish, avoiding the uncomfortable middle section, or are you fascinated by the ambiguity of it?" Managing ambiguity is about not avoiding that middle section where one must flip between the white and black spaces to make sense of the stimulus.

The implications for moral competence of managing ambiguity and uncertainty concern primarily stepping outside one's own perspective, recognising not only others' perspectives but the implications of a range of perspectives for a pluralistic worldview. It implies perspective-taking – the ability to take others' points of view. It implies managing "multiple selves"; it has long been recognised that our identity comprises a range of "selves", ways of managing our personhood differently in different contexts and interactions. Two impacts of new technologies are that they enable us to present a variety of personae to the external world through media, not only through our face to face interactions, and that in gaming, an increasingly widespread activity for both adults and children, we are required to manage one or more avatars in order to "play". This is a complex task of "self" management; it is also novel (Gee, 2007a, 2007b; Salen, 2008).

Multi-tasking is now valued in management and in life skills in general – in contrast to the traditional "linear" model that privileged undistracted single-minded focus on one solution (and imbued it with the epithet of "masculine" action). Moral multi-tasking implies the recognition that any moral situation has more than one dimension, and more than one possible set of consequences for the people involved. Moral multi-tasking requires managing this plurality without retreating into relativism. This is part of a larger issue of managing moral ambiguity and conflict in general. Arriving at a satisfactory moral conclusion requires taking into account such plurality. Finally, implicit within this is the appraisal of cultural variations in ethics and taking account of different principles, practices and priorities.

Agency and responsibility

The second competence I will address is agency and responsibility. This is the ability to see oneself as an active agent in one's cognitive, social and moral world, and to be able to take the responsibilities that go with that agency. It is a competence that depends on developing a sense of efficacy, a belief that one can have an effect. The capacity to meet the challenges of the social and physical world require creative "fixing" and bricolage – a general propensity, for example, to master alien subway systems, to find the right tools or artisan when things break down, to negotiate a turgid bureaucracy, to know how to assist the sick stranger in the street as well as feeling that one should do so. Research from developmental psychology indicates that this comes from having early experience of taking responsibility and of being effective, and being in an environment in which there is routine expectation that one will be effective (Haste, 2004).

This is first and foremost an ethical competence, being able to position oneself *appropriately* in relation to moral dilemmas and responsibilities, but also in ethically relevant domains such as the community, and socio-political issues. Being able to take moral responsibility implies recognising that one has a *personal* obligation to do so. This message comes in part from cultural narratives that define one's responsibility; all cultures have "moral tales" of heroes (who are often "ordinary folk") who find themselves in a situation in which they feel both obligated and able to act to help others even at cost to themselves. Equally, it is frequently a characteristic of such heroes that they do not feel there is anything special about their actions – something that is echoed in accounts of people who helped Jewish (and other) refugees during the Nazi era; they felt they had no choice in the matter, it was just "what any good person would do" (Colby & Damon, 1992).

Research on the factors which predict taking responsibility in the community and predict making one's voice heard in relation to issues such as social injustice, indicates that the development of agency and responsibility can involve major shifts in perspective taking and positioning. Miranda Yates and others, for example, have shown that participating in community service that is initially motivated by helpfulness can result in an enlarged awareness of the social and political conditions which create disadvantage and deprivation, leading to a sense of personal responsibility to challenge injustice (Haste & Hoogan, 2006; Kahne & Westheimer, 2003; Yates, 1999).

Finding and maintaining community

The third competence is finding and maintaining community. In the 21st century this goes beyond calling on one's neighbours and remembering one's friends' birthdays. Most obviously, it involves the technological communication resources that are now available. Managing these is a multi-level task. Face to face communication is but one of the routes. Connecting to strangers via a variety of media, and maintaining boundaries around the self within these media, are skills needed even for children. Lamentations about loss of face to face communication (and the skills thereof) ignore their replacement or addition by technological routes, and the skills that go with this; in fact, research indicates that virtual contact complements and enhances face to face communication in many communities (Hampton, 2004).

Apart from obvious technological skills, wherein lies the competence? Firstly, it lies in managing the considerable diversity of contacts, keeping track of one's virtual friendship world. Secondly, it lies in incorporating and using cultural resources; connecting with someone also means finding shared cultural experience and constructing shared meaning. In both new and long-standing relationships we position ourselves, and are positioned by, the way we access – or do not – shared cultural symbols, resources and narratives, how we find common ground (Clark & Brennan, 1991; Edwards, 1997). One interesting example is a recent brilliant (and richly informative) advertising campaign by HSBC which capitalises on the dangerous significance of different cultural meaning, showing us how a polite gesture in one culture is seriously offensive in another.

The moral dimensions of this competence include both skills and the performance of those skills in the service of connection and taking responsibility for coordinating others in one's community to best serve their needs. The political scientist Robert Putnam (2000) argues that the community is the crucible of democracy for it is there that social capital is engendered, often through leisure activities that do not have an overt political purpose but which act as lubricants or gels in community maintenance. He identifies two kinds of community function; bonding and bridging. Bonding means bringing together like-minded people into a cohesive group. Bridging means creating liaison between different groups in the community – or between different communities.

The moral skills behind these functions include perspective-taking within the community – recognising and responding to others – and also perspective-taking outside the community, especially being sensitive to the ways that the perspectives of both outgroup members and ingroup members may differ and need reconciliation. Such perspective-taking requires both cognitive skills and affective skills such as compassion. These can contribute to both defining, and resisting, the boundaries of "community"; strengthening the bonds of shared identity and refusing to accept stereotypes that legitimate exclusion.

Managing and integrating emotion

Here is an area in which both (Western) culture and science have seen changes in recent decades. The dualistic metaphor that suffuses Western culture purveys variations of the theme that emotion and reason are distinct and antithetical – such that one poses a threat to the other (Haste, 1994). Different variations – stories – operate in different subcultures. As we move between these we adjust competently to their requirements, but I would argue that most are ultimately not a "competent" way to live, either ethically or cognitively.

One story is that emotion *disorganises* reason. According to this, the most effective form of knowing is through logical reasoning; emotion is not a trustworthy source of knowing, and it distorts reason. "Competence" here would be to separate thinking and feeling, and suppress feeling where possible. Another story is that while reasoning is paramount, emotion is needed to energise cognition. "Good" emotion here is the appropriate motivation enabling one to carry through one's thinking into action. "Competent" emotion management is the ability to direct one's affect towards following through the tasks one's cognition has set – willpower, in other words. But reason is still master, and passion is suspect.

The third story privileges emotion over reason; it is the Romantic story. True knowledge comes from listening to the heart; the head's knowledge is cold and narrowly focused. The Romantic version surfaces at various times in history. In Europe, the Enlightenment – a triumph of reason over passion – met resistance from those who saw what we would now call science as destroying the beauty and meaning of the universe. The more "commonsense" view is that if one does not feel, one cannot understand other people, nor recognise one's moral obligations to them. The Romantic story re-emerged in humanistic psychology in the post-war decades, which was trying to find a richer concept of the human than that offered by "sterile" cognitive science. "Competence" within this meant getting in touch with one's feelings – which itself presupposes that one has "lost" touch with them through being brainwashed by the story that valorises reason alone.

The ambivalence we feel about the absence of emotion for true "humanity" is evident in the characterisation of Mr. Spock, or even more, Data, in *Star Trek*, both of whom have admirable qualities but are somehow incomplete. A breakthrough story comes from neuroscience and particularly the work of Antonio Damasio. His work with brain-damaged people shows that the boundary between emotion and cognition is artificial, that one cannot function without the other (Damasio, 1994). People without the capacity for emotion are incapable of making effective *reasoned* judgements; it is as though they have lost the "gut feeling" which tells them when they have arrived at the right answer. Damasio's work has been hailed as an essay in what it means to be truly human.

This work tells us that there is more to understanding emotional competence than getting in touch with one's feelings. To educate people to be fully human, I would argue that as with the issue of ambiguity, we must first erode the *fear and anxiety* underpinning the conventional separation which fuels the cultural stories. I argued that fear of ambiguity arises from the deep anxiety imbued in the child who is told to find the "right" answer and avoid complexity. In relation to emotion, the fear in some stories is that the power of emotion can sweep one out of control. In other stories the fear is that cognition is sterile, reductionist, and "cold" – so therefore not human(e). Competence lies in recognising the stories that culture offers, and finding a way to integrate reason with affect, denying neither nor over-privileging either.

The relationship between morality and emotion has become newly salient in the wake of the work of Haidt and others who argue for taking seriously Hume's argument that moral emotions are instant responses, while reflections on morality, and moral reasoning in general, are "cool" responses that take time (Haidt, 2001). Hume was in dispute with Kant on this, and it remains a substantive point of dissent within both psychology and philosophy – for one obvious reason that if moral emotions are instant responses, on what basis has the "moral" dimension been founded?

Love, compassion and related "positive" affect are touted as the basis for positive moral emotions (such as responsibility and altruism) but "negative" affect rests on such things as disgust (Hauser, 2006). Evolutionary psychologists have latched onto this as an argument of "hard-wired" responses; the question remains however as to how cultural factors determine just what is deemed "disgusting". Fifty years ago probably the majority of Western heterosexuals found homosexuality at least slightly "disgusting" and in some cases strongly so. Today cultural norms have not only made it unacceptable to express such disgust, but in large extent people have extended their boundaries of recognition around human sexual diversity and do not feel the emotion. Equally problematic and parallel are responses to "outgroup" members. There is substantial neuroscience data showing that we respond differently to "ingroup" and "outgroup" members. However the criteria by which we identify an "outgroup" member appears to be culturally variable and reflects contemporary social boundaries. Hence, the "raw" emotions of disgust and distrust of "aliens" may be in some way "hard-wired", but the targets of those responses are strongly culturally – and cognitively – moderated (Haste, 2005).

The argument around complex moral responses is different. If affect is to be given primacy in our explanations of morality, there must be considerable work on just how affect and cognition intersect. Moral competence is therefore to be defined in terms of this successful integration. The recent history of moral psychology has been largely grounded in exploring moral reasoning – heavily influenced by the Kantian model, and resting therefore on cognition and comfortable with the separation of reason and affect. The parallel tradition of "character" rooted in Aristotelian rather than Platonic models, privileges virtues and habits and is, explicitly or implicitly, more holistic in its treatment of the relationship between cognition and affect, but does this largely by subsuming both under habits and traits.

What then are the characteristics of "moral competence" with regard to managing and integrating emotion? First, it implies reflectively productively and sensitively on one's own emotions and those of others. Second, it requires integration emotion and reason without denying either. Third, it involves recognising when an emotion is a legitimately "moral" response rather than a form of self-defence in the face of ego threat. Finally it requires the ability to recognise where immediate responses at "gut" feeling level – such as disgust – are the product of cultural conditioning and may not be consistent with one's authentic moral sentiments.

Technological change

This is more than keyboard skills. The most important aspect of this competence, in my view, parallels Piaget's insights into "adaptation" – that we first assimilate new information into our existing schemas, transforming it to fit them, and only over time do we accommodate those schemas to make better sense of the new information. The competence lies in adaptively maximising the implications of novel information. Particularly, this is true for social practices. New technology initially allows us to do better, or quicker, what we have always done, but does not at first change what we do.

The electric typewriter was more efficient than the manual, and at first, the word processor was used as an elaborated version of this. However, as our interaction with the new tool made its potential evident, both our technological and our *social* practices change. The manual typewriter was the tool of women educated within a particular spectrum of skills and educational level. The word "processor", as part of the whole new desktop computer package, quickly became a gender- and *status*-neutral tool. Keyboard skills are now universal, the "secretary" has become the PA or administrator and everyone from six to ninety-six expects to do their own email and internet access. Another example – which also touches on finding and maintaining community – is the cell or mobile phone. This has transformed the social practices of telephoning; one's phone is now a personal prosthesis not a machine located in one place. This has enormous implications for how we construct our own and others' accessibility and how we manage our social lives.

The "competence" here is the ability to adapt to the *implications* of technological change, to respond creatively to the new opportunities for social practices (and to ensure that valued practices are not lost). Furthermore, consideration of the ethical implications of all new technology is increasingly part of the public dialogue around science and society (Jackson, Barbagallo, & Haste, 2005; Willis & Wilsdon, 2004). No longer are the ethical issues and social consequences of technological and scientific developments regarded as a peripheral "add-on", or as the domain of persons far removed from the day to day practice of science.

There are numerous ethical implications around the *uses* of technology especially as it sets new limits and options for privacy and access. Many are within the rubric of negative action and the avoidance of harm. However there are important positive moral implications. New social practices in communication can expand one's domain of responsibility and increase agency. In particular, new technology greatly extends the potential for social networks, with the concomitant opportunity for perspective-taking outside one's comfort zone. However a particular area relating to agency and responsibility also, is the democratisation of civic action and making one's voice heard.

The boundaries between the moral and civic domain have become increasing fuzzy with the realisation, embedded in emancipatory and liberation politics such as are manifested in gender politics, peace and the environment, that "the personal is political" (Beck, 1992; Giddens, 1991; Haste, 2004). This accompanies considerable evidence, especially but not exclusively from "single issue" politics, that the initial engagement with civic participation may spring from a moral response, for example to injustice (Andrews, 2007; Haste & Hoogan, 2006). New technology, initially email and messaging, and increasingly blogging, has opened up huge resources for making one's voice heard, for mobilising action and for organising pressure groups – for "bottom-up" rather than "top-down" democracy. The face of grassroots politics has been transformed and conventional political machines are quickly following. In 1999, 10,000 people were recruited to a demonstration against the World Trade Organisation meeting in Seattle (Juris, 2004). Similar tactics generated the vast anti-Iraq War demonstrations worldwide. As recently as April 2009, dissidents who objected to an election result in Chisinau, the capital of Moldova, mobilised 10,000 people for a demonstration within eighteen hours of the election result.

As is well known, Obama's campaign utilised blogging and other new technology and very successfully drew in youth. There is something of an urban myth that this was spontaneous and came from young people themselves setting up blogs etc; while this is partly true it is undoubted that the Obama political machine capitalised on these new technology opportunities – and new social practices. This will set the pattern for future successful political action.

There is of course an ethical dark side. Populism in politics can be a force for swift ethical consciousness-raising and the mobilising of activism that can act as a powerful pressure group on public opinion. This history of social reform attests to this. But populist media power can also generate xenophobia and morally reactionary responses. The recent popular vote in California regarding homosexual marriage is an example – though, of course, my statement is a "liberal" point of view.

Moral competence in relation to new technology therefore needs to include taking moral responsibility for one's new agency, and ensuring also that mechanisms are in place to counter the unethical actions of other groups. Technology is (largely) morally neutral; like any tool, its use must be governed by competent moral agency.

Conclusion

Competence is about adaptation. The adaptation is to meaning and values negotiated between persons on a face to face level, and the ethical dimensions of this in different domains. The adaptation is also to cultural expectations, social practices and narratives of "the good" and the not so good. A cultural model locates these adaptations not only inside the individuals head – whether in cognition or affect – but within a social context. Morality is about interpersonal and community relations, it is a social and socially-embedded process, even if we reflect as individuals about our own (and our culture's) moral dilemmas. To be a morally competent person requires competence more widely, in managing the various domains, but additionally it means applying those competences ethically.

Angela Biaggio understood this. While her theoretical perspectives overlap with mine rather than being identical, I believe that her agenda, for education and humanity are consistent with the perspective I have presented in this chapter.

References

Bakhtin, M. (1986). *Speech genres and other late essays*. Austin: University of Texas Press.

Beck, U. (1992). *The risk society*. London: Sage.

Boyes, M., & Walker, L. J. (1988). Implications of cultural diversity for the universality claims of Kohlberg's theory of moral reasoning. *Human Development, 31*, 44-59.

Character Education Partnership (2008). *Performance values: what they matter and what schools can do to foster their development*. Retrieved April 11, 2013, from http://www.character.org/uploads/PDFs/White_Papers/Performance_Values.pdf.

Clark, H., & Brennan, S. (1991). Grounding in communication. In L. Resnick, J. Levine, & S. Teasley (Orgs.). *Perspectives on socially shared cognition*. Washington, DC: American Psychological Association.

Colby, A., & Damon, W. (1992). *Some do care: contemporary lives of moral commitment*. New York: The Free Press.

Damasio, A. (1994). *Descartes' error: emotion, reason and the human brain*. New York: Grosset/Putnam.

Dien, D. (1982). A Chinese perspective on Kohlberg's theory of moral development. *Developmental Review*, *2*, 331-341.

Edwards, D. (1997). *Discourse and cognition*. Thousand Oaks, CA: Sage.

Gee, J. P. (2007a). *Good video games and good learning*. New York: Peter Lang.

Gee, J. P. (2007b). *What video games have to teach us about learning and literacy*. New York: Palgrave Macmillan.

Giddens, A. (1991). *Modernity and self-identity: self and society in the Late Modern Age*. Oxford: Polity Press.

Gilligan, G. (1982). *In a different voice*. Cambridge: Harvard University Press.

Haidt, J. (2001). The emotional dog and its rational tail: a social intuitionist approach to moral judgement. *Psychological Review*, *108*, 814-834.

Haidt, J., & Graham, J. (2007). When morality opposes justice: conservatives have moral intuitions that liberals may not recognize. *Social Justice Research*, *20*(1), 98-116.

Hampton, K. N. (2004). Networked sociability online, offline. In M. Castells (Org.). *The network society; a cross-cultural perspective* (pp. 217-232). Cheltenham: Edward Elgar.

Haste, H. (1993). Morality, self and sociohistorical context. In G. Noam, & T. Wren (Orgs.). *The moral self*. Cambridge: MIT Press.

Haste, H. (1994). *The sexual metaphor*. Cambridge: Harvard University Press.

Haste, H. (1996). Communitarianism and the social construction of morality. *Journal of Moral Education*, *25*(1), 47-55.

Haste, H. (2004). Constructing the citizen. *Political Psychology*, *25*(3), 413-440.

Haste, H. (2005). *Joined-up texting: the role of mobile phones in young people's lives*. Nestlé Social Research Programme Report 3, Croydon: Nestlé Trust.

Haste, H., & Hogan, A. (2006). Beyond conventional civic participation, beyond the moral-political divide: young people and contemporary debates about citizenship. *Journal of Moral Education*, *35*(4), 473-493.

Hauser, M. (2006). *Moral minds: how nature designed our universal sense of right and wrong*. New York: Harper Collins.

Hoffman, M. (2000). *Empathy and moral development: implications for caring and justice*. New York: Cambridge University Press.

Iwasa, N. (1992). Post-conventional reasoning and moral education in Japan. *Journal of Moral Education, 21*(1), 3-16;

Jackson, R., Barbagallo, F., & Haste, H. (2005). Strengths of public dialogue on science-related issues. *Critical Review of International Social and Political Philosophy, 8*(3), 349-358.

Juris, J. (2004). Networks of social movements: global movements for global justice. In M. Castells (Org.). *The network society: a cross-cultural perspective* (pp. 341-362). Cheltenham: Edward Elgar.

Kahne, J., & Westheimer, J. (2003). Teaching democracy: what schools need to do. *Phi Delta Kappan, 85*(1), 34-40, 57-66.

Much, N., & Harré, R. (1994). How psychologies "secrete" moralities. *New Ideas in Psychology, 12*(3), 291-321.

Putnam, R. (2000). *Bowling alone: the collapse and revival of American community.* New York: Simon & Schuster.

Salen, K. (Org.) (2008). *The ecology of games*. Cambridge, MA: MIT Press.

Shweder, R., Mahapatra, M., & Miller, J. G. (1987). Culture and moral development. In J. Kagan, & S. Lamb (Orgs.). *The emergence of morality in young children*. Chicago: University of Chicago Press.

Shweder, R., Much, N., Mahapatra, M., & Park, L. (1997). The "Big Three" of morality (autonomy, community, divinity) and the "Big Three" explanations of suffering. In A. M. Brandt, & P. Rozin (Orgs.). *Morality and health* (pp. 119-172). London: Roultedge.

Snarey, J. (1985). Cross-cultural universality of socio-moral development: a critical review of Kohlbergian research. *Psychological Bulletin, 97*, 202-232.

Tappan, M. (1997). Language, culture and moral development: a Vygotskian perspective. *Developmental Review, 17*, 78-100.

Tappan, M. (2005). Mediated moralities: sociocultural approaches to moral development. In M. Killen, & J. Smetana (Orgs.). *Handbook of moral development* (pp. 351-374). Hillsdale, NJ: Lawrence Erlbaum.

Vygotsky, L. (1978). *Mind in society.* Cambridge, MA: Harvard University Press.

Walker, L. J., & Moran, T. J. (1991). Moral reasoning in a communist Chinese society. *Journal of Moral Education, 20*, 139-155.

Wertsch, J. (1985). *Culture, communication and cognition*. Cambridge: University Press.

Willis, J., & Wilsdon, R. (2004). *Seethrough science*. London: DEMOS.

Yates, M. (1999). Community service and political-moral discussions among adolescents: a study of a mandatory school-based program in the United States. In M. Yates, & J. Youniss (Orgs.). *Roots of civic identity*. Cambridge: University Press.

Desenvolvimento social e desenvolvimento moral: uma equação não resolvida

Juracy C. Marques

Ex-Coordenadora do PPG-Educação-UFRGS e
PPG-Psicologia-PUCRS

"Life is the art of being well-deceived; and in order that the deception may succeed, it must be habitual and uninterrupted."
(William Hazlitt, "On Pedantry". *The Round Table,* 1817)

"Sure, this robe of mine doth change my disposition."
(William Shakespeare, *The Winter's Tale*)

Desde a publicação pioneira de Piaget (1932/1994) sobre o julgamento moral na criança, fundante dos profícuos estudos sobre sociabilidade e moralidade, em conjunto com o também basilar aporte de Kohlberg (1971, 1984), a questão relativa à sociabilidade e moralidade tem sido vastamente analisada pelos estudiosos desses dois fenômenos em seus inter-relacionamentos.

Entretanto, a equação das relações entre desenvolvimento social e desenvolvimento moral, com o claro deslindamento de suas variáveis, ainda não foi convincentemente resolvida, tornando-se mais complexa na pós-modernidade, em virtude não só da globalização, mas também pelos avanços do conhecimento tecnológico sobre a virtualidade e seus efeitos em nossos modos de pensar e agir.

Os programas de desenvolvimento de valores na escola com foco em conflitos cognitivos, utilizando técnicas de discussão de dilemas morais hipotéticos, com o propósito de alcançar a chamada "comunidade justa", mostram-se promissores (Biaggio, 1997; Power, Higgins, & Kohlberg, 1989), mas não chegam a identificar possíveis correlações entre desenvolvimento moral e desenvolvimento social em suas intrincadas confluências retroalimentadoras.

A maior parte dos teóricos considera a internalização dos valores da sociedade como ponto terminal do desenvolvimento moral, entretanto, para Kohlberg, a maturidade moral é atingida quando o indivíduo é capaz de entender que a justiça não é a mesma coisa que a lei, pois as leis podem ser injustas e sujeitas a modificações. Todo indivíduo é capaz de transcender os valores da cultura em que foi socializado, em vez de incorporá-los passivamente (Biaggio, 1997). Isso é alcançado, em larga margem, pela discussão aberta e democrática em torno de dilemas de seu cotidiano, propostos pelos próprios membros de um grupo de discussão, como tem sido demonstrado em vários projetos desenvolvidos, principalmente no ambiente escolar (Berkowitz, 1985; Blatt & Kohlberg, 1975; Rodrigues, 1972/2003; Turiel, 1977). Tal abordagem é corroborada pelas contribuições de vários autores na linha dos estudos culturais, de correntes teórico-sociológicas, que propugnam a transformação da sociedade (Bourdieu, 2007; Giroux, 2003; McLaren, 1992; Souza, 2008).

Na abordagem de Kohlberg, o entendimento dos indivíduos é avaliado por meio de entrevistas individuais com análise das respostas aos dilemas morais em discussão. O protótipo é o conhecido dilema do marido que rouba um remédio de uma farmácia para salvar a vida da mulher. Como é sabido, Kohlberg propõe seis estágios como gabarito para classificar menor ou maior desenvolvimento moral, de acordo com um pensamento evolutivo, conforme as etapas cronológicas do desenvolvimento humano.

O primeiro e, portanto, mais primitivo, é a *orientação para punição e obediência*. Para a criança, a moralidade reside nas consequências de seus atos: se a ação é punida, então ela cometeu um erro e merece ser castigada. Porém, para tanto, é preciso que ela seja flagrada em desobediência das normas prescritas e aí entra, mais do que a moralidade, a ótica de compreensão do social como anterior à moralidade (Biaggio, 1997; Kohlberg, 1971).

O segundo estágio de Kohlberg é caracterizado pelo *hedonismo universal relativista*. A ação moralmente correta é definida pela obtenção de prazer em função da satisfação de necessidades. Igualdade e reciprocidade são interpretadas de acordo com o aforismo "olho por olho, dente por dente". Assim, no conhecido dilema do marido que rouba remédio para sua mulher em uma farmácia, o marido deve roubar o remédio para salvar a vida da mulher porque ele precisa dela, tanto para cozinhar quanto para salvar a vida dele (Biaggio, 1997). É o caso de uma menina de quatro anos que, ao ser deixada com sua avó, não queria que seus pais saíssem e, agarrada às pernas do pai, chorando, dizia: "Isto não é justo!". É próprio da criança pequena exigir uma resposta imediata, não tendo, ainda, aprendido a postergar a realização de seus desejos. Para ela, o certo é que os adultos atendam seus reclames sem demora, pois a sua noção de tempo é o agora e não o depois.

O terceiro estágio é conhecido como *a moralidade do bom garoto*, tipificando o comportamento que se pauta pela aprovação social. Nessa fase de desenvolvimento, é considerado moral aquilo que os outros consideram como o comportamento desejável, facilitando relações interpessoais menos conflituosas. Aí está em jogo o conformismo, a obediência e a adesão a estereótipos dominantes naquela cultura. No dilema clássico de Kohlberg, "é papel de todo bom marido salvar a vida de sua mulher", constata-se uma resposta que demonstra como princípio subjacente a seguinte regra: "Faça aos outros aquilo que gostaria que lhe fizessem". Mas há certa dificuldade em uma pessoa se imaginar em dois papéis distintos ao mesmo tempo. É nesse estágio que surge a concepção de equidade, por meio da qual há concordância de que é justo dar mais à pessoa mais desamparada. É o caso da menina de quatro anos que não queria que seus pais saíssem e que, agarrada às pernas do pai e chorando, repetia: "Isto não é justo!". Pode-se intuir que a criança estava evidenciando o começo de seu desenvolvimento social ou de uma moralidade incipiente por fazer alusão à justiça, ou que ambas as áreas de desenvolvimento inicialmente encontram-se mescladas? Mas os pais racionalizam que têm o direito de viver sua própria vida e que a criança precisa ir aprendendo a aceitar pequenas frustrações, impondo limites a sua capacidade de mando em pequenas decisões de seu cotidiano na esfera das inter-relações.

O quarto estágio é a *orientação para a lei e a ordem*, significando que é indispensável uma autoridade que mantenha a moralidade, consequentemente, o ordenamento das ações humanas, com ênfase no dever e no cumprimento das leis e normas sociais. O respeito é um valor em si e a justiça não é uma questão de relações interpessoais, mas entre o indivíduo e o sistema. O estágio quatro é o mais frequente entre adultos. Mesmo quando respondem que o marido deve roubar o remédio, é sublinhado como exceção, em face da importância de se respeitar a lei para que a sociedade não se torne um caos (Biaggio, 1997). No caso da criança que não quer deixar os pais saírem sem ela, os pais argumentam que eles têm o direito – norma social – de se encontrarem sem a sua presença,

O quinto estágio é o *contrato social democrático* que se insere no nível pós-convencional, superando os anteriores considerados como pré-convencionais e convencionais. As leis não são consideradas válidas simplesmente por serem leis. O indivíduo admite que as leis ou as normas sociais possam ser injustas e devem ser mudadas, mas essas mudanças devem ser buscadas por meio de canais legais ou legitimadas por pactos sociais em um ambiente participativo, portanto democrático. Geralmente, aparece a ideia de que deveria haver uma lei proibindo o abuso do farmacêutico ou, no caso da criança que chora porque os pais vão sair sem levá-la, que isso deveria ser precedido de um longo diálogo com a criança à altura de sua possível compreensão.

O sexto estágio é o nível mais alto e se baseia nos *princípios universais de consciência*. O indivíduo reconhece os princípios morais universais da consciência individual e age de acordo com eles. Se leis injustas não puderem ser mudadas pelo debate democrático, mesmo assim o indivíduo resiste a elas. É a moralidade da desobediência civil, dos mártires e revolucionários e de todos aqueles que permanecem fieis a seus princípios, em vez de se conformarem com o poder estabelecido, com a ordem vigente e com a autoridade. É a moral internalizada que supõe alto desenvolvimento social, com um claro discernimento do bem e do mal que o comportamento individual pode causar nos outros com os quais se relaciona. Requer um indivíduo não alienado dos problemas da sociedade e de seu tempo, que contribua para minimizar os conflitos inevitáveis das comunidades de que participa, que são bombardeadas por contínuos processos de mudança, os quais desafiam a capacidade da pessoa de mudar a si mesma para enfrentar melhor os desafios sistêmicos e situacionais.

Kohlberg (1971, 1984) aprofundou a perspectiva teórica de Piaget, propondo seis estágios, compreendidos em três níveis: o pré-convencional, o convencional e o pós-convencional (como mencionado anteriormente), destacando dentro dos três níveis os estágios de "autoridade e punição" e de "hedonismo instrumental relativista dentro do nível pré-convencional ou pré-moral"; o estágio "moral do bom garoto e da aprovação social" e o da "lei e da ordem", dentro do nível convencional, em que aparece a internalização de valores da sociedade e a insistência na manutenção das leis e costumes e, finalmente, os estágios de "contrato democrático" e de "princípios individuais de consciência", compreendidos no nível pós-convencional, em que se questiona a moralidade das leis vigentes e as tentativas de modificação de leis injustas. Assim, a dimensão da heteronomia para a autonomia também está presente no esquema evolutivo de Kohlberg que supõe, como Piaget, a universalidade da sequência de estágios que culminam com a justiça (Biaggio, 1999).

Piaget, em seu clássico *O juízo moral na criança* (1932/1994), identifica estágios na evolução da prática e das atitudes em relação às regras sensório-motoras, a cooperação nascente e a codificação das regras, assim como a evolução desde a ênfase no prejuízo material para a ênfase nas intenções, da punição retribuitiva para a que visa a recuperação do culpado, da justiça baseada na autoridade para a igualdade e, finalmente, para a equidade. A dimensão que perpassa todos esses aspectos é a de heteronomia (moral imposta pelas autoridades) para a autonomia (consciência individual) (Biaggio, 1999). A autonomia, portanto, ressalta a consciência individual como o estágio mais elevado da moralidade. Isso coincide com a moral internalizada de Kohlberg, como o nível mais alto do desenvolvimento moral.

Influências e pressões de grupo

Blatt e Kohlberg (1975) identificam o conflito cognitivo como o processo pelo qual se desenvolve a maturação que leva o indivíduo a assumir julgamentos morais em estágios mais elevados. Descrevem técnicas de dinâmica de grupo por meio das quais a maturidade do julgamento moral pode ser estimulada. Grupos de dez a doze pessoas em diferentes estágios de desenvolvimento moral discutem dilemas, sob a liderança de um coordenador, chamando a atenção para argumentos típicos de estágios superiores. Isso também pode ser encontrado em outros autores (Berkowitz, 1985; Biaggio, 1999; Rodrigues, 1972/2003), que demonstram a eficácia das discussões na captação de sugestões de formas alternativas de respostas que vão sendo, aos poucos, reconhecidas como mais apropriadas à solução dos dilemas. A maioria desses estudos utiliza planejamento experimental com controle e grupo experimental, pré-teste e pós-teste.

As pesquisas de Biaggio têm seu início em sua tese de doutorado na Universidade de Wisconsin, Madison, sob a orientação de Robert F. Grinder (1967-1969), tendo como suporte a teoria de Kohlberg. Ela estudou diferentes aspectos do desenvolvimento moral: afetivo (culpa), cognitivo (julgamento moral) e comportamental (resistência em situações de transgressão). Uma de suas conclusões importantes é "[...] a associação positiva entre julgamento moral e índices de culpa internalizada" (Camino, 2003a; Camino 2003b). Mais tarde, com seus ideais de transformação das relações sociais e da própria sociedade, investiu, com a colaboração de seus orientandos, em métodos de pesquisa de intervenção, quase sempre com desenhos experimentais de pesquisa, com pré e pós-testes e grupos de controle (Biaggio, 1984; Koller, 1990; Morosini & Biaggio, 1985).

Assim, apesar das pesquisas que fundamentam o desenvolvimento moral e social em termos de diferentes estágios, por meio de processos que encaminham para a maturidade do indivíduo adulto, surgem pesquisas que acentuam o desenvolvimento social e moral das sociedades nas quais os indivíduos estão imersos. O indivíduo só é capaz de contribuir para o desenvolvimento social, por intermédio de seu comportamento moral, quando o ambiente propicia e facilita tais comportamentos. Desse modo, os pesquisadores aprofundaram estudos relativos à comunidade justa (Biaggio, 1984; Camino 2003b). O desenvolvimento do raciocínio – julgamento moral – com ênfase na capacidade de julgar e tomar decisões morais, não seria suficiente para chegar a se comportar consistentemente de maneira socialmente responsável. Além do próprio raciocínio, deve-se levar em conta o contexto social, os determinantes externos e as práticas que emanam do sistema com suas regras que se transformam em normas de conduta. A moralidade é intrinsecamente de natureza social, em decorrência o desenvolvimento de sujeitos morais não pode ser atingido sem o desenvolvimento de uma sociedade imbuída de valores que acentuam a moralidade.

Para tanto, Blatt e Kohlberg (1975) resgatam a posição teórica de Durkheim (1925/1973), ao propor o conceito de comunidade justa. Tanto Piaget como Kohlberg alicerçam suas teorias nas relações do indivíduo com seus pares, companheiros de mesma idade cronológica nos processos de socialização, enquanto Durkheim sublinha uma construção sólida do espírito de comunidade, demonstrando que a escola, por exemplo, não oferece ensinamentos morais apenas em seu currículo explícito, mas também em seu currículo oculto, por meio de regras e procedimentos disciplinares, estrutura de autoridade, distribuição de prêmios e castigos, normas e valores compartilhados (McLaren, 1992). Desse modo, o currículo oculto tem mais força do que o explícito para transformar a mentalidade e os modos de agir dos indivíduos, por ser um processo institucional de educação moral, ao qual todos se submetem, muitas vezes sem se dar conta disso.

O pensamento pós-convencional e as possibilidades de transgressão social proporcionam a emergência de movimentos sociais que se organizam para estruturar novas mentalidades em relação aos problemas críticos vividos pela sociedade, no mais das vezes, assumindo proporções de interesse mais amplo, como nas questões de aquecimento global e de terrorismo. Tais movimentos se organizam e adquirem repercussão pelo uso intensivo da internet, que, por meio de sites, blogs e portais, divulgam amplamente novas ideias e posicionamentos com força inimaginável, até algumas décadas atrás, de arregimentação e proselitismo, adensando a opinião pública em prol de causas que antes passavam desapercebidas, como opinião de minorias inexpressivas. De certo modo, o que era virtual passa a ser atual (Lévy, 1998) e a influenciar de modo marcante o comportamento social e moral das pessoas e dos grupos sociais.

O perigo é a cristalização de certos grupos que, por influências espúrias, tomam decisões sem uma discussão mais aprofundada que avalie os pontos fracos, sujeitos à produção de fracassos nos objetivos e de frustrações quanto às intenções visadas. Isso acontece quando o grupo sofre de excesso de confiança na alta competência de alguns de seus membros, não prestando a devida atenção a um ou outro que levante questões as quais se opõem à ambicionada unanimidade e coesão grupal, estabelecendo, assim, o pensamento de grupo.

O *pensamento de grupo* é um conceito introduzido na Psicologia Social por Irving Janis (1972) – professor da Universidade de Yale, falecido em 1990 – pelo qual os grupos e os comitês tomam decisões equivocadas, de funestas consequências, porque estão imbuídos por um sentimento de orgulho do grupo ao qual pertencem, não admitindo questionamentos e críticas e tendo uma vã certeza de que são os melhores. Com isso, mantêm a harmonia do grupo e sentem-se eficientes e eficazes. Os participantes de tais grupos são afetados pela cegueira psicológica que não lhes permite ver, ouvir, muito menos entender o significado de comentários e opiniões que não confirmem seu ponto de vista, pois estão impregnados de plena confiança em seu líder e no sistema organizacional que o sustenta. Um bom exemplo da história recente é a decisão da administração Bush na guerra do Iraque, por confiar demasiadamente em seu serviço de inteligência, com suas várias comissões, o então presidente se convenceu de que "o Iraque possuía armas de destruição em massa, o que nunca foi comprovado" (Zimbardo, 2008, p. 354). Portanto, a capacidade de escutar os questionamentos, as críticas e as posições contrárias ao pensamento da maioria constitui-se um antídoto contra a tomada de decisões precipitadas, muitas vezes imbuídas de desejos, emoções e pressões de contexto que levam a análises aligeiradas, desvelando falta de humildade e de respeito aos dados que não confirmam as expectativas da maioria.

Como contraponto, temos a teoria da comunidade justa (Biaggio, 1997; Kohlberg, 1971), a qual ressalta a consciência da necessidade do trabalho cooperativo, em grupos articulados, para que as discussões e as tomadas de decisão grupal deem uma resposta plausível que encaminhe o grupo para ações eficientes. A tônica passa a ser o comprometimento social, pois não pode haver exercício eficaz da autoridade sem a presença de uma comunidade viável, em relação à qual os indivíduos mantêm o sentimento de pertencer, conforme destaca Biaggio (1997) em um de seus artigos sobre comunidade justa. Isso implica valorização da consciência de grupo, da solidariedade, da responsabilidade e da cumplicidade com a vida em comunidade de acordo com seus ideais.

J. Piaget e L. Kohlberg já realçavam que os indivíduos constituem sua realidade por meio da interação com o seu ambiente, mas apenas a incorporação de valores assumidos individualmente não é suficiente para promover as mudanças necessárias. Por isso, acentua-se que, na arquitetura dos programas de desenvolvimento moral, os dilemas devem ser extraídos do cotidiano dos participantes do grupo de discussão e não daqueles escolhidos pelo experimentador, psicólogo, professor ou orientador educacional (Biaggio, 1976).

As pesquisas-intervenção, com suas metodologias participantes, aportam análises tanto quantitativas quanto qualitativas, que contribuem muito para alargar o horizonte de compreensão sobre as múltiplas influências e as intrigantes pressões de grupo que todos sofremos ou nos beneficiamos em maior ou menor medida. Resta-nos sempre pensar: o que deve ser debitado ao indivíduo ou quanto deve ser imputado a nossas inserções no coletivo das organizações às quais pertencemos. Somos todos contribuintes e caudatários das redes de suporte que nos sustentam, nos provocam e nos inquietam, ao longo de nossa caminhada, desejosos de contribuir esperançosamente para o sonhado mundo melhor. Alguns se desanimam no meio do caminho, outros mudam seus ideais por força das circunstâncias, e muitos simplesmente desistem, desencantados pelos golpes e revezes, não mais acreditando que "outro mundo é possível".

Individualismo e coletivismo

Com as noções de universalismo e relativismo no julgamento moral, vários autores (Biaggio, 1999; Kohlberg, 1984; Lourenço, 1996; Pinker, 2007; Shweder, 1991; Turiel, 1983) discutem os valores inerentes à natureza humana possíveis de ser encontrados em todas as culturas; entre eles, o valor da própria vida, da justiça, da lealdade e da honestidade nas relações sociais.

A justiça, como fundamento das relações sociais, suscita questões ainda não resolvidas, tendo em vista as profundas desigualdades na organização societária em diferentes culturas, evidenciando que os dois domínios – moral e social – estão inextricavelmente entrelaçados, tanto em termos evolutivos quanto em seus efeitos no desenvolvimento do indivíduo e da sociedade. As sociedades mais coletivistas acentuam os valores do grupo, enquanto as sociedades mais individualistas ressaltam a independência do indivíduo, por meio de diferenças individuais que, em seus embates, ampliam a compreensão dos valores sociais e morais. Contudo, como afirma Triandis (1995):

> [...] um dos aspectos mais importantes de culturas coletivistas é a concepção de que estamos ligados em grupos bem definidos, com indivíduos interdependentes, enquanto que em culturas individualistas predomina a ideia que somos entidades independentes, separadas e distantes de nossos grupos (p. 4).

No entanto, ambas as perspectivas acentuam a importância da variável cultura, nas múltiplas possíveis explicações sobre a natureza e as manifestações do comportamento humano. Contudo, há algo que se sobrepõe à cultura, como valor intrínseco ao ser humano – por exemplo, é natural que as pessoas considerem que é errado "deixar morrer de fome", não importando se existe ou não proibições culturais sobre isso (Shweder, 1991).

Convém, entretanto, lembrar que para Kohlberg (1984) a mudança da moral baseada em deveres para a moral que se apoia em direitos é uma questão individual, pois essa passagem ocorre por meio do amadurecimento, tanto moral quanto social, da moral convencional para a moral pós-convencional. Ao mesmo tempo, pode-se pensar em um desenvolvimento em contínuo fluxo, que vai se modificando de acordo com a época e os valores mais salientes em cada cultura, sejam eles universais ou locais, próprios de determinados lugares e com problemáticas pontuais em suas configurações específicas.

Por outro lado, alguns estudos também se ocupam do universalismo e do relativismo, acentuando as diferenças e as semelhanças de tais posicionamentos nas questões de gênero, chamando a atenção que os estudos feministas demonstram perspectivas distintas quando se toma em consideração a voz das mulheres (Gilligan, 1982; Koller, 1990; Koller, Biaggio & Viñas, 1992). Os avanços que as mulheres conquistaram nas últimas décadas, em diferentes culturas e sociedades, depois de um longo passado de opressão e discriminação, levantam interrogações que apontam para novos focos de discussão sobre o que é a moral e o que é a justiça. Por meio de acalorados debates e pluralismo de opiniões, os assuntos feministas contribuem para a superação de conflitos e preconceitos enraizados. Daí emerge um melhor equacionamento entre desenvolvimento social e desenvolvimento moral, ampliando o leque de valores a serem considerados tanto pelos indivíduos quanto pelas sociedades, sejam elas coletivistas ou individualistas.

Angela Biaggio (1999), após uma análise minuciosa sobre diferentes posicionamentos e distintos autores, contrapondo perspectivas teóricas de universalismo e relativismo no julgamento moral, conclui que "há um cerne de valores universais, tais como o de não prejudicar outrem, a lealdade, o cumprimento de promessas, o respeito à vida humana". Por isso, e de modo flexível, "a cultura atuaria como um fator moderador", afirma. Triandis (1995), por sua vez, chega ao final de suas múltiplas análises, cientificamente embasadas, a recomendar: "[...] saúde mental depende da inclusão no repertório de comportamentos individuais de tendências individualistas e coletivistas, usando-as de conformidade com uma ou outra das situações sociais, nas quais coletivismo ou individualismo é dominante" (p. 187).

Estudos culturais e contemporaneidade

Tomemos a ampla e diversificada área da Música como um recorte das múltiplas manifestações da contemporaneidade, não só por sua relevância, mas também porque, com sua ênfase em estudos culturais do cotidiano, representa uma fatia importante da projeção da cultura brasileira em suas repercussões internacionais. Estamos vivendo na era tecnológica/eletrônica de abrangência global, que permite que estejamos conectados independentemente do lugar em que nos encontremos. É o que ocorre com as mídias comunicativas e de interação – como animação de *shows* e a alta criatividade na música (DJ –

Disc Jockey) – e, também, com as mídias de sociabilidade instantânea, como o telefone celular com sua portabilidade e mobilidade, preenchendo finalidades muito além daquelas para as quais ele foi inicialmente pensado, como ouvir música, entreter-se com jogos eletrônicos, acessar a internet e, talvez o mais frequente, tirar fotografias em situações inusitadas ou gravar pronunciamentos e sons, transformando-se em uma ferramenta multimídia para registrar e divulgar acontecimentos que poderiam esvair-se na mera virtualidade de que se revestem. O cotidiano, de forma bastante acelerada, é o espaço moral e social onde se constroem as relações com os outros e se reconstitui diuturnamente o mundo, extraindo dele os significados que vão cimentar um lastro comum do patrimônio cultural. É uma "[...] mediação como um processo transformador na qual a maioria dos valores e crenças é construída" (Souza, 2008, p. 12).

> Na vertente das relações e influências interpessoais, Louro (2008) cita, ao relatar sua pesquisa sobre "narrativas orais", o que foi dito por um aluno: "Você inspira muita gente, mas, ao mesmo tempo, tem suas referências que se fundem para formar um novo [...] isto está amarrado a uma série de coisas, constituindo-se em um grande link" (p. 268). A autora continua: Além de quebrar a linearidade, a metáfora link direciona para um tipo de pensamento múltiplo. Muitos me inspiraram e eu inspirei a muitos, ressaltando as implicações sociais e políticas de escolhas de repertório e de organização de eventos musicais [...] é uma abordagem crítica: o conteúdo ampliado pela contextualização de significados para o aluno, dentro da construção de suas identidades pessoais e sociais (Souza, 2008, p. 264).

Aqui há um bom exemplo de entrelaçamento do desenvolvimento social e moral para configurar um novo modo de ver o mundo e a si mesmo, acrescentando o conceito de identidade pessoal, como algo que se movimenta entremeado ao social, fazendo emergir valores outros que, até então, não tinham sido pensados: o direito à busca de afirmação individual no contexto social. A abordagem de narrativas em estudos qualitativos de desenvolvimento moral é analisada por Lourenço (1996), mostrando as possíveis contribuições desse enfoque para ampliar a compreensão do desenvolvimento moral em suas inserções com o desenvolvimento social.

Ao mesmo tempo, os sites de relacionamento – a exemplo do Twitter, cujo nome vem do canto dos passarinhos e tem como tradução literal "gorjear", usado para mensagens rápidas e o Orkut que leva o nome de seu inventor (Orkut Büyükkokten, um engenheiro turco da Google) – têm a finalidade de auxiliar os participantes a criarem amizades e manterem relacionamentos, inclusive e, talvez principalmente, de namoro. Muitas pessoas colocam seus nomes nessas redes com um *link* para seus blogs, como autopropaganda, incluindo seu currículo profissional e suas mais recentes produções. É, também, possível reencontrar amigos de infância, colegas e parentes que, por quaisquer circunstâncias, estiveram afastados por muito tempo. Aí reside um início de resolução do equacionamento entre desenvolvimento social e desenvolvimento moral. Parece que o desenvolvimento social se fortalece mais e melhor do que o desenvolvimento moral, mesmo com os esforços dos agentes sociais no desenvolvimento da moralidade nas diferentes sociedades e culturas. É a globalização presente na contemporaneidade que vem transformando as múltiplas e diferentes relações, por meio de redes de relacionamento que se expandem e multiplicam em diferentes facetas (também serve para ajudar a polícia a localizar pessoas desaparecidas).

O que é novo e surpreendente é a expressiva quantidade de pessoas que se conectam, independentemente da distância geográfica que as separa, rapidamente, em um clicar do *mouse*. Na verdade, as redes sociais virtuais dão um enorme espaço para formadores de opinião, não se restringindo às mídias convencionais pré-internet, e se constituem em um canal privilegiado de autoexpressão de pontos de vista e sentimentos – o que pode ser, pelo menos algumas vezes, terapêutico. O desenvolvimento social ganha em suas dimensões e possibilidades, consolidando amizades e até mesmo casamentos. Entretanto, o desenvolvimento moral sofre de um descompasso, pois as relações virtuais se configuram e retratam a sociedade, com suas mazelas e conflitos naturais entre o bem e o mal, entre as tendências egoísticas, pré-convencionais dos estágios de Kohlberg, bem como as convencionais "o bom garoto" e as pós-convencionais, baseadas em "contrato social democrático" e em "princípios universais de consciência". São os efeitos da globalização na contemporaneidade que vêm transformando as múltiplas e diferentes relações sociais por meio de redes de relacionamento que se expandem e multiplicam em diferentes configurações.

Outro estudo que ilustra uma característica saliente da contemporaneidade é o de Kleber (2008), que, apoiada nos dados de sua tese de doutorado, demonstra a eficácia das ONGs (Organizações Não Governamentais) que têm como objetivo a educação e reeducação de jovens adolescentes em situação de vulnerabilidade e de risco social, com ações voltadas para o exercício da cidadania. Seu estudo é uma pesquisa de campo na periferia de grandes cidades – São Paulo e Rio de Janeiro – tendo como cenário a vida de adolescentes favelados, em um meio de extrema pobreza. Esse trabalho demonstra a atenção socioeducativa dada a grupos em situação de marginalidade social, em que a diversidade cultural e o direito ao acesso de bens materiais e simbólicos ocupam um espaço concreto na construção e reconstrução da identidade pessoal e social no mosaico que estrutura a sociedade contemporânea. De acordo com Kleber (2008):

> Implica que investigar não é aplicar simples procedimentos ou seguir indicações teóricas, e sim um ato interpretativo, produto da interação com o mundo social. Os contingenciamentos não resultam apenas do caráter social das relações com os outros, mas também do caráter subjetivo que possibilita a capacidade de compreender a experiência do outro (p. 218).

O trabalho de Kleber encontra paralelo e semelhanças com a comunidade justa (Biaggio, 1997; Blatt & Kohlberg, 1975; Kohlberg, 1984), na qual as questões de senso ético e de formação para a cidadania são aprofundadas. Aí observa-se o entrecruzamento do desenvolvimento social e do desenvolvimento moral, por meio da transversalização de seus efeitos marcantes, em âmbito microprocessual nos indivíduos e em sua dimensão macrossistêmica na sociedade.

Há uma crescente literatura sobre as diferenças e as semelhanças entre sociedades mais individualistas e mais coletivistas, quase sempre destacando a singularidade do indivíduo, com sua autonomia e autenticidade que produz o questionamento das diferenças individuais, com suas concomitantes exigências de respeito, tolerância, resiliência e aceitação do outro (Markus & Kitayama, 2003). Quando o indivíduo se expõe aos seus grupos de relacionamento, via internet, ele está em busca de afirmação pessoal, arregimentando aliados para seus pontos de vista, mesmo quando se coloca em oposição ao pensamento da maioria. É o individual, com suas crenças e seus valores, que faz uma imersão no contexto social, em dada situação, trazendo à tona seus princípios e seu nível de desenvolvimento social, assim como suas habilidades de persuasão e liderança que podem, ou não, redirecionar as ações do grupo, ao redimensionar conflitos e situações problemáticas. No entanto, cabe enfatizar que a autonomia do indivíduo, bem como suas prementes necessidades de inter-relações sociais são engendradas desde cedo no ciclo vital, como necessidades humanas básicas que estão intimamente relacionadas (Kagitcibasi, 2005).

Na dimensão dos microrrelacionamentos que envolvem diálogos emblemáticos entre dois protagonistas, há estudos de desenvolvimento moral e social, como o estudo de Lummertz (1991), com análises da discussão de dilemas por meio de duplas, nos quais se observam as dúvidas e embates dos sujeitos entre o social e a moralidade das ações, ensejando uma compreensão mais elaborada sobre sua complexidade no cotidiano, quando evidenciadas pelo desenvolvimento de habilidades de relacionamento. É conveniente lembrar que valores não só se diferenciam de cultura para cultura, a despeito da universalidade de alguns deles (Triandis, 1995), mas também se revestem em sua complexidade dos efeitos de polarização (Marques, 1954). É como se para cada valor houvesse um (des)valor: verdade-mentira; certo-errado; bem-mal; justiça-injustiça etc., que pode ser representado em uma linha que vai de uma ponta à outra com nuances que apontam para tensões e tenções entre o ser e o dever-ser. Kierkegaard (1813-1855) pressupõe um universo de valores que gravita nessa polaridade de uma força dialética que pesa para outro dos pontos, como força preponderante (MacIntyre, 1990).

Desenvolvimento social e habilidades de relacionamento

Na abordagem de estudos interculturais, realizamos várias pesquisas sobre habilidades de relacionamento interpessoal (Marques & Van Horn, 1995, 1998; Van Horn & Marques, 2000), tendo como sujeitos adolescentes de várias faixas etárias, bem como orientamos várias dissertações e teses, às vezes em campos do conhecimento distintos daqueles em que habitualmente atuamos, por exemplo, aplicações possíveis em áreas específicas como a surdez (Martins, 1998) ou para deslindar conflitos das empresas familiares que, pelo menos no Brasil, sobrepujam em número as empresas que se estruturam nos moldes tradicionais, muitas vezes pela profissionalização das empresas familiares (Tondo, 2008).

Outros modelos teóricos destacam que habilidades sociais em relacionamentos sociais são fundamentais ao desenvolvimento psicológico e social (Erickson, 1968; Selman & Shultz, 1990; Sullivan, 1953). Esses autores, sem dúvida, foram influenciados pelos estudos de Piaget e Kohlberg quanto à compreensão de estágios ou fases de desenvolvimento, de conformidade com os avanços cronológicos e de maturidade ao longo do ciclo vital.

Em uma de nossas pesquisas (Marques & Van Horn, 1995), as características de desenvolvimento social foram avaliadas, em uma amostra de 248 adolescentes de classe média divididos por idade em três grupos: 11-12, 15-16 e 19-20 anos. As habilidades sociais foram analisadas por meio da escala *Adolescent Interpersonal Competence Questionnaire* (Buhrmester, 1990). Os relacionamentos foram analisados com o uso de um inventário de rede de relações: *Network of Relationships Inventory* (Furman & Buhrmester, 1985). Em geral, os adolescentes brasileiros nos três grupos de idade revelaram níveis mais baixos de habilidades sociais, em comparação com as variáveis que denotavam oferecimento de suporte social, do que aqueles encontrados em amostras dos Estados Unidos (Furman & Buhrmester, 1985, 1992; Buhrmester, 1990; Lempers & Clark-Lempers, 1992). Duas diferenças, porém, foram encontradas entre os adolescentes das duas culturas. Em ambas as amostras, relações de suporte entre os adolescentes e seus pais diminuem com a idade. Na amostra norte-americana, a diminuição ocorre entre a 4ª e 10ª séries (Furman & Buhrmester, 1992), enquanto na amostra brasileira o decréscimo se evidencia mais tarde, entre o ensino médio e a universidade. As autoclassificações de habilidades sociais foram mais baixas nos adolescentes brasileiros, comparando com os norte-americanos.

Buhrmester (1990) analisou cinco domínios de habilidades sociais: autorrevelação, dar apoio emocional, administração de conflitos, determinação e iniciação de amizade. Furman e Buhrmester (1985) avaliaram a intimidade nos relacionamentos, encontrando forte correlação entre essa dimensão e habilidades sociais, o que facilita os necessários ajustamentos que os adolescentes precisam não só para conquistar amizades, mas também em seus processos de amadurecimento psicossocial. Aí são enfatizados os apoios da família e dos amigos como uma variável significativa para o desenvolvimento social e moral, em termos de valores como sinceridade, desejo de ajudar e respeito pelas diferenças.

Em outro estudo, Furman e Buhrmester (1992) analisaram sete dimensões de apoio social, por meio de seu questionário *Network of Relationships Inventory* (os exemplos estão nos itens entre parênteses): 1) companheirismo (Quanto de seu tempo livre você gasta com esta pessoa?); 2) ajuda instrumental (Quanto esta pessoa o ajuda a resolver problemas ou a consertar coisas?); 3) autorrevelação (Quanto você partilha seus segredos e assuntos particulares com esta pessoa?); 4) cuidados com o outro (Quanto você cuida desta pessoa?); 5) afeição (Quanto esta pessoa ama ou gosta de você?); 6) reafirmação de dignidade (Quanto esta pessoa trata você com admiração e respeito?); 7) aliança confiável (Quanto você se sente seguro de que esta relação vai perdurar a despeito de qualquer coisa?). Os resultados da pesquisa apontaram os pais e os avós como as figuras que mais davam apoio, além do namorado ou da namorada, atingindo pontos mais altos na escala Likert de 5 pontos, enquanto os professores atingiram pontuação muito baixa.

Por sua vez, o *Adolescent Interpersonal Competence Questionnaire* (Buhrmester, 1990) consiste em quarenta itens para avaliar estilos de relacionamento interpessoal de adolescentes em cinco dimensões: autorrevelação, dar apoio emocional, administração de conflitos, autoafirmação e iniciação de amizade, que são, também, avaliadas em escala Likert de 5 pontos, com perguntas específicas. Em nosso estudo (Marques & Van Horn, 1995), os sujeitos femininos classificaram os relacionamentos de apoio como mais altos do que os masculinos. Os sujeitos brasileiros, de todas as faixas etárias estudadas, classificaram as relações de apoio em níveis mais altos do que os sujeitos estadunidenses. No que diz respeito ao relacionamento com namorado/a, na amostra brasileira, há uma mudança de quinto para primeiro lugar, entre adolescentes do ensino médio e da universidade. Isso se assemelha ao que ocorre com amostras norte-americanas, pois Furman e Buhrmester (1992) encontraram uma diminuição sistemática da 4ª para a 10ª série, em classificações de apoio nesse relacionamento, e nenhuma diminuição entre a 10ª série e a universidade. Algumas das diferenças talvez possam ser explicadas pela tendência a uma maior convivência dos brasileiros com a família extensiva (por exemplo, avós) do que usualmente ocorre entre os adolescentes estadunidenses.

Em análise distinta (Van Horn & Marques, 2000), utilizando as mesmas amostras da pesquisa de 1995 – só que dessa vez com aproveitamento das respostas de 260 adolescentes, das mesmas faixas etárias, 11-12, 15-16 e 19-20 anos, aprofundamos as análises relativas ao *Network of Relationships Inventory* (Furman & Buhrmester, 1992). Os participantes classificaram as relações em quatro dimensões – suporte, conflito, poder relativo e punição – no que diz respeito a cinco membros de sua rede de relações – mãe, pai, professor, irmãos e amigos do mesmo sexo. As classificações demonstraram consistência com modelos ecológicos que predizem características culturalmente específicas nesses relacionamentos. Em contraste com pesquisas anteriores de adolescentes dos Estados Unidos, os brasileiros apresentaram níveis mais altos tanto de suporte quanto de conflitos e não demonstraram diferenças de suporte nos relacionamentos com amigos ou com os pais, como fonte primária de apoio. As diferenças entre os adolescentes mais jovens e mais velhos não alcançaram consistência em relação aos processos de individuação e reciprocidade. Entretanto, constatou-se uma diferença significativa na variável sexo: as meninas, em comparação com os meninos, atribuíram maiores classificações a seus relacionamentos com irmãos e amigos.

Uma avaliação dos processos de individuação e reciprocidade ressalta que o desenvolvimento social e o desenvolvimento moral estão intrinsecamente interligados e são fortemente influenciados pela cultura em suas múltiplas manifestações e em seus aspectos específicos. Lin e Fu (1990) sinalizam que variáveis do contexto sociocultural devem ser investigadas em pesquisas interculturais, pois atitudes e valores culturais de professores e pais quanto aos processos de socialização, tais como obediência, expressão emocional, independência e rendimento escolar, variam fortemente de cultura para cultura, mesmo dentro do mesmo país. Em nossas pesquisas, quando falamos em cultura brasileira, referimo-nos à cultura gaúcha (Rio Grande do Sul). Culturas substancialmente diferentes e imersas em condições socioeconômicas diversas são encontradas, como é natural, em outras regiões do Brasil. Além disso, nossos participantes pertenciam à classe média, e, certamente, obteríamos resultados diferentes se a amostra tivesse incluído participantes de níveis socioeconômicos mais baixos. Usamos o termo "cultura" no sentido de compartilhamento de sistemas cognitivos e comportamentais que criam padrões de processos interpessoais de relacionamento por meio de linguagem comum e inserção na mesma localização geográfica (Shweder & LeVive, 1984). Triandis (1996) oferece uma visão consubstanciada deste construto – cultura – quando ele é utilizado em pesquisas relativas a desenvolvimento da personalidade que tenham implicações sociais, morais e psicológicas.

Portanto, os processos de socialização necessariamente incluem as duas dimensões, desenvolvimento social e desenvolvimento moral, no mais das vezes entrelaçadas e intrincadas, constituindo-se fenômeno complexo, às vezes de difícil entendimento sobre a maior ou menor carga de significação de um ou de outro desses desenvolvimentos. Um olhar mais atento aos participantes da pesquisa que classificam os enunciados do questionário em níveis mais baixos, por meio de uma entrevista individual, pode nos levar a considerar um questionamento a tendências de transgressão. Isso poderia instigar novas pesquisas que levantariam outras questões, talvez algumas inusitadas e até surpreendentes, obrigando a ver a realidade a partir de outros ângulos de compreensão.

Transgressão e dimensões do contexto

As características de estágios, fases e níveis de desenvolvimento individual não atuam em um vazio, estando sempre imersas em um ambiente que oferece experiências e produz novos significados. As forças situacionais se caracterizam como determinantes externos do comportamento, embora muitas vezes não mereçam a devida atenção, tanto das pessoas envolvidas como dos estudiosos (estes últimos, por estarem habituados a considerar apenas as variáveis de personalidade, que são, sem dúvida, as mais pesquisadas). Elas constituem-se, por isso, na tradição da Psicologia como ciência, que só recentemente vem sendo reconhecida como área independente no rol das ciências, sendo, ao mesmo tempo, caudatária e contribuinte de outras, com seus modos próprios de se organizar como campo fértil de investigações relevantes para o indivíduo e para a sociedade.

Os sistemas organizacionais, nos vários níveis em que eles se instituem, com suas normas, regras e modos de funcionamento, também impingem influências poderosas nas múltiplas configurações do que, ao longo da história social, vai se transformar na cultura com a qual os indivíduos que a ela pertencem passam a reger suas vidas e suas ações. Estamos irremediavelmente amarrados às condições de existência que a nossa sociedade enseja, podendo nos submeter ou contestar os parâmetros que moldam nossos comportamentos e valores. Daí a riqueza e o amplo leque oferecido pelo paradigma de Kohlberg, sublinhando que, no desenvolvimento moral, avançamos para a maturidade, atravessando três níveis em nossos intercâmbios com o ambiente cultural que nos cerca: do pré-convencional, passando pelo convencional e, na maioria das vezes (mas nem sempre), chegando ao pós-convencional.

A família, como estrutura básica da organização social, tem sido ponto de confluência de muitos estudos (Bowen, 1979; Branco, Wagner, & Demarchi, 2008; Burd & Baptista, 2004; Papalia & Olds, 2000; Rech, 2007; Stierlin, 1977;

Szymanski, 2004; Tondo, 2008). Em geral, esses estudos destacam o quanto ela tem sido decisiva para a formação da personalidade – haja vista o preceito da tradição de estudos psicanalíticos que enfatizam a importância dos cinco primeiros anos de vida para determinar o que o indivíduo fará de sua vida ao longo de sua história pessoal. Também é importante mencionar que nas psicoterapias de família a abordagem mais recomendada é justamente a abordagem sistêmica.

Todas essas dimensões situacionais, sistêmicas e familiares emergem quando o objetivo é compreender o maior ou menor desenvolvimento social e moral das nações, em nível macro e dos cidadãos, em nível micro, chegando ao indivíduo com suas características singulares a serem diagnosticadas para fins de tratamento psicológico ou escrutinadas no entendimento de fenômenos sociais inusitados ou comuns na vida a ser vivida por cada um com seu *entourage* social.

A persistente discussão sobre hereditariedade *versus* ambiente se amplia e reveste-se de novas significações com o avanço dos estudos genéticos e das novas tecnologias aplicadas à área da saúde, como o diagnóstico por imagem – ecografia, ultrassom, decodificação do genoma humano, localização específica no cérebro de muitos dos comportamentos e sintomas e, mais recentemente, as pesquisas sobre células-tronco – que permite deslindar o que faz parte da constituição biológica do indivíduo e o que se deve à acumulação de experiências, aprendizagens e traumatismos em situações-limite ao longo da história pessoal de cada um.

A transgressão que se evidencia no julgamento pós-convencional de Kohlberg (1981, 1984) tem, no entanto, contribuído para as necessárias mudanças em uma sociedade nômade e instável, cuja seta do tempo aponta para processos civilizatórios, com os ideais de melhores condições de vida para todos os humanos, alicerçadas nos valores de justiça, igualdade e responsabilidade no embate de impulsos, desejos, necessidades e superação de erros, falhas e comportamentos desviantes a serem castigados pela justiça constituída ou pelos concidadãos, por meio de denúncias, protestos e movimentos para introduzir modificações capazes de sugerir melhorias marcantes na convivência humana. Contudo, os modos tradicionais de busca de culpabilidade, causas de doenças e pecados cometidos por aqueles que se desviam dos mandamentos e das prescrições da Igreja ou do partido aos quais se filiam, direta ou indiretamente, continuam tendo primazia nos sistemas jurídicos – é imperativo buscar o culpado e puni-lo na forma da lei e das normas estabelecidas.

Por outro lado, na história, as mudanças de compreensão e aceitação dos fenômenos da natureza têm se mostrado como uma pungente mudança que nos obriga a ver o mundo sob outra ótica, com repercussões no seu entendimento. É clássico o exemplo de Galileu Galilei, que, em 1609, demonstrou, depois de muitas objeções astronômicas, mecânicas e religiosas – baseadas em uma visão aristotélica-tomista –, a hipótese heliocêntrica, a qual defendeu, até sua condenação pela Inquisição, em 1633, e que transformou nossa compreensão do homem, do planeta Terra e da complexidade do universo (Kuhn, 1990).

Na vertente dos estudos sobre a polaridade bem-mal, foram elaborados muitos estudos (Miller, 2004; Shermer, 2004; Waller, 2002) a fim de melhor entender as consequências da trágica efeméride 11 de setembro de 2001, quando as torres gêmeas de Nova York (World Trade Center) foram atacadas e destruídas por dois aviões de passageiros sequestrados por terroristas. A partir daí, como retaliação, passamos a viver sob o império do medo, desencadeando-se a "guerra ao terrorismo" com suas nefastas consequências. Zimbardo (2008) define o mal como "[...] o comportamento intencional para prejudicar, abusar, destruir, e diminuir outros inocentes, usando sua autoridade e poder sistêmico para permitir que outros façam o mesmo em seu benefício" (p. 5). Então, pode-se afirmar que o bem reside em comportamentos cuja intenção é aumentar as possibilidades de realizações dos outros em seu próprio proveito, usando o poder sistêmico para que tais realizações se expandam para o tecido social, formando uma cadeia de comportamentos benéfica a todos. Isso tem a ver com os níveis pós-convencionais de desenvolvimento moral, preconizados por Kohlberg (1971, 1981, 1984) e retrabalhados por Biaggio, em sua tese de doutorado e em muitos de seus inúmeros trabalhos posteriores, entre eles o que se refere ao universalismo e relativismo no julgamento moral (Biaggio, 1999).

Entretanto, Kohlberg (1981) aponta para uma ética que ressalta o desenvolvimento moral, em seus vários estágios, para um caminho cada vez mais aperfeiçoado, no sentido de fazer prevalecer a consideração, o respeito e o acatamento do outro, sem preconceitos, como um fim em si e não como instrumento, ou meio, de mera afirmação da individualidade. Configura-se como um desenvolvimento social que inclui o desenvolvimento moral ou vice-versa, portanto buscando equacionar justiça, igualdade e liberdade de opinião em seus complexos relacionamentos, tanto no cotidiano quanto no trato do estabelecimento de políticas públicas. O privado e o público se mesclam para abranger a inteira gama de comportamentos possíveis do indivíduo em si, e deste como membro de uma sociedade que moldura suas ações em situações corriqueiras e perigosas, nas quais seus posicionamentos podem alterar o rumo dos acontecimentos.

Desse modo, os agentes de políticas públicas que são fortemente afetados pela corrupção, desde tempos imemoriais, com os avanços do desenvolvimento moral, ainda bem longe do desejável, estão sob o contínuo escrutínio da imprensa e da mídia, que os obriga a manter transparência de suas atitudes e seus comportamentos. As novas tecnologias, principalmente a internet, o telefone celular e a televisão com transmissões *ao vivo*, conferem aos atos públicos uma supervisão direta, antes inimaginável. O *deceive* – fraude, enganação, armação ardilosa – é logo desmascarado e seus autores ficam desmoralizados na opinião pública, o que, nas democracias, tem uma força imensa para reformular comportamentos desviantes dos padrões mínimos de moralização exigidos pela sociedade. Acentua-se, pois, a interdependência entre o social e o moral, entre as macroestruturas da sociedade e os comportamentos individuais na medida em que se enquadram dentro das forças sistêmicas que, em grande parte, os determinam. Cabe aqui lembrar o famoso e bem conhecido poema de John Donne, poeta escocês do século XVI, em suas "Meditações": "Nenhum homem é uma ilha, por isso a morte de qualquer homem me atinge, porque pertenço ao gênero humano; deste modo, nunca pergunte por quem os sinos dobram; eles dobram por ti" (Bem mais tarde, Ernest Hemingway inspirou-se nesse poema para escrever seu famoso romance *Por quem os sinos dobram*). Desse modo, fica claro que estamos intrinsecamente conectados, não importando nosso nível de desenvolvimento moral ou social, mormente em uma era de globalização e comunicações instantâneas, na qual alienação e isolamento misógino tornam-se pecados mortais, pois destroem as imensas potencialidades de individualização no enredo perturbador dos acontecimentos que se sucedem de forma acelerada.

Por que somos como somos? Os estudos sobre a natureza humana, sob o influxo das influências do evolucionismo (Pinker, 2007) têm dado algumas respostas que servem para contrastar com a nossa tradição de remeter todos os mistérios da vida e do cosmos à transcendência. Assim como no caso dos comportamentos de *deceiveness*, há no animal humano uma capacidade de autoilusão inerente ao modo pelo qual o ser humano se vê. Dependemos de nos iludir para que possamos iludir os outros, a fim de galgar posições mais elevadas na hierarquia social, escolher melhores parceiros sexuais e fazer alianças políticas mais saudáveis e produtivas (Wright, 1996).

No entanto, manter um pensamento positivo e uma atitude pró-social é preservar nossa saúde mental e emocional, evitando que as forças do mal e dos comportamentos desviantes nos contaminem, minando nosso *élan* na constante luta por um mundo melhor, mais justo e mais igualitário, por meio de comprometimento, participação e responsabilidade social. Nossa identidade depende em muito de nossas conexões com nossos grupos de referência e com nossos colegas e amigos, pois elas determinam, em larga medida, quem somos: "Junta-te aos bons e serás um deles", conforme o dito popular. Se nos omitimos, por razões variadas, talvez estejamos perdendo uma oportunidade de nos alçar a níveis mais altos de desenvolvimentos sociais e morais. Algumas pessoas entre as quais convivemos levantam a nossa moral, nossa autoestima, nossa crença em um mundo melhor, ao passo que outras nos tornam tímidos, amedrontados e confusos. Em alguns grupos podemos ocupar uma posição de liderança, contribuindo para realizações relevantes de todos os seus membros, mas em outros temos de ser necessariamente humildes, reconhecendo que não temos cacife para competir com dignidade e adequação.

As expectativas dos outros em relação a nossos comportamentos e atitudes, até certo ponto, condicionam nossos desempenhos e nossos sentimentos em relação a nós mesmos. Em grande parte, nós somos o que os outros pensam de nós, embora devamos estar atentos para distorções perceptuais que nos atribuem virtudes ou defeitos que, a rigor, não fazem justiça ao que de fato somos. Portanto, não devemos aceitar comentários e críticas espúrias que nos diminuem ou ferem nossos sentimentos e nossa autoestima. A atitude crítica e o conhecimento de nós mesmos são constantemente renovados, pois as circunstâncias e o mundo mudam e nós mesmos nos transformamos, na medida em que nos ajustamos ou contribuímos para as mudanças, em maior ou menor parte do que nos cabe nos muitos e variados papéis que assumimos no dinamismo das interações sociais.

O último estágio do desenvolvimento moral no paradigma de Kohlberg (1981), e tipificado por Biaggio (1997), baseia-se nos princípios universais de consciência, como justiça, verdade e honestidade, fortemente internalizados, portanto, individuais, mas voltados para o social. Esses princípios são exercidos com base em dinamismos sociais, levando em consideração necessidades que desafiam o indivíduo a manter sua autenticidade.

Seligman (2002) nos incita a pensar sobre o que é felicidade autêntica, ao destacar as forças e virtudes do amor que se desdobra em intimidade, generosidade e inteligência social. Não obstante, para ser feliz o indivíduo precisa manter seu interesse pelo mundo e pelos outros, olhando-os com curiosidade para admirar o que oferecem na beleza de suas trilhas múltiplas de aprendizagens e descobertas. O pensamento crítico e a capacidade de julgar com mentalidade aberta e novos ângulos de compreensão também são forças que contribuem para a felicidade genuína, bem como a dedicação como projeto de vida a uma causa maior, por exemplo, o cuidado com o meio ambiente ou a vigilância para desvios de comportamento que levam à corrupção ou à violência, no vasto capítulo dos crimes contra a pessoa – direitos humanos – e as salvaguardas ao direito de propriedade. Aí, o desenvolvimento social e o desenvolvimento moral andam de mãos dadas, instigando a criatividade de cada um para destrinchar seus significados nas situações específicas do contexto. Desse modo, na melhor das intenções, nossas atividades fluem, misturando entusiasmo e dedicação, convocando nossas forças internas a se colocarem a serviço do bem comum. Cultivar fluidez, evitando comportamentos rígidos, estereotipados e preconceituosos, certamente contribui para aumentar a felicidade autêntica alcançando, assim, sucesso nos emaranhados caminhos que a vida propõe: a receita talvez esteja em misturar paixão com pensamento crítico.

Homenagem maior

Por fim, nossa homenagem maior vai para Angela Biaggio, a fim de exaltar e agradecer seu legado como professora e pesquisadora, na difícil área da Psicologia Acadêmica. Ela, com sua imensa rede de relações, baseadas no afeto, na consideração e no respeito recíprocos, aponta *links* que nos direcionam para as mais expressivas figuras de nosso pequeno vasto mundo, tanto nacional como internacionalmente. Este livro se institui como o *link* maior, em sua virtualidade, que, em seu poder de disseminação, permitirá que muitos estejam, como nós, conectados às suas ideias e mais ainda ao seu exemplo, para que, em uma cadeia imensurável, possamos nutrir nossas inspirações para exercitar incessantemente nosso desenvolvimento moral e social. Portanto, fica aqui registrada uma prece de gratidão por compartilhar deste gesto de generosidade que igualmente nos honra.

Referências

Berkowitz, M. (1985). The role of discussion in moral education. In M. Oser, & F. Oser (Eds.). *Moral education: theory and application* (pp. 197-218). New Jersey: Erlbaum.

Biaggio, A. M. B. (1976). A developmental study of moral judgment of Brazilian children and adolescents. *Interamerican Journal of Psychology*, 10, 71-81.

Biaggio, A. M. B. (1984). *Pesquisa em psicologia do desenvolvimento e da personalidade*. Porto Alegre: Editora da Universidade (UFRGS).

Biaggio, A. M. B. (1997). Kohlberg e a comunidade justa: promovendo o senso ético e a cidadania na escola. *Psicologia: Reflexão e Crítica*, 10, 1.

Biaggio, A. M. B. (1999). Universalismo *versus* relativismo no julgamento moral. *Psicologia: Reflexão e Crítica*, 12, 1.

Blatt, M., & Kohlberg, L. (1975). The effects of classroom moral discussion upon children's level of moral judgment. *Journal of Moral Education*, 4, 129-161.

Bourdieu, P. (2007). *A miséria do mundo*. Petrópolis: Vozes, 2007.

Bowen, M. (1979). *De la familia al individuo*. Buenos Aires: Paidos.

Branco, B. M., Wagner, A., & Demarchi, K. A. (2008). Adolescentes infratores: rede social e funcionamento familiar. *Psicologia: Reflexão e Crítica*, 21, 125-132.

Buhrmester, D. (1990). Intimacy of friendship, interpersonal competence, and adjustment during preadolescence and adolescence. *Child Development*, 61, 1101-1111.

Burd, M., & Baptista, C. (2004). Anamnese da família: genograma e linha do tempo. In J. Mello Filho, & M. Burd (Eds.). *Família e doença* (pp. 93-110). São Paulo: Casa do Psicólogo.

Camino, C. (2003a). O legado científico de Angela Biaggio (1940-2003) para o Brasil. *Psicologia: Teoria e Pesquisa*, 19, 187-188.

Camino, C. (2003b). Angela Biaggio: the course of history of Brazil's socio-moral research. *Interamerican Journal of Psychology*, 37, 215-220.

Durkheim, E. (1925/1973). *Moral Education: a study in the theory and application of sociology of education*. New York: Free Press.

Erikson, E. (1968). *Identity, youth and crisis*. New York: Norton.

Furman, W., & Buhrmester, D. (1985). Children's perceptions of the personal relationships in their social networks. *Developmental Psychology*, 21, 1016-1024.

Furman, W., & Buhrmester, D. (1992). Age and sex differences in perceptions of networks of personal relationships. *Child Development*, 63, 103-115.

Gilligan, C. (1982). *In a different voice*. Cambridge: Harvard University Press.

Giroux, H. A. (2003). *Atos impuros: a prática política dos estudos culturais*. Porto Alegre: Artes Médicas.

Janis, I. (1972). *Victims of groupthinking*. Boston: Hughton Mifflin.

Kagitcibasi, C. (2005). Autonomy and relatedness in cultural context. *Journal of Cross-Cultural Psychology*, 36, 403-422.

Kleber, M. (2008). Projetos sociais e educação musical. In J. Souza (Org.). *Aprender e ensinar música no cotidiano* (pp. 213-220). Porto Alegre: Sulina.

Kohlberg, L. (1971). From is to ought: how to commit the naturalist fallacy and get away it in the study of moral development. In T. S. Mischel (Ed.). *Cognitive development and epistemology*. New York: Academic Press.

Kohlberg, L. (1981). *The philosophy of moral development*. San Francisco: Harper and Row.

Kohlberg, L. (1984). *Essays on moral development: Vol. 2, The psychology of moral development*. San Francisco: Harper and Row.

Koller, S. H. (1990). *Diferença de gênero no julgamento moral*. Dissertação de mestrado em Psicologia do Desenvolvimento, Instituto de Psicologia, Universidade Federal do Rio Grande do Sul, Porto Alegre, RS, Brasil.

Koller, S. H., Biaggio, A. M. B., & Viñas, A. (1992). Efeitos do sexo do protagonista na avaliação de diferenças de gênero no julgamento moral. *Psicologia: Teoria e Pesquisa*, 8, 327-339.

Kuhn, T. S. (1990). *A revolução copernicana*. Lisboa: Ed. 70.

Lempers, J. D., & Clark-Lempers, D. S. (1992). Young, middle, and late adolescents' comparisons of the functional importance of five significant relationships. *Journal of Youth and Adolescence*, 21, 53-96.

Lévy, P. (1998). *O que é virtual?* São Paulo: Editora 34.

Lin, C. C., & Fu, V. R. (1990). A comparison of child-rearing practices among Chinese, immigrant Chinese, and Caucasian-American parents. *Child Development*, 61, 429-433.

Lourenço, O. (1991). Distinção na criança entre moralidade e convenção: um fenômeno estrutural ou quantitativo. *Ciências da Educação em Portugal: situação actual e perspectivas* (pp. 255-268). Porto: Sociedade Portuguesa de Ciências da Educação.

Lourenço, O. (1996). Reflections on narrative approaches to moral development. *Human Development*, 39, 83-99.

Louro, A. L. (2008). Narrativas de docentes universitários-professores de instrumento sobre mídia: da relação "um para um" ao "grande link". In J. Souza (Org.). *Aprender e ensinar música no cotidiano* (pp. 259-283). Porto Alegre: Sulina.

Lummertz, J. G. (1991). *Pensamento crítico e mudança social.* Tese de doutorado em Educação, Faculdade de Educação, Universidade Federal do Rio Grande do Sul, Porto Alegre, RS, Brasil.

MacIntyre, A. (1990). *Three rival versions of moral enquiry.* London: Duckworth.

Markus, H., & Kitayama, S. (2003). Models of agency: sociocultural diversity in the construction of action. In V. Murphy-Berman, & J. Berman (Eds.). *Cross-Cultural differences in perspectives on self,* Nebraska Symposium on Motivation. Lincoln: University of Nebraska Press.

Marques, J. C. M. (1954). *Anotações do seminário axiologia, do professor Armando Câmara, sobre a filosofia de Sören Kierkegaard.* Porto Alegre: UFRGS, Faculdade de Filosofia, Ciências e Letras, Curso de Filosofia.

Marques, J. C. M., & Van Horn, R. (1995). Habilidades sociais e relacionamentos na adolescência. *Psico, 26*(2) 9-28.

Marques, J. C. M., & Van Horn, R. (1998). Development of interpersonal negotiation strategies. In Brazilian adolescents. *Journal of Interamerican Psychology, 32*(1), 21-31.

Martins, R. V. (1998). *Surdez e relações interpessoais na adolescência.* Dissertação de mestrado em Psicologia, Instituto de Psicologia, Pontifícia Universidade Católica do Rio Grande do Sul, Porto Alegre, RS, Brasil.

McLaren, P. (1992). *Rituais na Escola, em direção a uma economia política de símbolos e gestos na educação* (J. C. Marques, & A. M. B. Biaggio, Trad.). Petrópolis: Vozes.

Miller, A. G. (Ed.) (2004). *The social psychology of good and evil.* New York: Guilford.

Morosini, M., & Biaggio, A. (1985). O resgate do sujeito na transformação social. *Psicologia: Reflexão e Crítica,* 1, 1-21.

Papalia, D., & Olds, S. (2000). *Desenvolvimento humano* (7a. ed.). Porto Alegre: Artmed.

Pinker, S. (2007). *The stuff of thought, language as a window into human nature.* London: Penguin Books.

Piaget, J. (1932/1994). *O juízo moral na criança* (2a. ed.). São Paulo: Summus.

Power, F. C., Higgins, R., & Kohlberg (1989). *Kohlberg approach to moral education.* Cambridge: Harvard University Press.

Rech, T. (2007). *Segredos familiares: uma complexa trama relacional.* Porto Alegre: Free Press.

Rodrigues, A. (1972/2003). *Psicologia Social* (23a. ed.). Petrópolis: Vozes.

Seligman, M. (2002). *Authentic happiness.* New York: Free Press.

Selman, R. S., & Schultz, L. H. (1990). *Making a friend in youth: developmental theory and pair therapy.* Chicago: University of Chicago.

Shermer, M. (2004). *The science of good and evil: why people cheat, gossip, care, share and follow The Golden Rule.* New York: Henry Holt.

Shweder, R., & LeVine, R. A. (1984). *Culture theory: essays on mind, self, and emotion.* Cambridge: University Press.

Shweder, R. (1991). *The astonishment of anthropology: introduction to thinking through cultures explorations in cultural psychology.* Cambridge: Harvard University Press.

Souza, J. (2008). Aprender e ensinar música no cotidiano: pesquisas e reflexões. In J. Souza (Org.). *Aprender e ensinar música no cotidiano* (pp. 7-12). Porto Alegre: Sulina.

Stierlin, H. (1977). *Psychoanalysis and family therapy.* New York: Jason Aronson.

Sullivan, H. S. (1953). *The interpersonal theory of psychiatry.* New York: Norton.

Szymanski, H. (2004). A pesquisa-intervenção participante com famílias de baixa renda: um projeto participativo de atenção psicossocial. In C. R. Althoff, I. Elsen, & R. G. Nitschke (Orgs.). *Pesquisando a família: olhares contemporâneos* (pp. 115-125). Florianópolis: Papa Livro.

Tondo, C. (2008). Empresas familiares, famílias empresárias e suas características. In C. Tondo (Org.). *Desenvolvendo a empresa familiar e a família empresária* (pp. 25-39). Porto Alegre: Sulina.

Triandis, H. C. (1995). *Individualism and collectivism.* San Francisco: Westview.

Triandis, H. C. (1996). The psychological measurement of cultural syndromes. *American Psychologist*, 51, 407-415.

Turiel, E. (1977). Conflict and transition in adolescent moral development. The resolution of desequelibrium through structural reorganization. *Child Development,* 48, 634-637.

Turiel, E. (1983). *The development of social knowledge, morality and convention.* Cambridge: University Press.

Van Horn, K. R., & Marques, J. C. (2000). Interpersonal relationships in Brazilian adolescents. *International Journal of Behavioral Development,* 24, 199-203.

Waller, J. (2002). *Becoming evil: how ordinary people commit genocide and mass killing*. New York: Oxford University.

Wright, R. (1996). *O animal moral. Por que somos como somos: a nova ciência da psicologia evolucionista*. São Paulo: Editora Campus.

Zimbardo, P. (2008). *The lucifer effect: understanding how good people turn evil*. New York: Random House.

Thirty years of the moral judgment test: support for the dual-aspect theory of moral development[1]

Georg Lind

University of Konstanz

After the Moral Judgment Test (MJT) has been in use for more than 30 years, I feel it is time to check on its validity and fertility. For developing the MJT, I drew upon ideas from various sources, e.g., from philosophical ideas, e.g., Jürgen Habermas and Karl-Otto Apel's notion of ethical discourse competence, and from psychological concepts, e.g., Jean Piaget's notion of affective-cognitive parallelism, Kohlberg's definition of morality as a competence, Jim Rest's postulate of hierarchical moral preferences, and from various "cognitive-experimental" approaches to psychological measurement, e.g., Torgerson's concept of response scaling, Norman Anderson's cognitive algebra; Guttman's facet analysis.

My main intention was to assess, beside the affective aspect of moral orientation, also the cognitive aspect of moral behavior, namely *moral judgment competence*. This aspect has been hitherto neglected by psychological research or been inadequately addressed as a separate component of behavior. To make sure, that the MJT really measures these constructs, I have rigorously tested its theoretical validity by using four theoretical predictions or criteria found in the research literature: Hierarchy of moral orientations,

---

1 This chapter is based on a presentation at the conference of the Association for Moral Education (AME), Nov. 3-5, 2005, Cambridge, MA. I like to thank Thomas E. Wren for his invaluable help in revising this paper, James Fearns and Patricia Knoop for proof-reading. Yet, I take all responsibility for remaining mistakes.

quasi-simplex-structure of the inter-correlations of these orientations, competence aspect of moral behaviour, and affective-cognitive parallelism.

In more than three decades of research, the MJT has stood the test of time. In numerous experimental, longitudinal and correlational studies in many different countries and with many different participants, not a single study has so far refuted any of these four theoretical predictions. This is a remarkable achievement, because the MJT has been constructed solely on the basis of theoretical considerations and has not been submitted to empirical item selection. No attempts were made to improve its correlation with any of these four criteria or with age. Because of the theoretical validity of the MJT, the accumulated research evidence also demonstrates the empirical validity of the dual-aspect theory of moral behavior. MJT-research, including neuro-imaging studies, especially corroborates the notion that morality requires not only certain moral orientations but also the ability to act accordingly.

Moral judgment research: conjectures and refutations

The advancement of our knowledge of morality depends strongly on the advancement of measurement in this domain and vice versa. We need tests in order to validate our theories. On the other hand, we need knowledge about the nature of morality in order to design adequate methods of measurement and data analysis. In other words, our measurement tools rest as much on assumptions as they reflect reality. All our observations are "soaked with theory", wrote the philosopher Karl Popper (1968a, p. 387). "There is no measurement without a theory and no operation which can be satisfactorily described in non-theoretical terms. The attempts to do so are always circular" (p. 62). Elsewhere he stated, "There is no such thing as 'pure experience', but only experience interpreted in the light of expectations or theories which are 'transcendent'" (Popper, 1934/1968b, p. 425)[2]. Thus, the scope and limits of our knowledge of morality determine what we can measure and how well we can measure it. The late Lawrence Kohlberg (1984) called this process "bootstrapping" and "saving circularity":

> I have already noted that there is a certain circularity involved in assumptions about truth of a theory and validity

2 "For example, the description of the measurement of length needs a (rudimentary) theory of heat and temperature-measurement; but these, in turn, involve measurements of length" (Popper, 1968a, p. 62).

> of a test. Only a bootstrapping spiral can make this a saving circularity. [...] saving circularity is at the heart of scientific epistemologies of pragmatism of Charles Sanders Pierce and John Dewey (p. 424).

This spiral process usually sets in when our knowledge does not work well anymore, that is, when our predictions fail. Then we look out for "bold ideas, unjustified anticipations, and speculative thought" (Popper, 1968b, p. 280), create new theories, design new measurement tools, test these tools, and gather data to test the empirical validity of the new theories, hoping for a "progressive problem shift" (Lakatos, 1972). A progressive problem shift is a decisive condition for scientific progress because it lets us "predict some novel, hitherto unexpected fact [and] leads us to the actual discovery of some new facts" (Lakatos, 1972, p. 118).

However, this process can also go wrong in two ways. First, we can immunize our theories against any falsification by creating tests in such a way that they always support our theories, or by rejecting inconsistent data as caused by measurement error or lack of test validity. Lakatos has called this a "degenerating problem shift", as it immunizes the theory against falsification and hinders any scientific progress.

Second, we may ignore the fact that a particular measurement tool is soaked with theory and that it may be soaked with the wrong theory, and still use it for testing a theory's empirical validity. In other words, the hidden psychological assumptions about the nature of morality built into some psychometric test may be totally at odds with the assumptions of the theory for which it is used.

The dual-aspect theory

The dual-aspect theory of moral behavior and development, I believe, is such a "progressive problem shift" in the domain of moral psychology and education. This theory states that moral behaviour must be described in terms of affective and cognitive aspects, that is, in terms of the moral orientations which this behavior expresses and the moral competencies which it reveals. In emphasizing the dual nature of moral thinking and behaviour, this theory overcomes the constraints and inconsistencies of the two older and still prevailing paradigms in this domain, namely behaviorism and "motivationalism".

Behaviorism defines the morality of an action which conforms to culturally given norms or rules (e.g., Hartshorne & May, 1928; Skinner, 1971). Typically, the "morality" of behavior is measured by observing people's reactions in situations in which they are tempted to transgress social norms. No attention is given to their own moral motives and principles. The limitations of the behaviorist norm-conformity approach are most succinctly pointed out by two outspoken behaviorists, namely Hartshorne and May (1928). On the very last page of their research report, after their experiments did not produce the expected moral trait, they admit that behavior cannot be studied without reference to an actor's motives:

> The essence of the act is its pretense. Hence it can be described and understood only in terms of the human elements in the situation. It is not the act that constitutes the deception, nor the particular intention of the actor, but the relation of this act to his intentions and to the intentions of his associates (p. 377).

Motivationalism is the theory that moral action is caused mostly, if not solely, by moral intentions and affects (see, e.g., Emler, Renwick, & Malone 1983; Haidt, 2001). Morality is seen as belonging solely to the "affective domain" of human behavior and not to the "cognitive domain" (Bloom, Engelhart, Hill, Furst, & Krathwohl 1956; Krathwohl, Bloom, & Masia, 1964). Hence, this approach uses exclusively tests of moral preferences, and moral value inventories. Many of these tests were designed to measure people's preferences in regard to moral values set forth by religious or philosophical authorities. One of the best known moral attitude tests is the *Defining Issues Test* (DIT) by James Rest and his associates (Rest, 1979, 1986). The DIT (P-index) measures "the relative importance give[n] to principled moral considerations on making a moral decision" (Rest, 1979, p. 101), that is, "the amount of post-conventional thinking (in contrast to other kinds of thinking) preferred by the participant" (Narvaez, 1998, p. 15). Studies using this test of moral preferences, for example, could show that "moral judgment changes [...] from a preference for preconventional thinking to a preference for conventional to one for post-conventional thinking" (p. 14, footnote 1).

Emler (1996) has pointed out a severe limitation of confining moral behavior to moral preferences, omitting the cognitive aspect of moral thinking and behavior:

> With respect to validity, I have argued that scores on the DIT may reflect a person's political attitudes and not only their developmental level (Emler *et al.*, 1983). Debate on this question continues [...], but I believe the possibility remains that the effects of various kinds of educational experience, as revealed by evidence from DIT scores, may in part or in whole be attitude change effects. This possibility is particularly strong with respect to the effects of participation in higher education (p. 119).

Emler alludes here to the fact that moral preferences and orientations can be simulated to meet the expectations of the experimenter, i.e. they are influenced by the so-called social-desirability effect. If participants in an educational program sense, or are explicitly told, what kind of effects are expected from the program, they often kindly comply with these expectations. Indeed, Emler *et al.* (1983) could show in their experiment that the P-score of the DIT could be simulated in any direction if the subjects were instructed to do so. This experimental finding may explain why a direct approach to moral teaching seems to be highly effective in regard to moral preferences (Penn, 1990), and why older participants in a dilemma discussion show larger "gains" in moral preferences than younger subjects (Schläfli Rest, & Thoma, 1985). After a round of debate (Markoulis, 1989), Rest and his associates acknowledge that the DIT is only a measure of moral preferences: "We [...] have eliminated the faking study from our set of the validity criteria" (Rest *et al.*, 1999, p. 115).

Moral motives, intentions, and other affects are indispensible aspects of moral behavior. Without moral orientations there would be no moral behavior. Yet, they are not sufficient (Pittel & Mendelsohn, 1966). As Kohlberg (1964) proposed, morality has also a very important *competence* aspect[3], which links moral orientations and preferences on the one hand with everyday action and decision-making on the other.

We speak of *aspects*, not of components. This is an important distinction. Components are separable classes of behavior which are to be measured with different instruments[4]. In contrast, aspects are distinguishable, though

3 Already in his seminal book *The descent of man*, Charles Darwin (1874/1966) mentions moral abilities, by which he means man's ability to treat others like oneself (p. 169), and the ability to reflect on one's past actions and their motives, accepting some and rejecting others (p. 268).

4 As Higgins (1995) notes, it is hardly possible, to assess cognitive components in isolation: "However, one should note that there are cognitive aspects to all of Rest's components, and Kohlberg's idea of a stage as a structured whole or a world view cuts across Rest's componential model" (p. 53).

inseparable properties of a pattern of behavior. Piaget and Inhelder (1969) characterized the relationship between affective and cognitive affects of behavior this way:

> Affectivity constitutes the energetics of behavior patterns whose cognitive aspect refers to the structures alone. There is no behavior pattern, however intellectual, which does not involve affective factors as motives; but, reciprocally, there can be no affective states without the intervention of perceptions or comprehension which constitute their cognitive structure. [...]. The two aspects, affective and cognitive, are at the same time inseparable and irreducible (p. 158; see also Piaget, 1954/1981; Lourenço & Machado, 1996).

In a similar vein, Kohlberg (1958) argues:

> A systematic general observation of moral behavior, attitudes, or concepts in terms of such a set of formal criteria of morality [...] cross-cuts the usual neat distinctions between moral knowledge or beliefs on the one hand and moral behavior or motivation on the other, since a moral act or attitude cannot be defined either by purely cognitive or by purely motivational criteria (p. 16).

Measuring cognitive-structural aspects

While the affective aspects of moral judgment behavior are conventionally assessed as the preferences for certain moral orientations, cognitive-structural aspect needs to be assessed in a new way (Broughton, 1978). Piaget (1932/1965) used *clinical interviews*, in which subjects were not just observed but were confronted with a rather difficult moral task, as in an intervention-experiment. "Piaget [...] used judgments plus explanations (instead of judgments only) as criteria for operational competence, and considered counter-suggestions essential to the clinical method" (Lourenço & Machado, 1996, p. 146). He "assessed necessary knowledge by a variety of means – the child's justifications, her or his resistance to a variety of perturbing counter-suggestions or to cues of perceptual seductions are cases in point" (p. 154).

Kohlberg (1958) followed Piaget's methodological steps, using the clinical method and difficult moral tasks like moral dilemmas and counter-suggestions in order to observe participants' moral judgment *competence*:

> We felt that it would be easier to analyze qualitatively a case in which the situation demanded more than a child could respond to than to analyze a case in which a child wanted more challenge than the situation could provide (p. 76).

Kohlberg (1958) continues:

> On three questions [...] the interviewer disagreed with the child and gave an argument to influence the child to change his mind. This argument was designed to be as 'low level' as possible, and was based on a ten-year-old pre-test response. If the child maintained his previous response, a second 'high-level' argument was offered to the child (p. 78).

The clinical-experimental assessment method developed by Piaget and Kohlberg is based on the assumption that structural properties of a participant's responses are real and observable: "Most [developmental] changes are changes in qualitative (structural-organizational) aspects of responses. [...] A really new mode of response is one that is different in its form or organization, not simply in the element or the information it contains" (Kohlberg, 1973, p. 498).

According to Kohlberg (1984):

> The responses of subjects to the dilemmas and their subsequent responses to clinical probing are taken to reflect, exhibit, or *manifest* the structure. [...] There can be no error in the sense of a mistake in inferring from a judgment to some state of affairs concurrent with, prior to, or subsequent to the [scorer's] judgment (p. 407).

Colby *et al.* (1987) say:

> We are concerned with actual moral judgment. [...] what is going to make a difference when that individual is faced with an actual moral choice [...] What we care about is how

> moral judgments are made when [a moral principle] is actually applied to values in conflict (p. 58).

Manifest structures or pattern of behavior can only be observed if the assessment method is properly designed. In the words of Kohlberg (1984):

> In order to arrive at the underlying structure of a response, one must construct a test, [...] so that the questions and the responses to them allow for an unambiguous inference to be drawn as to the underlying structure. [...] The test constructor must postulate structure from the start, as opposed to inductively finding structure in content after the test is made. [...] If a test is to yield stage structure, a concept of that structure must be built into the initial act of observation, test construction, and scoring; it will not emerge through pure factor-analytic responses classified by content (pp. 401-402).

Probably under the growing pressure of mainstream psychology (e.g., Kurtines & Greif, 1974; for an opposing view see Broughton, 1978), Kohlberg and his associates gave up most of their methodological innovations. In contrast to Kohlberg's earlier insights, they later de-emphasized the use of counter-arguments and counter-suggestions (Colby *et al.*, 1987, p. 161, p. 186) and considered structure as "unobservable or hypothetical. [...] The structures themselves can never be observed" (Kohlberg., 1984, p. 242). Therefore, they no longer assess the structural properties of a *pattern* of responses but try to infer these properties from the content of the items: "My colleagues and I [...] have required each item in the manual to clearly reflect the structure of the stage to which it is keyed" (Kohlberg, 1984, p. 403). "Each item must have face validity in representing the stage as defined by the theory" (p. 410).

At the same time, the concept of moral competence became confused by an unfortunate distinction between (observable) "performance" and (unobservable) "competence". This distinction was borrowed from Noam Chomsky, who used it to describe the relationship between grammatical rules (competence) and concrete speech (performance). Some Kohlbergians translated it to mean that moral behavior (= performance) follows from moral judgment (= competence) in a similar way as speech follows from grammar. However, this distinction rendered moral competence an unobservable entity. To make things worse, this distinction is alien to cognitive-structural theory, as Lourenço and Machado (1996) have pointed out: "Piaget realized that to oppose competence and performance is to create a false dichotomy" (p. 149). Habermas (1983), who initially sympathized with this distinction, finally conceded, that "competence can only be observed through real performances [...] otherwise these competencies could not be measured" (p. 199; my transl.).

The *Moral Judgment Test*[5]

We have designed the Moral Judgment Test (MJT) to assess simultaneously both affective and cognitive aspects of moral judgment behavior, i.e., moral orientations and moral judgment competence. It has been designed to bridge the notorious gap between psychological theory and methodology by picking up Kohlberg's original methodological ideas as I have outlined them above and at other places (Lind, 1978, 1982, 1989, 2008; Lind & Wakenhut, 2010). It is not a psychological test in the traditional sense but a N = 1 clinical experiment. Because the MJT is constructed on the basis of a well-developed theory and a large body of research, clear and rigorous criteria exist for its validation. Because the construction of the MJT did not involve item selection in order to increase the correlation of its index with external validity criteria like age and stage sequence, it is an unbiased tool for theory testing.

As we have seen above, classical methods of test construction and test analysis ("validity", "reliability", "consistency" etc.) are far less neutral towards psychological theories than most psychological researchers seem to believe. They contain implicit psychological assumptions about the nature of human behavior and development which are at odds with modern psychological insights:

> Test theory that dominates educational measurement today [is] the application of 20th century statistics to 19th century psychology. Sophisticated estimation procedures [...] applied within psychological models that explain problem-solving ability in terms of a single, continuous variable [...]. Educational measurement faces today a crisis today that

5 Note that the MJT has been constructed only for use in scientific research and evaluation studies but not for diagnosing or selecting individuals or group of individuals or for high-stakes testing. For usage guidelines please see: <http://www.uni-konstanz.de/ag-moral/>. I wish to thank the many colleagues who have helped to construct, examine and revise the MJT, especially those who have been involved in an early phase of test validation: Tino Bargel, Rainer Döbdert, Thomas Krämer-Badoni, Gertrud Nuner--Winkler, Gerhard Portele (†), and Roland Wakenhut (†).

> would appear to threaten its very foundations (Mislevy as cited in Frederiksen Mislevy, & Bejar, 1993, p. 19).

For example, conventional methods of test construction are based on the implicit assumption that "inconsistency" in participants' responses reflects nothing but measurement error, ignoring the fact that people's traits can be quite different in regard to the structure or organization of their behavior (see above; also Lind, 1982, 1989, 2008). Yet, so-called response inconsistency or measurement error is an important source of information about a person's moral-cognitive organization or moral judgment competence. Hence, the MJT has been designed to use the consistency of rating of arguments in regard to their moral quality as an index of moral judgment competence (the C-index).

While there is a long tradition of measuring *attitudes* in the moral domain and the methodology of measuring attitudes, values and the like is well-developed, defining and measuring *competencies* in the moral domain is new. Kohlberg (1964) was the first to explicitly define *moral judgment competence* as "[...] the capacity to make decisions and judgments which are moral (i.e., based on *internal* principles) and to act in accordance with such judgments" (p. 425; emphasis added). Note that this definition refrains from imposing specific moral values on each and every individual but requires only that each individual – regardless of culture – pursues her or his moral values in a morally consistent manner.

If we wish to assess a particular ability, we must first define an adequate task. Therefore, in order to measure *moral* judgment competence it is necessary to define a *moral* task. When we constructed the MJT in the 1970ties, we considered several options (Lind, 1978, 2008; Lind & Wakenhut, 2010). Informed by the theory of communicative ethics (Habermas, 1983; Apel, 1988/1990), by Piaget's use of "counter-suggestions" in his clinical interviews (see also Inhelder, Sinclair, & Bovet, 1974) and by Keasey's (1974) research on adolescents' ability to deal with counter-arguments, we envisioned a communication situation in which the participants is confronted with arguments supporting and opposing his or her stance on a moral dilemma. We believed that dealing with arguments and especially with counter-argument would be a challenging task for more respondents and that moral feelings would be aroused with which he or she had to cope with. As research has shown, sometimes these emotions can get so strong that cognitive processes like moral reasoning and judgment are severely hampered (e.g., Keasey, 1974; Damasio, 1994).

How does the Moral Judgment Test work? At the beginning of each dilemma-experiment, the subject is requested to read a short moral dilemma story, and to judge the decision of the protagonist: "Was he/she doing right or wrong?" This task is to prime moral feelings in the respondent. It sets the stage for the actual experiment, in which the participant has to rate six arguments in favor and six against the decision of the protagonist, and, therefore, also for and against his or her own evaluative judgment. Each argument represents one of Kohlberg's six types (stages) of moral orientation (Kohlberg, 1984)[6]. This makes it possible to measure to which extend participants attend to the moral quality of the arguments. Since each argument is related to either of two dilemmas, to either of two sets of arguments (pro and contra), and to one of six type of moral orientations, the whole set of arguments in the MJT form a fully crossed 2 × 2 × 6 experimental design for each participant.

Thus, the *pattern* of responses to the 24 arguments of the MJT shows to which degree a participant takes the moral quality of the arguments into account when judging them. To obtain a quantitative measure for this degree of moral considerations, we calculate the proportion of response variance accounted for by moral concerns and multiply this number by 100 so that the resulting "C-score" can range from 0 to 100[7]. The C-score reflects the degree to which an individual participant rates the arguments of the MJT in regard to their moral quality rather than in regard to their opinion agreement or other aspects of the situation like dilemma-context. A C-score of zero means that the participant has not attended at all to the moral quality of the arguments; a C-score of one hundred means that the he or she has rated the arguments solely for their moral quality.

How does the MJT, and especially its C-score, reflect moral development? An answer to this question emerges when we assemble various experimental and anecdotal evidence from MJT research (Lind, 1985, 2002, 2008):

- When responding to the MJT as part of a battery of tests and questions, participants get noticeably excited. While they are usually very calm when filling in survey questionnaires, here they show various signs of excitement: straightening their body, touching their head,

6 Note that we use Kohlberg's six categories only for describing the affective aspect of moral judgment (i.e., moral orientations) but not for describing the cognitive side of development. Temporarily, Kohlberg reduced his six stage-types to five, but returned to the six again later (Kohlberg, Boyd, & Levine, 1990).

7 Note that the psychological meaning of the C-score is based not only on the numerical calculation of variance components (consistency) but also on the task involved in the MJT. A test which does not incorporate a moral task does not allow us to measure moral competence even if one calculates an index similar to the C-score.

mumbling, making faces etc. Obviously, the MJT triggers some (moral?) affects in the participants.

- In a very low phase of their development, participants take a stance on the dilemma but not, as required, respond to the subsequent arguments. Typical answers go like this: "Why should I go through all this? I did already say what I think about the issue!" It seems that at this stage, respondents do not understand the function of arguments or reasons. The seemingly simple task of judging arguments cannot be coped with.
- On the next level, respondents respond to the given arguments but only to the *supporting* arguments (pro-arguments) and *not* to the counter-arguments. "I skipped these arguments because I disagree", said one respondent. Maybe because of such responses, Kohlberg and his colleagues largely dropped counter-suggestions from their interviewing schedule (Colby *et al.*, 1987; Lind, 1989), and Rest decided against them when constructing his *Defining-Issues-Test*[8].
- However, at the age of ten, the lowest age for which the MJT is suited[9], most participants can deal with all arguments, even with counter-arguments, yet in a peculiar way. At this age hardly anyone attends to the *moral quality* of the arguments but only to their *opinion-agreement* or disagreement (Keasey, 1974). All *supporting* arguments are accepted without any sign of doubt (all getting "+4" ratings in the MJT), and all *opposing* arguments are definitely rejected (all getting "-4" ratings in the MJT). For such a pattern of responses, the C-score is zero. A C-score of zero indicates that a respondent's moral orientations may exist but are too weak to overrule other factors in this situation like opinion-agreement.
- First signs of a more sophisticated moral judgment show up when participants begin to discriminate between the moral qualities of an argument, often starting with the *pro*-arguments. They discover that not all supporting arguments are morally good. Some supporting ar-

---

8 "The artificiality of the [con] statement interfered with its usefulness in studying modes of reasoning. For the most part, information from these statements was useless and had to be eliminated from the analysis" (Rest, 1979, p. 89).

9 For children of this age and for participants with low educational training, some special adaptations need to be made, like, e.g., larger font, more spacing between the lines, shorter response scales (from -2 to +2, instead of -4 to +4), and some technical assistance needs to be given like explanations of unfamiliar terminology.

gument may be inadequate or even bad, just as not all "friends" are of good character and should be considered a true friend.

- At some later point of development children discover that not all *counter*-arguments are bad, but that some may even appeal to moral ideals which they hold themselves. At this point the C-score really starts to climb up on the C-scale, which ranges from 0 to 100.
- However, moral judgment and discourse competence does not develop evenly in all life domains. It seems that people may show a highly developed moral judgment competence in one domain and a low one in another. We came across this phenomenon of "moral segmentation" in MJT studies in Latin-American countries like Brazil, Colombia, and Mexico. There college students got much lower C-scores than their European counterparts (Bataglia *et al.* 2002; Bataglia, Schillinger-Agati, Lind, & Quevedo, 2003; Lind, 2000a; Moreno, 2005). Because these studies mostly involved college students with a very affluent background, some hypothesized that they lacked motivation to respond to the so-called workers dilemma. However, a separate analysis of the two dilemmas revealed that not the moral judgment competence shown in this dilemma was suppressed but in the mercy-killing dilemma. Thus the phenomenon of moral segmentation may be related to the religious culture in these countries. This phenomenon resembles findings by Roland Wakenhut (1982) and his colleagues in their studies of German soldiers. Soldiers showed higher C-scores in civilian dilemmas than when the dilemma was placed in a military context. These and other findings on moral segmentation make me believe that these difference of level of moral development in different life domains do not, as Piaget maintained, reflect an intra-psychic process of developmental *decalage* but that it reflects the influence of powerful cultural agencies like the church, the military and other social institutions.
- A high C-score (of about 40 and higher) is reached if the participant, when evaluating an argument, focuses predominantly on its moral quality but hardly on the arguments' opinion-agreement or on cultural dogmas. On this level of moral-democratic maturity, the participants are able to enter a moral discourse about controversial issues and maintain such a discourse even with opponents.

Four research-based criteria for MJT's validity

Does the MJT measure what it is supposed to measure? We have checked on this question of validity on the basis of four theory-based criteria concerning both aspects of moral behaviour: the hierarchical preference order of moral orientations (Kohlberg, 1958, 1976; Rest, 1973; Lind, 1978), the simplex structure of the inter-correlations of moral orientations (Kohlberg, 1958), the competence nature of moral behavior (Kohlberg, 1964; Lind, 2002), and the parallelism of moral orientations and moral competencies (Piaget, 1965, 1976, 1981).

Criterion # 1: Hierarchical preference order of moral orientations

In the MJT, *moral orientation* is defined as the subject's mean *acceptability ratings* of all arguments that represent a particular stage. Because the standard MJT has two dilemmas, and in each dilemma there are two arguments – one *in favor* and one *against* the respondent's decision on the dilemma – for each of the six Kohlbergian moral orientation is represented by four items. The respondent can choose a number from "-4" ("I completely *reject* it") to "+4" ("I completely *accept* it").

Kohlberg (1958, 1984) and Rest (1973) have compiled ample evidence suggesting that the highest moral orientations are preferred by most people regardless of social background, education, age and gender. The psychiatrist Max Levy-Suhl (1912) found that even juvenile delinquents valued universal moral principles more highly than conventional or pre-conventional reasons. In many MJT studies, this finding is clearly corroborated (see Wischka, 1982; Lind, 2002). University students as well as delinquents of the same age revealed the identical hierarchical order of moral preferences or attitudes (Figure 1).

The preference for post-conventional moral orientations seems to be a universal phenomenon (Gielen & Markoulis, 1993). Indeed, MJT studies in various cultures show that the Hierarchical Preference Order of the six Kohlbergian moral orientations is ubiquitous: everywhere, type 6 orientations preferred the most and type 1 preferred the least (Lind, 1986, 2002, 2005; Schillinger, 2006). As an example the findings from our five-country study of 1st semester university students is depicted in Figure 2.

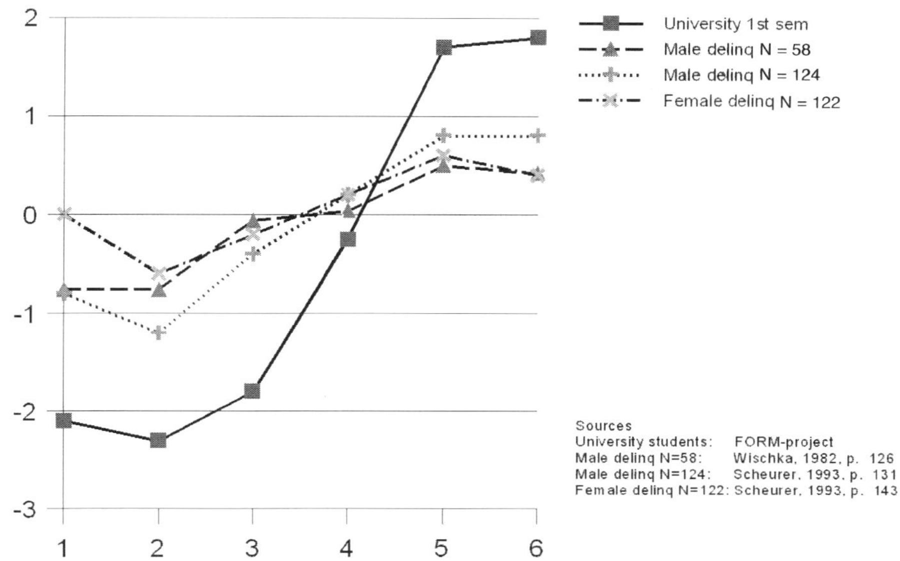

Figure 1. The preferences for the six Kohlbergian orientations (stages) are hierarchically ordered. This is true for non-delinquent and for delinquent young adults. Source: Lind (2002).

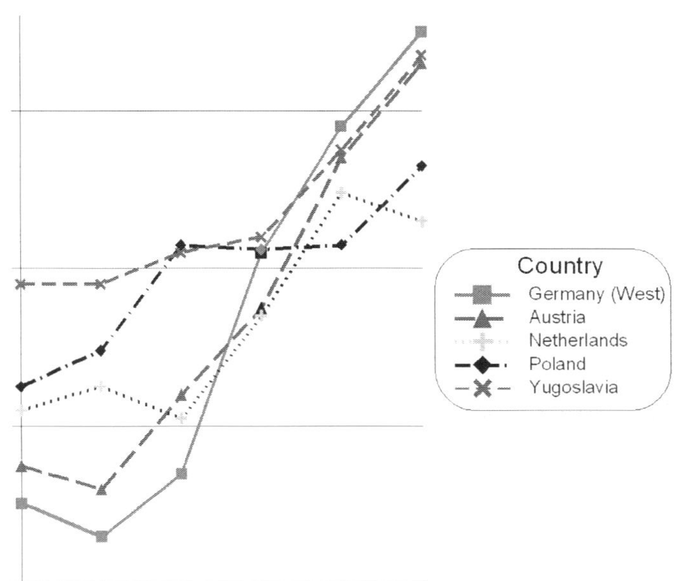

Figure 2. The hierarchical preference order of the six Kohlbergian moral orientations by 1st semester university students in five European countries in the late 1970ties, while Poland and the former Yugoslavia were under communist rule. Source: FORM-project (see Lind, 2002).

Criterion # 2: Quasi-simplex structure of the inter-correlations of moral orientations

In his dissertation study, Kohlberg (1958) hypothesized that his six moral orientations (or stages) should be inter-correlated in such a way that they form a quasi-simplex[10]:

> The relevant rationale seemed to be suggested by the thinking of L. Guttman. This thinking specifies some necessary, though not sufficient conditions for inferring a developmental sequence. If certain tests or items or dimensions stand in a developmental sequence, with regard to one another, then a certain pattern of associations should hold between them. [...] Such a pattern in quantitative data is called a "simplex" by Guttman (pp. 82-83).

Kohlberg employed a graphical inspection method to evaluate the goodness of fit of his data. Like a medical doctor who looks at an X-ray picture for signs of some disease, he judged the goodness of fit of his data by visual inspection of the correlation matrices obtained in his study.

We have used two statistical methods to assist this visual inspection. Formerly we used a method for reordering the correlations in order to maximize the simplex structure (Nagl & Walter, 1986). If the application of this method suggests an ordering of the six stages different from the one Kohlberg postulated we would regard this as a violation of the validity criterion. Yet this method is still rather crude and insensitive.

Today we use principle component analysis (which is similar to factor analysis, except that the diagonal of the correlation matrix contains ones rather than estimates of reliability) with *simple varimax* rotation. The criterion predicts that the analysis should produce *two* factors and that the *factor loadings* of each orientation should lie on a circle, being perfectly ordered from orientation type one to six. Because research findings suggest that the rank order between stages 1 and 2 as well as between stages 5 and 6 are not as clear as between the other stages, we allow for small deviations from this prediction.

---

10 Often, in literature the terms simplex and quasi-simplex are used in an interchangeable way. The term quasi-simplex is used if sizable error measurements are allowed. A perfect simplex is reasonable only if measurement errors are negligible. I prefer the weaker assumption, i.e., quasi-simplex, though one could also argue otherwise. I wish to thank Debbie D. Reese for this clarification.

Note that even with this tolerance for deviations, this prediction is very risky as *it is a priori* probability is very low. Theoretically, there are 6 (!) (that is, 6 × 5 × 4 × 3 × 2 × 1 = 720) ways in which the stages can be ordered. Hence, the probability that they are ordered in the predicted way only by chance is p = 1/720 = 0,0013 for one individual!

Ideally, the factor loadings should look like that in Figure 3, if the data confirm to the hypothesis of a quasi-simplex. I submitted Kohlberg's correlation matrix to principle component analysis, getting the graph depicted in Figure 4. Comparing Kohlberg's data with an ideal simplex-structure from fictitious data shows that they fit well though not perfectly. Note that Kohlberg's (1958) used *relative* frequency of stage usage in interviews as an indicator of moral orientations (we call them *ipsative* because they always add up to 100 percent), implying that most indices must correlate negatively with one another (as some percentages rise, others must go down by definition).

Studies using the MJT show an even better fit to the simplex criterion than MJI-studies. Figure 5 shows the findings from German first semester university students in the 1970ties. This finding has been replicated in each and every study which uses a validated version the MJT. All studies show also a good or very good fit of response pattern with the simplex structure predicted by Kohlberg (1958).

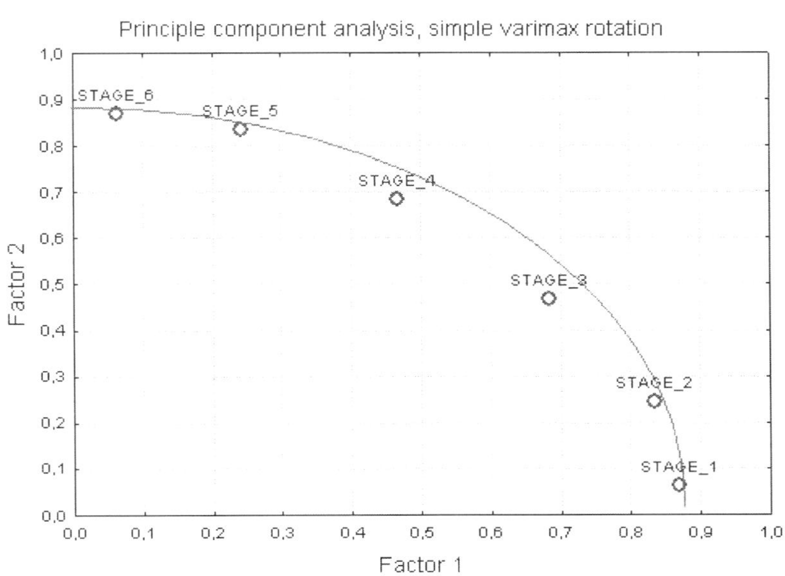

Figure 3. Ideally, the correlations between the six Kohlbergian orientations (stages) form a quasi-simplex structure.

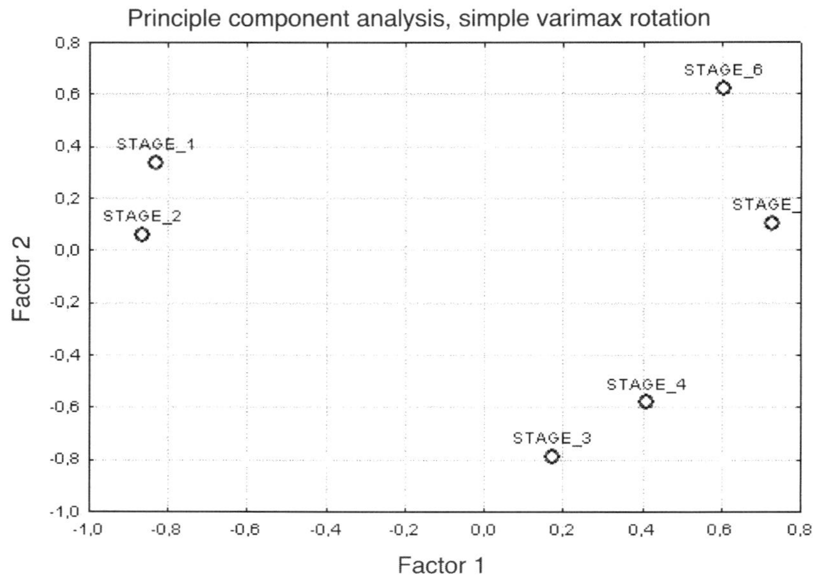

Figure 4. The correlations between the frequencies of "stage-use" in Kohlberg's Moral Judgment Interview resemble a quasi-simplex structure. Source: My principled component analysis of the correlations reported by Kohlberg (1958, p. 84). The simple varimax rotation resulted in an unusual pattern of factor loadings because Kohlberg's index of stage usage is an ipsative measure, forcing many correlations to be negative.

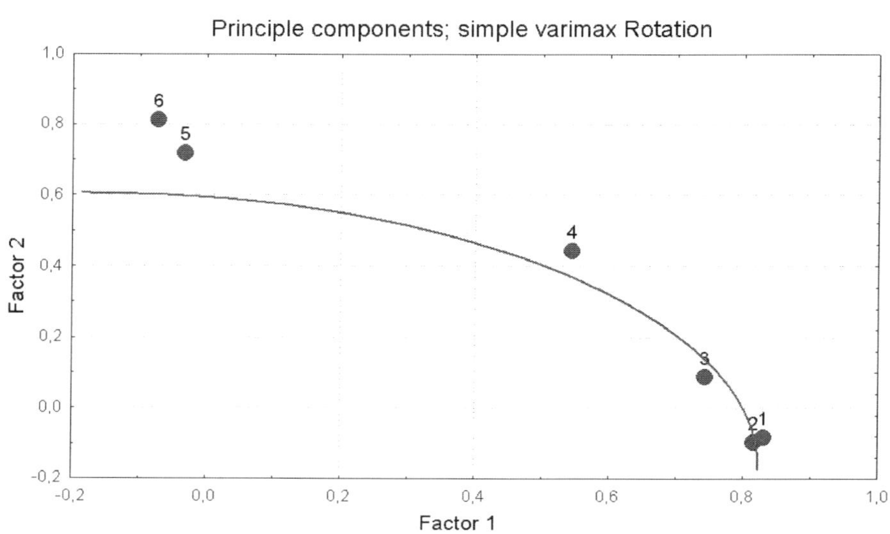

Figure 5. The factor loadings of the preferences for the six orientations form a quasi-simplex. Data source: FORM-project, German, 1st semester university students, N = 746 (for more details see Lind, 2002).

Criterion # 3: The competence nature of moral behavior

Moral judgment *Competence* is a genuine ability, and not merely an *orientation, ideology* or *attitude*. While Kohlberg (1964) acknowledged the affective nature of moral judgment, i.e., moral orientations and preferences, he maintained that moral behavior is also determined by the "capacity to make decisions and judgments which are moral (i.e., based on internal principles) and to act in accordance with such judgments" (p. 425). Because the C-score has been constructed to index this competence aspect, it should not be possible to fake it upwards.

MJT research corroborates this most important postulate of modern moral psychology. There is a strong competence aspect involved in moral behavior. In their experimental study, Emler *et al.* (1983) showed that participants could successfully be instructed to fake their preferences for post-conventional moral reasoning (low scoring participants were able to push their P-score of the Defining Issues Test upward after being instructed to simulate the responses of high-scoring subjects (Figure 6, graph on the left). However, in a replication of this experiment with the MJT (see Lind, 2002), participants were not able *to* simulate the C-index of the MJT upwards but only downwards (Figure 6, graph on the right). In Figure 6 the *solid* line shows the data of the critical group, namely the initially "low-scoring" group, which scored low on the first administration of the DIT and the MJT. Before taking their test a second time, the participants were instructed to simulate the responses of the other, high-scoring group. In both experiments the low-scoring group were students who indicated that they were politically conservative or rightist, and the high-scoring group were students who described themselves as being progressive or leftist. Wasel (1994) supported the competence hypothesis in a modified experiment with the MJT. In addition, he found that subjects with high C-scores were better able to diagnose other people's moral judgment competence than subjects with low C-scores.

The role of moral judgment competence in moral decision-making has recently been supported also by brain research. Prehn *et al.* (2008) have shown through a fMRI study that moral judgment competence (as measured with the MJT) is highly correlated (r = 0.45) with brain activities in the dorsolateral prefrontal cortex. The lower the participant's moral judgment competence (as measured with the MJT), and the longer he or she needs to solve a moral conflict and the longer the neurons in the right frontal part of the brain are active. In this part of the brains moral feelings and moral consciousness are coordinated (Damasio, 1994; Robertson *et al.*, 2007).

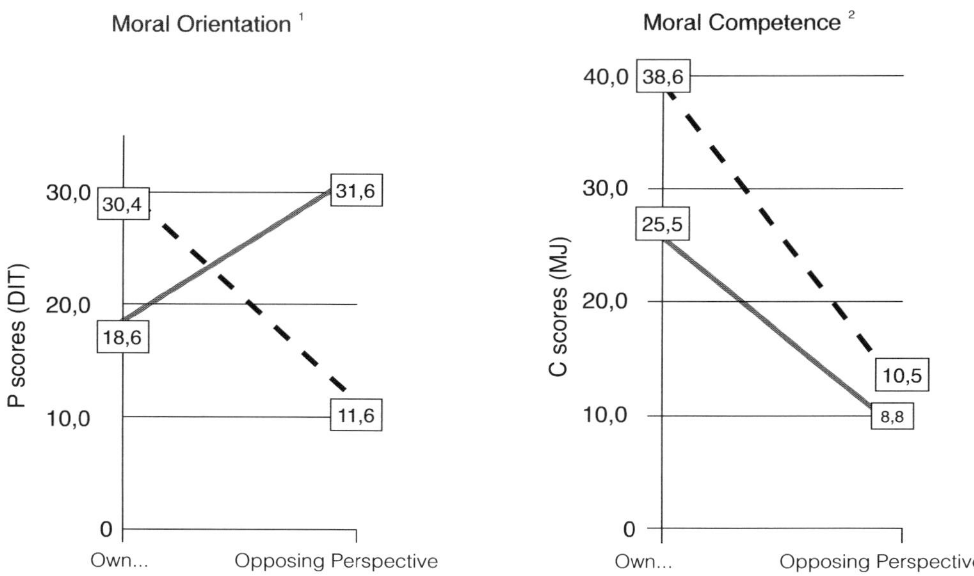

Source
1) Emler, N., Renwick, S. & Malone, B. (1983).
2) Lind. G. (2002).

Figure 6. Emler *et al.* (1983) was able to instruct participants with low moral development index to simulate the moral preferences of participants with a high index (P-score of the DIT, left graph). In the second experiment by Lind (2002), the participants with an initially low moral judgment competence were not able to fake their moral judgment competence upwards (C-score of the MJT, right graph).

Criterion # 4: Affective-cognitive parallelism

Piaget (1951, 1976, 1981; Piaget & Inhelder, 1966/1969) holds that affective and cognitive aspects of behavior are “parallel”. This assumption of parallelism concerns the development of both aspects and their empirical correlation. For a long time this hypothesis could not be tested empirically, because there no method of measurement was available which let us assess affect and cognition simultaneously as “distinct” and yet “inseparable” aspects of behavior (Piaget, 1976, p. 71). The Moral Judgment Test, it seems, is the first instrument which allows this.

MJT studies support very well Piaget’s hypothesis of correlational parallelism. In Figure 7, the findings from a study of German 1st semester university students are depicted as an example (for more examples, see also Lind, 2008).

The C-score correlates systematically with the six Kohlbergian stages of moral orientation: it correlates highly negative with the preference for low stage reasoning, and highly positive with the preference for high stage reasoning, with the other correlations in between. In other words, the higher the moral judgment competence of people, the more clearly they reject low stage moral reasoning as inadequate, and the more clearly they prefer stages 5 and 6 orientations as an adequate basis for a moral discourse about a moral dilemma. However, note that this is true only for observations in "regular" situations. Affective-cognitive parallelism seems to become unobservable if something is at stake for the subject. In such situations, the subjects may simulate socially desirable moral orientations "upward" or may, because of time pressure or social control, exhibit a lower level of moral judgment competence than they are actually capable of.

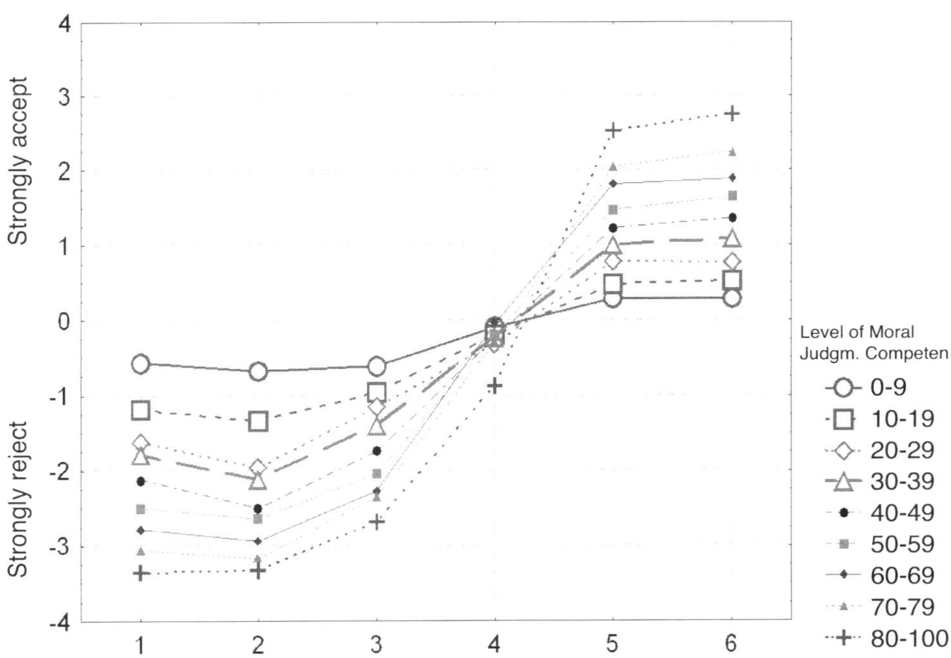

Figure 7. Affective-cognitive parallelism: 1The higher the moral judgment competence, the more participants prefer higher moral orientations and reject lower orientations. 2Source: FORM-Project, University of Konstanz (see Lind, 2002). Data of 1st semester university students, N = 746, 1977, Germany.

Conclusion

Good measurement and progress in scientific understanding depend on each other. Our understanding of the process and conditions of moral development depends as much on good measurement, as good measurement depends on our knowledge of this object (see, e.g., Messick, 1995). Obviously, we first need to know what we intend to assess before we can say how valid our measurement is and what the scores mean. Therefore, progress in the two fields is not linear but mutually dependent. It is, as Kohlberg (1981) called it, a "bootstrapping" process in which we base the construction of new measurement methods on the facts which we already know, in order to explore further yet unknown grounds.

The validation procedure chosen for the MJT was theory-based. This contrasts with other more conventional methods of test validation. These tests are made by selecting and revising items in order to maximize the correlation of test scores with certain validity criteria like stage invariance, age, education or political attitudes. In contrast, the MJT has been constructed without item selection in order to avoid a tautology. If a test is constructed to maximize its correlation with age, it should not be surprising that its scores highly correlated with age. Such a validation method produces a tautology[11].

The main purpose of the MJT is to assess what Kohlberg (1973) called the structural-organizational aspects of responses: "A really new mode of response," he states, "[...] is one that is different in its form or organization, not simply in the element or the information it contains" (Kohlberg, 1973, p. 498).

We designed the MJT on the basis of Kohlberg's notion that "the responses of subjects to the dilemmas and their subsequent responses to clinical probing are taken to reflect, exhibit, or *manifest* the structure" (Kohlberg, 1984, p. 407). Like he we were, in the words of Colby *et al.* (1987):

> [...] concerned with actual moral judgment. [...] what is going to make a difference when that individual is faced with an actual moral choice. [...] What we care about is how moral judgments are made when [a moral principle] is actually applied to values in conflict (p. 58).

11 Even Kohlberg (1976) was not immune against such tautology: "Our conception of construct validity implies assignment of individuals to stages in such a way that the criterion of sequential movement is met" (p. 47). Colby *et al.* (1987) also state "[...] the appropriate question is whether the interview and scoring system provides a valid assessment of moral judgment stage [...] the Standard Issue Scoring [...] yields scores that agree very closely with the theoretical predictions of invariant sequence and internal consistency" (p. 71). Similarly, Rest (1979) regards "[...] the demonstration of age trends as crucial" (p. 143) for the validity of his Defining Issues Test (DIT). Hence, both tests are biased in favor of the assumption that moral development is correlated with age.

So the findings produced by MJT-studies tell us also something about the empirical validity of the dual-aspect-theory of moral behavior. They clearly support its core assumptions:

Morality has a strong competence aspect, which could be demonstrated by a series of experiments, including a fMRI imaging study of the brain.

Regardless of cultural background (and regardless of age, gender, and education), people prefer moral orientations (as defined by Kohlberg) in the predicted stage order.

Moral orientations exhibit a developmental order as neighboring orientations are stronger correlated with one another than more distant orientations.

The affective and the cognitive aspect of moral behavior are parallel, that is, the higher people's moral judgment competence, the more they prefer principled moral reasoning over lower stage reasoning (if the test situation does not involve high stakes).

Aside from this, MJT research revealed a new phenomenon, namely the phenomenon of "moral segmentation" (see Wakenhut, 1982; Lind, 2000a; Schillinger-Agati & Lind, 2003). This phenomenon needs more attention in further studies.

However, the data produced by MJT research let us refute Kohlberg's assumption of invariant sequence of moral development. There is much evidence that moral judgment competence can regress. For example, regression has been found in graduates from German middle school who enter a vocational training program or the workforce directly (Lind, 2002), and in medical school students, whose moral judgment competence erodes during study (Lind, 2000b). This moral regression in medical students has also been found in a longitudinal study by Helkama *et al.* (2003), using Kohlberg's *Moral Judgment Interview* method.

Three of the theoretical criteria (preference hierarchy, quasi-simplex-structure, and affective-cognitive parallelism) for validating the German master version of the MJT, have been also used for test validation of 30 foreign language versions of the MJT (Lind, 1986, 1995, 2008). They helped to test the cross-cultural validity of the MJT. They make sure that the different language versions are semantically and pragmatically equivalent. Moreover, because the C-score does not require the participants to rank the six moral orientations in the same way (though actually they mostly do), this index is not biased by a certain moral value system. This made it possible to study moral judgment competence in many different cultures (Lind, 2005).

The MJT research has important practical implications, especially for education. On the one hand, these findings clearly demonstrate that the preference for post-conventional moral reasoning seems to be a universal phenomenon. Hence there seems to be no need to "teach" or "instil" moral values, but rather a need to teach moral competencies, that is, the ability to apply one's own moral values to specific decision-making (Lind, 2007). On the other hand, these findings also show that favorable educational environments which offer at least some opportunities for responsibility-taking do foster moral development (Schillinger, 2006). The MJT has also been instrumental for developing the *Konstanz Method of Dilemma Discussion* (KMDD), which has been developed on the basis of Blatt and Kohlberg's (1975) method of dilemma discussion. Continuous evaluation studies using the MJT have helped to make the KMDD a very effective method of teaching (Lind, 2007).

References

Apel, K. O. (1988/1990). *Diskurs und Verantwortung. [Discourse and responsibility.] Das Problem des Übergangs zur postkonventionellen Moral.* Frankfurt: Suhrkamp.

Bataglia, P., Agati, M. M., Silva Torres, S., Zanoni Crivelaro, D. B., Oliviera, D. D., & Lencione Quevedo, T. (2002, November). *The development of moral competence and religious commitment in Brazil.* Paper presented at the meeting of the Association for Moral Education, Chicago.

Bataglia, P., Schillinger-Agati, M., Lind, G., & Quevedo, T. L. (2003, July). *Testing the segmentation hypothesis with an extended version of the MJT.* Poster presented at the meeting of the Association for Moral Education, Krakow.

Blatt, M., & Kohlberg, L. (1975). The effect of classroom moral discussion upon children's level of moral judgment. *Journal of Moral Education*, 4, 129-161.

Bloom, B. S., Engelhart, M. D., Hill, W. H., Furst, E. J., & Krathwohl (1956). *Taxonomy of educational objectives. Handbook I: cognitive domain.* New York: McKay.

Broughton, J. M. (1978). The cognitive-developmental approach to morality: a reply to Kurtines and Greif. *Journal of Moral Education*, 7, 81-86.

Colby, A., Kohlberg, L., Abrahami, A., Gibbs, J., Higgins, A., Kauffman, K., Lieberman, M., Nisan, M., Reimer, J., Schrader, D., Snarey, J., & Tappan, M. (1987). *The measurement of moral judgment. Volume I, Theoretical foundations and research validation.* New York: Columbia University Press.

Damasio, A. (1994). *Descartes' error: emotion, reason and the human brain.* New York: G. P. Putnam's Son.

Darwin, C. (1874/1966). *The descent of man, and selection in relation to sex. The works of Charles Darwin* (P. H. Barrett, & R. B. Freeman, Eds.). London: Pickering.

Emler, N. (1996). How can we decide whether moral education works? *Journal of Moral Education*, 25, 117-126.

Emler, N., Renwick, S., & Malone, B. (1983). The relationship between moral reasoning and political orientation. *Journal of Personality and Social Psychology*, 45, 1073-80.

Frederiksen, N., Mislevy, R. J., & Bejar, I. I. (Orgs.). (1993). *Test theory for a new generation of tests*. Hillsdale, NJ: L. Erlbaum.

Gielen, U. P., & Markoulis, D. (1993). Preferences for principled moral reasoning: a developmental and cross-cultural perspective. In L. L. Adler, & U. P. Gielen (Orgs.). *Cross-cultural topics in Psychology* (pp. 73-87). Westport, Connecticut: Praeger.

Habermas, J. (1983). *Moralbewußtsein und kommunikatives Handeln. [Moral consciousness and communicative action.]* Frankfurt: Suhrkamp.

Haidt, J. (2001). The emotional dog and its rational tail: a social intuitionist approach to moral judgment. *Psychological Review, 108*(4), 814-834.

Hartshorne, H., & May, M. A. (1928). *Studies in the nature of character. Vol. I: Studies in deceit, Book one and two*. New York: Macmillan.

Helkama, K., Uutela, A., Pohjanheimo, E., Saliminen, S., Koponen, A., & Rantanen-Vantsi, L. (2003). Moral reasoning and values in medical school: a longitudinal study in Finland. *Scandinavian Journal of Educational Research*, *47*(4), 399-411.

Higgins, A. (1995). Educating for justice and community: Lawrence Kohlberg's vision of moral education. In W. M. Kurtines, & J. L. Gewirtz (Orgs.). *Moral development: an introduction* (pp. 49-81). Boston: Allyn & Bacon.

Inhelder, B., Sinclair, H., & Bovet, M. (1974). *Learning and the development of cognition*. Cambridge, MA: Harvard University Press.

Keasey, C. B. (1974). The influence of opinion-agreement and qualitative supportive reasoning in the evaluation of moral judgments. *Journal of Personality and Social Psychology*, 30, 477-482.

Kohlberg, L. (1958). *The development of modes of moral thinking and choice in the years 10 to 16*. Doctoral dissertation, University of Chicago, USA.

Kohlberg, L. (1964). Development of moral character and moral ideology. In M. L. Hoffman, & L.W. Hoffman (Orgs.). *Review of child development research* (Vol. I, pp. 381-431). New York: Russel Sage Foundation.

Kohlberg, L. (1973). Stages and aging in moral development: Some speculations. *The Gerontologist*, 13, 497-502.

Kohlberg, L. (1976). Moral stages and moralization: the cognitive-developmental approach. In T. Lickona (Org.). *Moral development and behaviour: theory, research and social issues* (pp. 31-53). New York: Holt, Rinehart & Winston.

Kohlberg, L. (1981). *The meaning and measurement of moral development. The Heinz Werner Lecture Series* (Vol. 13). Worcester, MA: Clark University Press.

Kohlberg, L. (1984). *Essays on moral development, Vol. II, The psychology of moral development*. San Francisco, CA: Harper & Row.

Kohlberg, L., Boyd, D., & Levine, C. (1990). The return of Stage 6: its principle and moral point of view. In T. E. Wren (Org.). *The moral domain: essays in the ongoing discussion between philosophy and the social sciences* (pp. 151-181). Cambridge, MA: MIT Press.

Krathwohl, D. R., Bloom, B. S., & Masia, B. B. (1964). *Taxonomy of educational objectives. Handbook II: Affective domain*. New York: McKay.

Kurtines, W. M., & Greif, E. B. (1974). The development of moral thought: review and evaluation of Kohlberg's approach. *Psychological Bulletin*, 81, 453-470.

Lakatos, I. (1972). Falsification and the methodology of scientific research programs. In I. Lakatos, & A. Musgrave (Orgs). *Criticism and the growth of knowledge* (pp. 91-196). Cambridge: University Press.

Levy-Suhl, M. (1912). Die Prüfung der sittlichen Reife jugendlicher Angeklagter und die Reformvorschläge zum § 56 des deutschen Strafgesetzbuches. *Zeitschrift für Psychotherapie*, 232-254.

Lind, G. (1978). Wie misst man moralisches Urteil? Probleme und alternative Möglichkeiten der Messung eines komplexen Konstrukts. In G. Portele (Org.). *Sozialisation und Moral* (pp. 171-201). Weinheim: Beltz.

Lind, G. (1982). Experimental questionnaires: a new approach to personality research. In A. Kossakowski, & K. Obuchowski (Orgs.). *Progress in psychology of personality* (pp. 132-144). Amsterdam, NL: North-Holland.

Lind, G. (1985). The theory of moral-cognitive judgment: a socio-psychological assessment. In G. Lind, H. A. Hartmann, & R. Wakenhut (Orgs.). *Moral development and the social environment: Studies in the philosophy and psychology of moral judgment and education* (pp. 21-53). Chicago: Precedent.

Lind, G. (1986). Cultural differences in moral judgment? A study of west and east European university students. *Behavioral Science Research*, 20, 208-225.

Lind, G. (1989). Measuring moral judgment: a review of "The Measurement of Moral Judgment" by Anne Colby, Lawrence Kohlberg *et al*. *Human Development*, 32, 388-397.

Lind, G. (1995, November). *Cultural fairness and the measurement of morality*. Paper presented at the Conference of the Association for Moral Education (AME), New York, USA.

Lind, G. (2000a). *Off limits: a cross-cultural study on possible causes of segmentation of moral judgment competence*. Presentations at the AERA Conference. New Orleans.

Lind, G. (2000b). Moral regression in medical students and their learning environment. *Revista Brasileira de Educação Médica, 24*(3), 24-33.

Lind, G. (2002). *Ist Moral lehrbar? Ergebnisse der modernen moralpsychologischen Forschung [Can morality be taught? Research findings from modern moral psychology.]* Berlin: Logos-Verlag.

Lind, G. (2005, August). *The cross-cultural validity of the Moral Judgment Test: findings from 30 cross-cultural studies.* Paper prepared for the American Psychological Association APA.

Lind, G. (2007). *La moral puede enseñarse: manual teórico-práctico de la formación moral y democrática.* México: Trillas.

Lind, G. (2008). The meaning and measurement of moral judgment competence revisited: A dual-aspect model. A revised version of this paper is to appear in D. Fasko, & W. Willis (Orgs.). *Contemporary philosophical and psychological perspectives on moral development and education* (pp. 185-220). Cresskill. NJ: Hampton Press.

Lind, G., & Wakenhut, R. (2010). Testing for moral judgment competence. In G. Lind, H. A. Hartmann, & R. Wakenhut (Orgs). *Moral judgement and social education* (pp. 79-105). Rutgers, NJ: Transaction Books.

Lourenço, O., & Machado, A. (1996). In defense of Piaget's theory: a reply to 10 – common criticisms. *Psychological Review*, 103, 143-164.

Markoulis, D. (1989). Political involvement and socio-moral reasoning: testing Emler's interpretation. *British Journal of Social Psychology*, 28, 203-212.

Messick, S. (1995). Validity of psychological assessment: validation of inferences from persons' responses and performances as scientific inquiry into score meaning. *American Psychologist*, 50, 741-749.

Moreno, C. (2005, November). *Moral education in higher education and the transformation of a concern: a historical account.* Paper presented at the 31st annual meeting or the Association for Moral Education, Cambridge, Mass.

Nagl, W., & Walter, H. G. (Orgs.). (1986). *Konstanzer Statistisches Analyse System KOSTAS. Bericht 37.* Zentrum I Bildungsforschung. University of Konstanz, Germany.

Narvaez, D. (1998). The influence of moral schemas on the reconstruction of moral narratives in eighth graders and college students. *Journal of Educational Psychology*, 90, 13-24.

Penn, W. (1990). Teaching ethics: a direct approach. *Journal of Moral Education*, 19, 124-138.

Piaget, J. (1951). *Play, dreams and imitation in childhood.* New York: Norton.

Piaget, J. (1932/1965). *The moral judgment of the child.* New York: The Free Press.

Piaget, J. (1976). The affective unconscious and the cognitive unconscious. In B. Inhelder, & H. H. Chipman (Orgs.). *Piaget and his school* (pp. 63-71). New York: Springer.

Piaget, J. (1954/1981). *Intelligence and affectivity: their relation during child development.* Palo Alto, CA: Annual Reviews.

Piaget, J., & Inhelder, B. (1966/1969). *The psychology of the child*. Basic Books.

Pittel, S. M., & Mendelsohn, G. A. (1966). Measurement of moral values: a review and critique. *Psychological Bulletin*, 66, 22-35.

Popper, K. R. (1968a). *Conjectures and refutations*. New York: Harper & Row.

Popper, K. R. (1934/1968b). *The logic of scientific discovery*. London: Hutchinson.

Prehn, K., Wartenburger, I., Mériau, K., Scheibe, C., Goodenough, O. R., Villringer, A., Van der Meer, E., & Heekeren, H. R. (2008). Influence of individual differences in moral judgment competence on neural correlates of socio-normative judgments. *Social Cognitive and Affective Neuroscience, 3*(1), 33-46.

Rest, J. R. (1973). The hierarchical pattern of moral judgment: a study of patterns of comprehension and preference of moral stages. *Journal of Personality*, 41, 86-109.

Rest, J. R. (1979). *Development in judging moral issues*. Minneapolis, MI: University of Minnesota Press.

Rest, J. R. (1986). *Moral development: advances in research and theory*. New York: Praeger.

Rest, J. R., Narvaez, D., Bebeau, M. J., & Thoma, S. J. (1999). *Postconventional moral thinking: a neo-Kohlbergian approach*. Mahwah, NJ: Erlbaum.

Robertson, D., Snarey, J., Ousley, O., Bowman, D., Harenski, K., & Kilts, C. (2007). The neural processing of moral sensitivity to issues of justice and care: an fMRI study. *Neuropsychologia, 45*(4), 755-766.

Scheurer, H. (1993). *Persönlichkeit und Kriminalität: Eine theoretische und empirische Analyse*. Regensburg: S. Roderer Verlag.

Schillinger. M. (2006). *Learning environment and moral development: how university education fosters moral judgment competence in Brazil and two German-speaking countries*. Aachen: Shaker Verlag.

Schillinger-Agati, M., & Lind, G. (2003, April). *Moral judgment competence in Brazilian and German university students*. Paper presented at the AERA conference in Chicago.

Schläfli, A., Rest, J. R., & Thoma, S. J. (1985). Does moral education improve moral judgment? A meta-analysis of intervention studies using the Defining Issues Test. *Review of Educational Research*, 55, 319-352.

Skinner, B. F. (1971). *Beyond freedom and dignity*. New York: Bantam/Vintage.

Wakenhut, R. (1982). Lebensweltliche Moral und moralische Segmentierung bei Unteroffizieren der Bundeswehr. In P. Klein (Org.). *Das strapazierte Rückgrat: Unteroffiziere der Bundeswehr* (pp. 309-327). Baden-Baden: Nomos Verlagsgesellschaft.

Wasel, W. (1994). *Simulation moralischer Urteilsfähigkeit. Moralentwicklung: eine kognitiv-strukturelle Veränderung oder ein affektives Phänomen?* Konstanz: Unveröffentlichte Diplomarbeit, Fachgruppe Psychologie, Universität Konstanz, Alemanha.

O conceito de empatia na Psicologia

Cleonice Camino
Verônica Luna
Júlio Rique

Universidade Federal da Paraíba

Em um dos trechos de sua obra *Os sete saberes necessários à educação do futuro*, Morin (2000) estima que a compreensão humana deva ser uma das finalidades da educação de amanhã. Do seu ponto de vista, a compreensão humana vai além da explicação intelectual ou objetiva das coisas materiais, pois envolve um conhecimento do outro, ou seja, envolve empatia. Por conseguinte, diz ele,

> [...] se vejo uma criança chorando, vou compreendê-la, não por medir o grau de salinidade de suas lágrimas, mas por buscar em mim minhas aflições infantis, identificando-a comigo e identificando-me com ela. O outro não apenas é percebido objetivamente, é percebido como outro sujeito com o qual nos identificamos e que identificamos conosco, o ego alter que se torna alter ego. Compreender inclui, necessariamente, um processo de empatia, de identificação e de projeção (Morin, 2000, p. 95).

Morin (2000) acrescenta que "[...] a compreensão mútua entre os seres humanos, quer próximos, quer estranhos, é daqui para a frente vital para que as relações humanas saiam de seu estado bárbaro de incompreensão" (p. 17). Os autores deste trabalho concordam com Morin sobre a importância da compreensão humana para a educação. Da mesma forma, endossam a sua advertência sobre a necessidade de incluir a empatia como uma variável mediadora dessa compreensão, para o desenvolvimento de uma sociedade mais solidária, voltada para o respeito mútuo, a cooperação e o cumprimento dos direitos humanos.

Nesse contexto, os resultados de várias investigações, sobretudo nas áreas da Psicologia Social e da Psicologia do Desenvolvimento, apontam para uma relação positiva entre empatia e comportamentos pró-sociais (Aronfreed, 1968; Bar-Tal, 1976; Davis, 1983; Eisenberg & Miller, 1990; Escrivá, Garcia, & Navarro, 2002; Gaertner & Dovidio, 1977; Hoffman, 1982; Staub, 1979).

Com base nessas considerações, o presente estudo procura investigar até que ponto a empatia pode ser um fator relevante para a realização de comportamentos que propiciam o bem-estar do outro. O objetivo principal é saber em que medida uma melhor compreensão sobre a empatia pode advir da análise de como esse conceito tem sido abordado por diferentes áreas da Psicologia. Intrinsecamente relacionado a isso, procura-se discutir a importância de outros conceitos diretamente vinculados à empatia, tais como: *role-taking*, simpatia e angústia pessoal.

Conforme Wispé (1990), a ideia de empatia apareceu primeiramente na Psicologia da apreciação estética alemã, em 1873, com Robert Vischer. Esse autor utilizou o termo *Einfühlung* para designar a projeção do eu para dentro do objeto de beleza. Posteriormente, em 1895, *Einfühlung* foi traduzido por Vernon Lee, na literatura inglesa, como "simpatia", com o entendimento de que esse termo deve ser empregado quando houver o sentimento envolvido na percepção. A palavra "simpatia" – "com sentimento" – expressa também felicidade, como um estado vivido internamente que provoca o retesamento de músculos e leva a movimentos plenos. Ao contrário da primeira concepção de *Einfühlung* como projeção, na *Einfühlung* como simpatia é o objeto que provoca o sentimento no indivíduo. Segundo Wispé (1990), Vernon Lee descobriu a ideia básica da imitação muscular no processo de simpatia, enquanto Lipps, que muitos julgam ser o descobridor da empatia, tem o mérito de haver sistematizado o uso do conceito na Psicologia.

A empatia no campo da Psicologia Geral Experimental

Lipps (1903 como citado em Wispé, 1990) desenvolveu suas ideias sobre *Einfühlung* em seus estudos sobre ilusão de ótica. Verificou que a ilusão era produzida pela projeção de características internas do observador sobre a configuração do estímulo. Em 1905, Lipps voltou-se para uma explicação de *Einfühlung* como conhecimento do *self* e do outro. Atualmente, esse processo é relacionado ao *role-taking* e é compreendido como podendo ser um primeiro passo para a empatia. O conhecimento do *self* e do outro depende da influência dos sentimentos mediante a percepção de guias externos. Na medida em que esses guias tenham um significado para o observador, ocorrerá ressonância no sujeito, por meio de atividades internas. Lipps considera que há diferentes esferas de conhecimento: o conhecimento do eu, o conhecimento do outro e o das coisas, sendo *Einfühlung* ora projeção, ora ressonância.

Titchener (1909 como citado em Wispé, 1990) traduziu a palavra *Einfühlung* como *empathy*, derivando este termo da palavra grega *empatheia*, que significa literalmente "em" (en) "sofrimento ou paixão" (pathos). Segundo Wispé, fazer um sumário do que Titchener compreendeu por empatia não é uma tarefa simples, pois o conceito passou por mudanças ao longo de sua obra, além de a tradução de alguns de seus conceitos ser difícil para a linguagem atual da Psicologia. De início, ele concebia que o sentimento e a representação dos estados de outra pessoa seriam possíveis por uma espécie de imitação interior no "músculo da mente".

Assim compreendida, a empatia não significava a apreensão do outro por um processo puramente cognitivo. Em vez de ser pautada no estabelecimento de analogias entre os processos mentais pessoais e os do outro, significava um processo no qual o sentir ou representar o outro se fazia em termos de imagens visuais e cinestésicas. Posteriormente, Titchener passou a definir a empatia como uma tendência natural das pessoas para se sentirem dentro das situações que imaginam. "Empatizar" seria, por exemplo, arfar, recuar, sentir náusea ao tomar conhecimento de um acidente chocante. Com um núcleo imagético e um contexto feito de sensações cinestésicas e orgânicas, a empatia possibilita uma compreensão das atitudes, emoções e julgamentos morais entre as pessoas que têm similaridade intelectual e moral.

Portanto, em Titchener (1909 como citado em Wispé, 1990), o conceito de empatia sofreu mudanças. No início, o autor representou uma mistura de imagem visual, muscular e cinestésica, por meio da qual uma dada experiência torna-se possível. Em 1915, tornou-se um sentimento complexo e uma projeção do próprio eu sobre o objeto. Desse modo, Titchener identificou dois mecanismos na empatia: 1) trazer o outro para dentro de si, por meio de uma imitação interior; e 2) sentir-se dentro das situações e dos estados afetivos do outro.

Também na área da Psicologia Geral Experimental, Woodworth e Marquis (1959) fizeram referência à simpatia e à empatia. Para esses autores, sentir com o outro era simpatia. Eles consideravam que a simpatia era mais do que uma simples imitação. Ela expressava o desejo de sentir do mesmo modo que o outro, gostar do que o outro gostava e aborrecer-se com aquilo que aborrecia o outro. No sentido de esclarecer sua concepção, Woodworth e Marquis (1959) comentaram que: "[...] companheiros alegres, bem dispostos, nos contagiam com sentimentos de empatia, companheiros tristes contagiam-nos com sentimento de tristeza. Em meio à excitação, tendemos a excitar-nos, embora não tenhamos razões pessoais para tanto" (p. 421). Para eles, essas reações ainda deveriam ser demonstradas se são instintivas ou imitativas.

Por outro lado, segundo Woodworth e Marquis (1959), para "[...] simpatizarmos inteiramente com a outra pessoa, precisamos usar de imaginação, precisamos nos colocar em seu lugar e encarar as coisas do seu ponto de vista, [...] precisamos de experiência na conduta cooperadora" (p. 421). Essa concepção parece distinta da anterior, que enfatizava o contágio. A ideia do contágio pode ser compreendida como algo instintivo, natural; já a segunda – o desejo de sentir como o outro – parece refletir um esforço consciente e uma possibilidade mais complexa, que supõe o *role-taking*.

Quanto à empatia, Woodworth e Marquis (1959) a interpretaram como mais relacionada ao sentir o que o outro sente do que sentir com o outro. De acordo com as suas próprias palavras, "empatizar" quer dizer "sentir o que se passa no íntimo" e "sentir dentro da pessoa ou coisa" (p. 422).

Esses autores também sublinharam que, para "empatizar", é necessário imaginar-se na situação do outro e sentir como ele deve estar sentindo, o que não é necessariamente sentir aquilo que o outro sente. A esse respeito, os autores comentam que se pode antecipar, por meio da imaginação e do gesto, o que seria o comportamento do outro. "Empatizar" não seria fazer igual ao outro (imitação), mas fazer o que se pensa que o outro fará (imaginação) (Woodworth & Marquis, 1959).

Além dessas concepções de empatia, Woodworth e Marquis (1959) referem-se à empatia como a projeção, sobre um objeto, dos sentimentos do observador. A primeira visão é compatível com a de Vernon Lee, sobre a compreensão de *Einfünlung* como o prazer que um objeto provoca no indivíduo; a segunda assemelha-se a de Robert Vischer, encarando a empatia como projeção.

A empatia no campo da Psicologia da Personalidade

No início do século XX, registra-se a emergência da empatia no campo da Psicologia da Personalidade. Em seu trabalho *Psicologia coletiva e análise do eu*, escrito em 1921, Freud (1967) referiu-se à *Einfühlung* como uma forma de identificação – "assimilação dos sentimentos do outro". Para Freud, a identificação ou *Einfühlung* seria de grande importância, porque possibilitava a penetração no psiquismo de alguém que era estranho ao eu daquele que se identificava e permitia a adoção de uma atitude determinada em relação a outra vida psíquica.

Ainda na área da Personalidade, destaca-se Allport (como citado em Wispé, 1990), para quem a empatia significava a "[...] transposição imaginativa de si mesmo, para dentro do pensamento, sentimento e ação do outro" (p. 26) e envolvia imitação motora, inferência e intuição. Essa definição se assemelha às de simpatia e empatia como projeção.

No que diz respeito à Psicanálise Moderna, Wispé (1990) assinala a contribuição de Kohut, que, desde 1959 até a década de 1980, explorou o papel da empatia na aquisição de informação psicológica. Para Kohut (1959 como citado em Wispé, 1990), a empatia é tomada como uma "introspecção vicária", "um processo pelo qual nós pensamos dentro do outro", "nós próprios vivenciamos experiências internamente".

Também na área da Personalidade e da Psicoterapia, Moreno (1958/1973), ao estabelecer regras para as sessões psicodramáticas, apontou para a necessidade de que o protagonista se colocasse na pele do outro, para que cada participante não se sentisse só com os seus problemas. Julga-se que essas considerações de Moreno recobrem duas características do conceito de empatia: inferir o sentimento do outro e sentir como o outro.

Ainda na área da Personalidade e da Psicoterapia, na década de 1950, Rogers começou a se firmar como uma força na Psicologia. Em seu referencial teórico, o relacionamento do terapeuta com o cliente passou a ter grande centralidade. Reconstruindo o percurso do conceito de empatia, Rogers e Rosemberg (1977) mencionaram ter descoberto, de início, que só o fato de ouvir atentamente o cliente, em forma passiva de interação, era útil para o tratamento. Posteriormente, verificaram a necessidade de que o terapeuta, após apreender os sentimentos e emoções do cliente, passasse a refleti-los para ele. Essa prática terapêutica foi chamada por Rogers de "atitude empática". Em 1959, a empatia foi definida por ele como um estado que "[...] consiste em aperceber-se com precisão do quadro de referência interno de outra pessoa, juntamente com os componentes emocionais e os significados a ele pertencentes, como se fôssemos a outra pessoa, sem perder jamais a condição de 'como se'" (Rogers, 1959, p. 72).

Fortalecendo sua crença na força da empatia como um dos fatores mais importantes para a promoção de mudanças, Rogers preocupou-se em precisar esse conceito. Em 1975, afirmou que a empatia não devia mais ser vista como um estado, e sim como um processo, em que o terapeuta mergulhava no mundo do outro, deixando de lado o seu próprio ponto de vista. Para Rogers (1975), manter uma relação empática:

> [...] significa penetrar no mundo perceptual do outro. Requer sensibilidade constante para com as mudanças que se verificam nesta pessoa, em relação aos significados que ela percebe, ao medo, à raiva, à ternura, à confusão ou ao que ele/ela esteja vivenciando. Significa viver temporariamente sua vida [...]. Implica em transmitir a maneira como você sente o mundo dele/dela [...]. Significa frequentemente avaliar com ele/ela a precisão do que sentimos e nos guiarmos pelas respostas obtidas (p. 4).

De acordo com o autor, a capacidade de manter uma relação empática é passível de treinamento, tanto em termos cognitivos quanto em termos vivenciais.

Em seu livro *De la naissance a la parole*, Spitz (1968) referiu-se à empatia da mãe no contexto da díade mãe-criança, ao lado da percepção que o bebê tem do humor materno e dos seus desejos conscientes ou inconscientes. Ele sugeriu a existência de um canal de comunicação da criança para a sua mãe e desta para o seu filho, dedicando-se a explorar essa comunicação: "Eu já falei da sensibilidade quase telepática da mãe em relação à sua criança. Do meu ponto de vista, durante a gravidez e o período que se segue ao parto, as mães ativam suas capacidades potenciais para respostas sinestésicas" (p. 104). Analisando a evolução da relação mãe-criança, Spitz assinalou que, por volta do sete meses, o bebê distingue a feição de sua mãe e lhe atribui um lugar único perante a outros rostos. A partir de então, a criança preferirá olhar o rosto da mãe em vez de qualquer outro. Tal evidência o conduz à consideração acerca do papel da afetividade, que ele denominou como "angústia do oitavo mês", na constituição do objeto (p. 123): "As relações afetivas abrem a via do desenvolvimento perceptivo, [...] a criança faz uma diferença entre a mãe e os desconhecidos (isto é, de uma pessoa entre outras) dois meses antes de ser capaz de distinguir um objeto do outro" (p. 133). Segundo Spitz, essa evolução permite que o bebê apresente a imitação pelo gesto, que, por sua vez, é precursora do mecanismo de identificação propriamente dito e de uma comunicação recíproca e intencional. Para os autores do presente estudo, a identificação pode ser vista como análoga à empatia.

Dentro da área do desenvolvimento, personalidade e Etologia, situa-se a teoria das ligações afetivas de Bowlby (1969). Em sua descrição do desenvolvimento das primeiras ligações afetivas – *attachment* mãe-criança –, Bowlby assinala que, na quarta e última fase desse processo, a criança torna-se capaz de ver as coisas pelo ponto de vista de sua mãe, torna-se hábil para inferir os sentimentos e motivos dela. Essa aquisição pode ser interpretada como uma habilidade semelhante ao *role-taking*.

Ainda na área da Psicologia da Personalidade, mais especificamente no campo da Psicoterapia Comportamental, Dollard e Miller (1950) fornecem uma definição de empatia como "copiar sentimentos do outro ou responder com sinais emocionais apropriados à situação do outro".

A empatia na área do desenvolvimento sociocognitivo

Em sua teoria da moralidade, Piaget (1932) considerou o *role-taking* como uma habilidade cognitiva para intuir intenções, necessidades e sentimentos do outro. Essa aptidão enseja a possibilidade para o indivíduo considerar, em seus julgamentos, os sentimentos do outro, partilhar sentimentos do outro – respeito mútuo – e cooperar. Por outro lado, a consideração das intenções pode supor a cooperação e o respeito mútuo (p. 105). Considerando essas duas alternativas, a relação entre o *role-taking* e a cooperação, assim como a relação entre o *role-taking* e o respeito mútuo, pode ser vista como dialética.

A fim de determinar como a criança constitui uma ligação normal com os grupos sociais que a cercam, Piaget (1932) afirmou que "[...] a fonte psicológica dessa parte da nossa vida moral deve ser procurada na nossa faculdade de simpatizar e nas tendências altruístas e desinteressadas" (p. 289). Acrescentou que a criança não é puramente egoísta nem puramente altruísta, mas as duas coisas, se bem que em menor grau que o adulto. O autor também falou de uma "[...] afeição mútua e espontânea que leva a criança a atos de generosidade e mesmo a sacrifícios e a demonstrações tocantes que não são em nada prescritas" (p. 154).

Além disso, Piaget (1932) considerou que, em contrapartida aos sentimentos de ciúme e cólera, que apareciam na criança por volta dos oito aos doze meses, manifestavam-se o altruísmo e a partilha, em correlação com a imitação e a simpatia, igualmente precoces: "Nas ações e reações dos indivíduos uns sobre os outros, nasce a consciência de um equilíbrio necessário, obrigando e limitando tudo, o eu e o outro, ao mesmo tempo" (p. 254). Quanto à gênese da simpatia, Piaget explicou-a como fazendo parte de tendências instintivas. Entretanto, ele julgou que, na medida em que a criança desenvolve a capacidade de colocar-se no lugar do outro e reconhecer as necessidades do outro, um sistema de valores mais permanente, que inclui os sentimentos de simpatia e antipatia, é elaborado. Esse sistema permite a verdadeira cooperação e o verdadeiro respeito mútuo.

Também na perspectiva do desenvolvimento sociocognitivo, Flavell (1977) considerou três possibilidades em relação ao que podia ocorrer a uma pessoa diante de alguém que sentia uma dada emoção. Primeiro, pode manifestar-se uma empatia não inferencial ou não declarada, quando "[...] a expressão do sentimento do outro, de alguma forma, ativa um sentimento semelhante no observador – um tipo de contágio emocional – mas nenhuma cognição social relevante acompanha esse sentimento" (p. 29). Segundo, pode ocorrer uma empatia inferencial ou declarada ou, ainda, uma inferência empática: a criança infere algo acerca do sentimento do outro, de forma que ela própria tenha algum tipo de sentimento relacionado ao do outro, mesmo quando a inferência não é correta. Nesse caso, quando a criança sente com o outro, há empatia, quando sente pelo outro há simpatia. No terceiro caso, pode ocorrer a inferência não empática, isto é, a inferência de sentimento do outro não vem acompanhada por qualquer sentimento de si próprio. No primeiro caso, Flavell julgou que um simples mecanismo de condicionamento ou algum componente inato não aprendido poderia explicar a ressonância afetiva.

Ainda na área da Psicologia do desenvolvimento sociocognitivo, Kohlberg (1969) considerou a empatia como o aspecto emocional do *role-taking*. Para ele, o *role-taking* pode ser definido como "[...] tomar a atitude do outro, tornar-se conhecedor dos pensamentos e sentimentos, colocar a si mesmo em seu lugar" (p. 49). O lado emocional do *role-taking*, ele chamou de "empatia" ou "simpatia". Assim como outros cognitivistas (Flavell, 1968, 1977; Shantz, 1975), Kohlberg dicotomizou as reações empáticas, destacando seja o aspecto cognitivo (compreender o que o outro sente) seja o aspecto afetivo (sentir a mesma coisa que o outro). Em sua teoria moral, Kohlberg (1969, 1976) não privilegiou aspectos emocionais no julgamento de questões morais e, assim, não explorou a questão da empatia. Segundo o autor, a evolução moral seria decorrente de avanços cognitivos e do desenvolvimento da perspectiva social.

Dentro de um quadro de referência teórico semelhante ao de Kohlberg, Selman (1976) definiu o *role-taking* em termos do caminho que o indivíduo adota para diferenciar sua perspectiva da(s) do(s) outro(s) e para coordenar sua perspectiva com a(s) do(s) outro(s). Considerando esses dois processos – diferenciação e coordenação de perspectivas –, Selman previu uma evolução do *role-taking*, da infância para a adolescência, por meio de diferentes níveis ou estágios. Baseado nesses pressupostos, o autor definiu a empatia ou simpatia como uma capacidade de compreensão do sentimento do outro.

A empatia no campo do behaviorismo e da aprendizagem social

Dentro das perspectivas do behaviorismo e da aprendizagem social, relacionadas ao desenvolvimento sociocognitivo, situam-se as contribuições de Aronfreed (1968), Batson, Fultz e Shoenrade (1990), Eisenberg e Miller (1990), Feshbach (1990) e Staub (1978, 1979).

Ao procurar compreender a aprendizagem por imitação, Aronfreed (1968, 1976) colocou em evidência o papel da afetividade. Conforme esse autor, a imitação não se torna possível se a representação cognitiva do comportamento observado não corresponder às mudanças de estado afetivo reforçadoras para a criança. O processo empático, entre outros, facilita a apreensão de mudanças afetivas ao permitir ao observador sentir a experiência afetiva do outro, por meio de sinais manifestos pelo mesmo (comportamentos expressivos). Dentro dessa perspectiva, para Aronfreed (1968), a "[...] empatia pode referir-se à experiência afetiva de um observador, a qual é eliciada por guias de um estado afetivo correspondente ao comportamento expressivo de uma outra pessoa" (p. 115). O autor considera que a empatia pode algumas vezes ser sinônimo da experiência vicária. Isso acontece, por exemplo, quando, em ambas as experiências, são enfatizadas as respostas afetivas de um observador ativadas por guias provenientes da pessoa observada, em vez das respostas afetivas ativadas por guias do contexto em que se encontra a pessoa observada. Assim, para Aronfreed, a experiência vicária é sinônima de empatia, na medida em que a experiência afetiva de um observador corresponde ao que ele próprio sentiria no lugar do outro. Mas não é empática quando decorre apenas das condições que ele percebe como sendo aquelas em que o outro se encontra, dos guias situacionais que remetem o observador às suas experiências passadas.

Para Staub (1978), a empatia implica certo tipo de identificação com outra pessoa, podendo ser entendida como "[...] experiência vicária da emoção de outra pessoa, ou a experiência da emoção que o outro vivencia" (p. 44). Diferentemente de Shantz (1975), que considera o *role-taking* como idêntico à empatia, Staub entende que o *role-taking* é uma precondição, mas não uma garantia nem da experiência empática nem da ativação de valores e objetivos pró-sociais. Conforme Staub, o *role-taking* afetivo refere-se à capacidade de perceber os sentimentos do outro. Embora suponha que a empatia pode motivar atos os quais beneficiam a pessoa vítima de sofrimento, Staub reconhece que, dadas as dificuldades metodológicas em demonstrar a influência da empatia no comportamento, não há evidências diretas de que a empatia motive comportamentos de ajuda em situações de emergência.

No enfoque da aprendizagem social, Eisenberg e Miller (1990) apresentam uma definição de empatia que se aproxima da de Hoffman (1990). Para esses autores, a empatia é "[...] um estado afetivo proveniente da apreensão da condição ou estado emocional do outro, que é congruente com esta condição ou estado" (p. 292). Eles fazem uma diferenciação entre empatia e simpatia, considerando a simpatia como "[...] uma resposta emocional resultante da condição ou estado emocional do observador que não é idêntica à emoção do outro, mas que consiste no sentimento de piedade ou preocupação pelo outro" (p. 292).

Discutindo as reações emocionais que podem surgir diante do sofrimento de alguém, Batson *et al.* (1990) diferenciam dois tipos de sentimentos: "[...] a empatia pelo outro (simpatia) que experiencia a angústia e o sentimento de angústia pessoal, que é produzido pelo testemunho da situação do outro" (p. 163). No caso da empatia, a centração do sujeito está no outro que sofre e pode ser expressa pela ternura, compaixão, preocupação etc. No segundo caso, o foco é o próprio sujeito, cuja preocupação é aliviar a própria angústia. Para esses autores existem evidências consideráveis de que o sentimento de angústia pessoal evoca motivos egoístas (a necessidade de reduzir o próprio mal-estar). Por outro lado, dizem eles, ainda não está claro se a empatia, quando leva à redução do sofrimento do outro, ocorre por motivos altruístas ou egoístas (evitar a culpa proveniente da omissão, previsão de ganhos com o gesto dirigido ao outro etc.).

Em seu estudo sobre empatia parental e ajustamento da criança, Feshbach (1990) propõe um modelo integrativo-afetivo, segundo o qual

> [...] a reação empática afetiva é uma função de três fatores: 1) a habilidade cognitiva para discriminar guias afetivos no outro; 2) uma capacidade cognitiva mais amadurecida, baseada na tomada da perspectiva e do papel do outro; e 3) a sensibilidade emocional, ou seja, a habilidade afetiva para experimentar emoções (p. 272).

Nesse modelo, a diferenciação entre o eu e o outro está implícita. Note-se que Feshbach considera o seu modelo de empatia semelhante ao formulado por Hoffman, para quem a ativação empática, inicialmente automática e afetiva, modifica-se quando o sistema cognitivo se desenvolve.

A empatia no campo emocional/motivacional

Hoffman (1990, 2003) apresentou uma concepção eclética, que reúne ideias do desenvolvimento emocional e motivacional, do behaviorismo, do cognitivismo e da aprendizagem social. Ele aponta para a possibilidade de diferentes estágios na evolução da empatia.

O primeiro estágio corresponde à *empatia global*. Hoffman (1990, 2003) julgou que o choro do recém-nascido, despertado pelo choro de outros bebês, tem como mecanismo subjacente uma capacidade de mímica inata, que se manifesta automaticamente. Ele também considerou a resposta do choro como uma resposta condicionada. Dessa maneira, Hoffman (2003) caracterizou o choro como uma mistura de mímica e de condicionamento e, nesse caso, como um precursor rudimentar da angústia empática.

Essa forma de empatia evolui para a *empatia egocêntrica*. Nesse caso, a criança mostra que sente uma angústia pessoal intensa, quando uma coisa desagradável acontece com outra criança, mas confunde quem está realmente angustiado, se ela ou o outro. Assim, uma criança com angústia empática aliviará sua própria angústia na angústia do outro. Considerada dessa forma, a empatia egocêntrica não é propriamente uma empatia.

No estágio seguinte, aparece a *angústia empática quase egocêntrica*. Esse tipo de empatia caracteriza-se pelo fato de a criança já possuir, de forma rudimentar, um eu capaz de *role-taking* e, assim, não mais confundir a sua angústia empática (angústia em relação ao outro) com a própria angústia. Porém, nesse estágio, como a criança não conhece os estados internos do outro, ela procura ajudar o outro com algo que ajuda a ela própria.

Após essa forma de empatia, a criança pode chegar ao estágio da *verdadeira angústia empática*. Nesse estágio, a criança é capaz de "empatizar", com mais exatidão do que antes, com os sentimentos e necessidades do outro, em diferentes situações e pode ajudar o outro mais efetivamente. Com o avanço da idade, com o desenvolvimento da capacidade de *role-taking* e com a aquisição de conhecimentos metaempáticos e metalinguísticos, a capacidade de "empatizar" com o outro pode se tornar cada vez mais complexa.

Finalmente, o indivíduo pode tornar-se capaz de sentir a *angústia empática além da situação*. Nesse estágio, embora a pessoa "[...] continue a sentir empaticamente a angústia com respeito à dor ou desconforto imediato do outro, [...] pode também responder com angústia empática para o que ela imagina ser uma tristeza crônica do outro ou uma desagradável condição de vida" (Hoffman, 2003, p. 80).

Hoffman (1990, 2003) considera que a evolução desses estágios está intimamente relacionada ao avanço do *role-taking*. Entretanto, ele julga que é provável que as pessoas com elevada capacidade de *role-taking*, mesmo já sendo capazes de operar no último estágio de empatia, possam apresentar formas de empatia correspondentes a estágios mais elementares.

Baseado na distinção de estágios de empatia relacionados ao *role-taking* e a uma tendência altruísta, Hoffman (1976, 1990, 2003) considera que há dois sentimentos básicos de angústia: a angústia empática e a angústia simpática. A *angústia empática* corresponde às sensações afetivas de incômodo, desconforto ou angústia, experienciadas no *self*, quando o sujeito percebe que os outros estão sofrendo algum tipo de dano, injustiça ou desvantagem. A *angústia simpática* descreve uma motivação pró-social, a partir da experiência de angústia empática, que leva o indivíduo a buscar aliviar o sofrimento do outro. Essa forma de empatia é definida por Hoffman (1990), como "[...] uma resposta afetiva mais apropriada à situação do outro do que à de si própria" (p. 48).

Além desses dois sentimentos, Hoffman (1990, 2003) aponta para diversas formas de empatia: *culpa empática*, *raiva empática*, *justiça empática*, *angústia pessoal* e *angústia simpática*.

A empatia no campo da Etologia

Para alguns autores (Bowlby, 1969; Feshbach, 1990; Hoffman, 1990; Spitz, 1968), a empatia tem uma base biológica e está ligada a uma questão evolucionária. A esse respeito, Plutchik (1990) considera que se a empatia é um processo evolucionário deve atender a dois requisitos: 1) os animais apresentam padrões de comportamentos que são análogos aos relacionados à empatia em humanos; e 2) a empatia responde a uma determinada função.

Como exemplo do primeiro requisito, Plutchik (1990) narra a estória de uma pessoa que criava um bebê chimpanzé em casa e que, quando o bebê cresceu e tornou-se difícil mantê-lo em casa, colocou-o em um zoológico. Um ano depois, foi visitá-lo no zoológico. Quando viu o antigo dono, o chimpanzé correu para os seus braços e os olhos dele encheram-se de lágrimas. A interpretação de Plutchik é que ambos compartilharam um grande afeto, que a separação não diminuiu.

Quanto ao segundo requisito, Plutchik cita Gouzoules, Gouzoules & Marler (1984), que em sua pesquisa mostrou que pequenos macacos sul-africanos podem expressar pelo menos três sinais de alarme (expressões não difusas de ansiedade) diante de diferentes tipos de predadores (cobras, leopardos e águias), e que tais sinais são reconhecidos pelos congêneres, que respondem com distintos comportamentos, conforme cada situação. A interpretação de Plutchik é que esses sinais são expressões afetivas, que têm valor de sobrevivência para a espécie.

Além disso, Plutchik (1990) acredita que os animais emitem sinais ativadores de empatia, tanto durante a corte quanto nas demonstrações de acolhimento ou reconhecimento, de ostentação, de dominação, de submissão, de alarme, de desafio, de angústia etc. Para ele, todas essas manifestações têm em comum uma alta probabilidade de despertar, nos indivíduos destinados, sentimentos e comportamentos semelhantes.

Finalmente, Plutchik (1990) definiu a empatia como "[...] um processo pelo qual experiências emocionalmente significativas são compartilhadas por dois ou mais indivíduos" (p. 44). As emoções envolvidas nesse processo podem ser tanto positivas quanto negativas. De forma compatível com a sua descrição de empatia, Plutchik disse que a "[...] empatia, na verdade, não é uma emoção isolada, mas um processo de indução pelo qual emoções, positivas e negativas, são partilhadas, e as quais aumentam as chances de um comportamento similar nos participantes" (p. 43).

Conclusão

De uma forma geral, as definições de empatia focalizam aspectos cognitivos e afetivos do processo empático. As diferenças sobre as concepções referentes à empatia resultam de um maior ou menor acento nos componentes cognitivos (adoção do ponto de vista do outro) ou nos componentes afetivos (partilha do estado emocional do outro). Assim, os autores mais relacionados ao desenvolvimento sociocognitivo ressaltam a importância da apreensão de sentimentos, por meio do *role-taking*, no processo empático. Alguns deles, como Hoffman (1990, 2003), chegam a colocar, como requisito para a capacidade de partilhar o afeto, o avanço na capacidade de *role-taking*. Os autores da área da personalidade, quando se referem à empatia nas experiências do bebê ou da mãe do bebê, colocam o acento na importância da ressonância afetiva de origem inata. Porém, quando se referem à empatia nos processos terapêuticos, ressaltam a necessidade do terapeuta colocar-se intencionalmente no lugar do outro, de sentir o que o outro sente, mas distanciar-se do outro do ponto de vista afetivo.

Em relação aos mecanismos que dão origem à empatia e que possibilitam o seu desenvolvimento, os pesquisadores da área da Psicologia Social enfatizam as tendências fisiológicas e a aprendizagem por condicionamento e por observação. Os estudiosos da área de desenvolvimento sociocognitivo mencionam tendências inatas na origem da empatia, mas focalizam a importância de processos cognitivos relacionados ao *role-taking* no seu desenvolvimento. Por seu lado, os autores da área da Personalidade consideram que a empatia tem bases biológicas, mas não se preocupam em explicar o seu desenvolvimento. Assim, do ponto de vista da origem, de uma forma geral, essas três áreas da Psicologia assemelham-se à área da Etologia, que considera a empatia como um mecanismo de natureza inata, cuja função é garantir a sobrevivência da espécie.

A explicação da empatia como tendo um substrato biológico encontra respaldo em estudos recentes da neurociência, conforme revisão de Decety (2005). Nessa revisão, Decety considera que a capacidade humana, não consciente e autêntica, de partilhar a emoção do outro tem suas raízes na história evolutiva dos mamíferos sociais, que moldaram mecanismos de expressão e percepção das emoções. Por outro lado, o mecanismo de partilhar a emoção do outro mediante a capacidade de colocar-se em seu lugar (suspendendo temporária e conscientemente sua própria perspectiva subjetiva) é uma conquista mais recente e depende de capacidades executivas e avaliativas do córtex pré-frontal, que é particularmente desenvolvido nos grandes macacos e no homem.

Em relação à empatia como ressonância inconsciente e automática, Decety e Jackson (2006) citam um estudo que utilizou a neuroimagem funcional, indicando que a observação de expressões faciais de desgosto e sentimentos de desgosto ativaram regiões cerebrais muito semelhantes. No que se refere à empatia como capacidade de colocar-se no lugar do outro e imaginar o que sente o outro, o estudo de Ruby e Dlalen (2004 como citado em Decety & Jackson, 2006) indicou que julgamentos emocionais orientados para o eu e julgamentos emocionais orientados para o outro ativam diferentes circuitos neurais.

Independentemente das áreas de Psicologia enfocadas, destaca-se o fato de que Rogers é o teórico que mais explicita características relevantes do processo empático. Analogamente, Hoffman é o autor que oferece um melhor detalhamento dos aspectos psicológicos envolvidos em diferentes formas de empatia (culpa empática, raiva empática, justiça empática, angústia pessoal, angústia simpática) e dos aspectos envolvidos nos diferentes níveis de empatia (da ressonância empática à angústia empática além da situação).

Embora o foco deste trabalho não seja uma análise histórica, algumas considerações podem ser feitas neste sentido. Nota-se que, em cada período histórico, uma área da Psicologia valorizou mais o conceito de empatia. Assim, na primeira década do século XX, a empatia foi utilizada pelos experimentalistas para explicar processos perceptivos. Na década de 1920, a empatia passou a ser focalizada pelos psicoterapeutas e teóricos da Personalidade, que priorizavam o aspecto afetivo da empatia, considerando-o um fator importante nas relações interpessoais. Nos anos de 1930, a empatia tornou-se objeto de interesse dos teóricos cognitivistas, enquanto uma capacidade para tomar a perspectiva do outro. A partir da década de 1950, com o fortalecimento da corrente humanista, a empatia passou por uma nova valorização, por meio dos teóricos da área clínica. Por volta de 1960, os teóricos da aprendizagem social trabalharam o conceito da empatia na verificação dos fatores desencadeantes dos comportamentos altruístas e pró-sociais. Desde então, a empatia vem assumindo um papel cada vez mais importante na Psicologia Social e na Psicologia do Desenvolvimento. Essa importância sobressai quando se busca precisar melhor esse conceito a fim de não apenas integrá-lo a outros conceitos semelhantes e discutir questões metodológicas, mas também demonstrar a contribuição da empatia ao altruísmo, ao julgamento moral e à justiça, enfim, verificar o seu papel no desenvolvimento social.

Referências

Aronfreed J. (1968). *Conduct and conscience: the socialization of internalized control over behavior*. New York: Academic Press.

Aronfreed J. (1976). Moral development from the standpoint of a general psychological theory. In T. Lickona (Ed.). *Moral development and behavior: theory, research and social issues* (pp. 54-69). New York: Holt, Rinehart and Winston.

Bar-Tal D. (1976). *Prosocial behavior: theory and research*. New York: John Wiley & Sons.

Batson C. D., Fultz, J., & Schoenrade, P. (1990). Adults emotional reactions to the distress of others. In N. Eisenberg, & J. Strayer (Eds.). *Empathy and its development* (pp. 163-184). New York: Cambridge University Press.

Bowlby, J. (1969). *Child care and the growth of love*. London: Penguin.

Davis, M. H. (1983). Measuring individual differences in empathy: evidence for a multidimensional approach. *Journal of personality and social psychology*, *44*(1), 13-126.

Decety, J. (2005). Une anatomie de l'empathie. *Psychologie et neuropsychiatrie cognitives*, *3*(11), 16-24.

Decety, J., & Jackson, P. L. (2004). The functional architecture of human empathy. *Behavioral and cognitive neuroscience reviews*, 3, 71-100.

Decety, J., & Jackson, P. L. (2006). A social-neuroscience perspective on empathy. *Current directions in psychological science*, *15*(2), 54-58.

Dollard, J., & Miller N. E. (1950). *Personality and psychotherapy*. New York: McGraw-Hill.

Eisenberg, N., & Miller, P. A. (1990). Empathy, sympathy and altruism: empirical and conceptual links. In N. Eisenberg, & J. Strayer (Eds.). *Empathy and its development* (pp. 292-316). New York: Cambridge University Press.

Escrivá, V., Garcia, P., & Navarro, M. (2002). Processos cogntivos y emocional predictores de la conducta prosocial y agressiva: la empatía como factor modulador. *Psicothema*, *14*(2), 227-232.

Feshbach, N. D. (1990). Parental empathy and child adjustment/maladjustment. In N. Eisemberg, & J. Strayer (Eds.). *Empathy and its development* (pp. 271-291). New York: Cambridge University Press.

Flavell, J. H. (1968). *The developmental psychology and the communication skills in children*. New York: John Wiley & Sons.

Flavell, J. H. (1977). *Cognitive Development*. New Jersey: Prentice-Hall.

Freud, S. (1967). *Essais de Psychanalyse*. Paris: Petite Bibliothèque Payot.

Gaertner, S., & Dovidio, J. (1977). The subtlety of white racism, arousal and helping behavior. *Journal of Personality and Social Psychology*, 35, 691-707.

Hoffman M. L. (1976). Empathy, role-taking, guilt and development of altruistic motives. In Holt, Rinehart, & Winston (Eds.). *Moral development and behavior: theory, research and social issues* (pp. 124-143). New York: Lickona.

Hoffman, M. L. (1982). The measurement of empathy. In C. E. Izard (Ed.). *Measuring emotions in infants and children* (pp. 279-296). New York: Cambridge University Press.

Hoffman, M. L. (1990). The contribution of empathy to justice and moral judgment. In N. Eisenberg, & J. Strayer (Eds.). *Empathy and its development* (pp. 47-79). New York: Cambridge University Press.

Hoffman, M. L. (2003). *Empathy and moral development: implications for caring and justice*. New York: Cambridge University Press.

Kohlberg, L. (1969). Stage and sequence: the cognitive-developmental approach to socialization. In D. A. Goslin (Ed.). *Handbook of socialization theory and research* (pp. 347-480). San Diego: Academic Press.

Kohlberg, L. (1976). Moral stages and moralization: the cognitive-developmental approach. In T. Lickona (Ed.). *Moral development and behavior: theory, research and social issues* (pp. 31-53). New York: Holt, Rinehart and Winston.

Moreno, Z. T. (1958/1973). *Psychodrame d'enfants*. Paris: Episa Editeurs

Morin, E. (2000). *Os sete saberes necessários à educação do futuro* (2a. ed.) (C. E. da Silva, & J. Sawaya, Trads.). São Paulo: Cortez.

Piaget, J. (1932). *Le jugement moral chez l'enfant*. Paris: Alcan.

Plutchik, R. (1990). Evolutionary bases of empathy. In N. Eisemberg, & J. Strayer (Eds.). *Empathy and its development* (pp. 38-46). New York: Cambridge University Press.

Rogers, C. (1959). A theory of therapy, personality and interpersonal relationships as developed in the client-centered framework. In S. Koch (Ed.). *Psychology: a study of a science. Study I. Conceptual and systematic. Vol. 3.: Formulations of the person in the social context* (pp. 184-256). New York: McGraw-Hill.

Rogers, C. (1975). Empathic: an unappreciated way of being. *The counseling psychologist*, 2, 2-10.

Rogers, C., & Rosemberg, R. (1977). *A pessoa como centro*. São Paulo: Editora da Universidade de São Paulo.

Selman, R. L. (1976). Social-cognitive understanding: a guide to education and clinical practice. In T. Lickona (Ed.). *Moral development and behavior: theory, research and social issues* (pp. 299-316). New York: Holt, Rinehart and Winston.

Shantz, C. U. (1975). The development of social cognition. In E. M. Hertherington (Ed.). *Review of child development research* (pp. 257-323). Chicago: University Press.

Spitz, R. A. (1968). *De la naissance a la parole*. Paris: Presses Universitaires de France.

Staub E. (1978). *Positive social behavior and morality: social and personal influences*. New York: Academic Press.

Staub E. (1979). *Positive social behavior and morality: socialization and development*. New York: Academic Press.

Wispé, L. (1990). History of the concept of empathy. In N. Eisenberg, & J. Strayer (Eds.). *Empathy and its development* (pp. 17-37). New York: Cambridge University Press.

Woodworth, R. S., & Marquis, D. (1959). *Psicologia* (2a. ed.) (L. C. Raymond, Trad.). São Paulo: Companhia Editora Nacional.

A interação mãe-criança em famílias adotivas: um estudo comparativo

Verônica Petersen Chaves

Universidade Federal do Rio Grande do Sul/Juizado da Infância e da Juventude de Porto Alegre

Tania Mara Sperb

Universidade Federal do Rio Grande do Sul

A adoção é uma forma diferenciada de construção familiar, na qual existem aspectos jurídicos, sociais e psicológicos implicados. É uma instituição milenar de criação de vínculos de filiação que, em cada época, respondeu às necessidades de cada sociedade.

A formação das famílias adotivas é caracterizada por uma complexa teia na qual, por um lado, há pais incapazes de cuidar de uma criança e que, por isso, serão destituídos de seu pátrio poder pela justiça, gerando, portanto, uma criança abandonada, privada do convívio familiar; e de outro, há pessoas, em sua maioria incapazes de gerar seus filhos biológicos, mas que desejam exercer a parentalidade. Dentro dessa perspectiva, segundo Nabinger (1997), a adoção foi por muitos anos considerada sob a influência de uma dupla maldição: o abandono da criança e a ferida narcísica dos pais inférteis.

Até o final da década de 1980, a adoção foi vista com restrições pelos profissionais de saúde mental. Consideravam que os adotados apresentavam um risco maior de desenvolver problemas psiquiátricos, baseados em estudos que os encontravam super-representados nas populações psiquiátricas e em amostras clínicas específicas. Os estudos atuais buscam compreender as relações que se estabelecem nas famílias adotivas, examinando as interações precoces entre pais e filhos. As variáveis intervenientes nessa relação são múltiplas, a história anterior do filho adotivo, sua condição de saúde, as consequências do processo de separação da família biológica e, principalmente, a nova relação que se estabelece no encontro dessa criança, com toda sua bagagem, com esses pais privados de vivenciarem as situações de gestação, parto e as experiências de comunicação precoce, sem falar das expectativas acerca do filho que acolhem.

A interação mãe-bebê nas famílias adotivas e a parentalidade adotiva

O desejo de parentalidade passou a ser discutido com o surgimento da psicanálise, mais especificamente, passou-se a discutir o papel da maternidade no desenvolvimento psíquico do indivíduo. Segundo Badinter (1985), os primeiros autores psicanalíticos colocavam a mãe como figura principal e como a causa imediata, senão primeira, para o equilíbrio psíquico do bebê. Desde então, tem-se discutido as influências das primeiras relações na constituição do sujeito e, principalmente, as duas vias de interação, de desejo e necessidades, entre a mãe e seu bebê.

O desejo de maternidade, antes pouco questionado, passou a ser discutido, especialmente com o advento da possibilidade de controle da própria fertilidade, seja impedindo-a, seja buscando outras possibilidades para os impedimentos biológicos[1]. Conforme Badinter (1985), ao se percorrer a história das atitudes maternas, nasce a convicção de que o instinto materno é um mito. Não existe uma conduta universal e necessária de mãe. "O amor materno é um sentimento que pode existir ou não, pode ser e desaparecer, tudo dependerá da mãe, de sua história ou da História" (p. 367). O que antes pertencia ao âmbito do "misterioso", ligado à sexualidade e ao interior do corpo feminino, passa a ser investigado e discutido com as novas intervenções médicas e a procriação medicamente assistida (Minyersky, 1999).

Muitos casais planejam ter filhos, mas poucos destes indivíduos imaginam que terão problemas para conceber uma criança (Brodzinsky & Huffman, 1998; Farinati, 1998; Mosher & Pratt, 1991). Quando isso acontece, a maioria procura uma solução médica, sendo que apenas 50% serão, eventualmente, capazes de ter uma criança biológica (McEvan, Costello, & Taylor, 1987). O restante decide permanecer sem filhos ou busca a parentalidade de outras maneiras, uma delas a adoção. A maioria dos casais tem em mente uma clara hierarquia de preferência entre as novas técnicas reprodutivas (Trumper, 1999).

---

1 A Organização Mundial da Saúde estima que o percentual de casais estéreis seja de 10% a 15% da população mundial. Essa realidade gera conflitos entre seus integrantes, nos quais o médico, como coprotagonista, se acha implicado.

A Fertilização *In Vitro* (FIV) oferece várias possibilidades, sendo que a ordem de preferência seria: primeiro, a tentativa de realizar a fertilização com os próprios gametas do casal, e depois, a doação de gametas, mesmo que em nosso contexto ainda seja pouco desenvolvida a questão dos bancos de gametas.

De acordo com a hierarquia de escolha da procriação proposta por Trumper (1999) e do que é observado na prática cotidiana no trabalho de habilitação de candidatos, para a maioria dos casais, a adoção encontra-se como última alternativa. Tendo falhado as técnicas reprodutivas, a adoção passa a ser pensada como forma de perfilhação.

Confrontar-se com a infertilidade e, ao final, decidir adotar uma criança é um processo complexo que requer inúmeras mudanças na identidade pessoal e nas relações (Brodzinsky & Huffman, 1998). A primeira tarefa é abandonar a identidade de parentalidade biológica para preparar-se para uma identidade de pais adotivos. No centro deste processo está a elaboração pessoal profunda da dolorosa experiência de infertilidade. Falhar nesta fase de elaboração aumentará as chances de aparecerem dificuldades, não apenas com relação aos sentimentos e reconhecimento do filho, mas no estabelecimento de um ambiente que apoie as relações pais-bebê com sucesso nas tarefas evolutivas da adoção (Brodzinsky & Huffman, 1998; Garma, Garma, Greco, & Moreno, 1985; Johnston, 1992; Lebovici, Diaktine, & Soulé, 1995).

Giberti (1999) postula que, quando o casal necessita reconhecer e acatar a morte de uma parte de si mesmo, quer dizer, da capacidade fecunda e fecundante que não pode ser magicamente resgatada, inicia-se uma trajetória desértica. O adotivo que se propõe como substituto do filho desejado ocupa a posição de esperado, estará onde o querem ter, mas sem ser o filho desejado. O processo de adoção constitui-se a partir da verificação da existência de frustrações e fracassos do casal na sua tentativa de conceber.

A construção do projeto de adoção dependerá de um longo processo de luto a respeito da perda da capacidade reprodutiva. A resolução não adequada de casais inférteis sobre suas condições biológicas pode, segundo Brodzinsky e Huffman (1998), fazer com que se ressintam um com o outro e/ou com a criança adotiva e, assim, criar uma atmosfera familiar que impeça o estabelecimento de uma confiança básica e segura. Os autores também colocam a ansiedade acerca do tempo que toma o processo de adoção como outra questão que dificulta o estabelecimento do apego e, portanto, da transição para a parentalidade adotiva. Os pais adotivos, com frequência, têm de esperar durante anos por um bebê disponível para adoção. Além disso, eles devem se submeter à avaliação das agências de adoção – no caso do Brasil, pelo sistema judiciário – a qual consideram altamente intrusivas e ansiogênicas. Não menos importante, nos casos de adoção inter-racial, os pais podem encontrar dificuldade para se identificar com suas crianças, em função de diferenças fisionômicas.

Apesar da decisão pela adoção e a transição para a parentalidade adotiva estarem relacionadas a um considerável estresse, Brodzinsky e Huffman (1998) consideram que a maioria dos pais adotivos lida bem com os desafios encontrados. Cornet (2000), por sua vez, diz que assim que a criança nasce, seja pelas Novas Técnicas de Reprodução (NTR), seja pela adoção, as alegrias são expressas, aparentemente, da mesma forma. O sofrimento passado parece desaparecer, dando lugar a um sentimento de felicidade, e a presença da criança é então vista pelo casal, que enfim realiza seu desejo, como uma imensa gratificação.

Levy-Shiff, Bar e Har-Even (1990), comparando as primeiras fases da parentalidade adotiva com aquelas de pais biológicos, mostraram não haver diferenças substanciais no ajustamento psicológico e no comportamento dos grupos. Os autores compararam casais que aguardavam sua primeira adoção com casais que aguardavam seus filhos biológicos primogênitos e os resultados evidenciaram que os pais que aguardavam a adoção não se mostraram menos ajustados do que os biológicos. Segundo eles, se os pais tiverem uma atmosfera positiva nessa fase precoce do ciclo adotivo, como todos os casais do estudo mencionaram ter, conforme relatado pelos trabalhadores das agências de adoção, menor será o impacto à passagem para a parentalidade adotiva, tanto para o casal quanto para a criança, e, em consequência, para o sistema familiar.

Com relação ao estabelecimento do apego pais-criança adotada, investigações que examinaram especificamente a qualidade desse apego, em comparação com aquele estabelecido em famílias não adotivas, não têm encontrado as dificuldades apontadas pelos autores. Por exemplo, Singer, Brodzinsky, Ramsay, Steir e Watters (1985) examinaram crianças entre treze e dezoito meses que haviam sido adotadas com idades entre três dias e dez meses, utilizando o procedimento da Situação Estranha de Ainsworth. Os resultados mostraram que não houve diferenças significativas na qualidade de apego entre mães-criança adotivas e não adotivas. As diferenças encontradas, pouco significativas, aconteceram apenas nas adoções inter-raciais. Os autores mostraram-se otimistas com relação ao ajustamento posterior das famílias adotivas.

Juffer e Rosenboom (1997), também utilizando o procedimento da Situação Estranha de Ainsworth, avaliaram o apego de oitenta díades mãe-bebê adotivas e de setenta díades de famílias biológicas. Concluíram também que, nas adoções precoces, a qualidade da interação mãe-bebê não foi afetada. No estudo como um todo, os padrões de apego inseguro não tiveram uma representatividade significativa. A porcentagem de apego seguro, nessa amostra (74% aos doze meses e 75% aos dezoito meses), não foi menor do que a encontrada em estudos com díades mãe-bebê não adotadas. As crianças adotivas parecem ser capazes de usar seus novos pais como uma base segura e os pais adotivos parecem ser suficientemente sensíveis às necessidades de seus filhos adotivos, criando essa base segura.

Estudos empíricos sobre crianças adotivas e suas famílias

Nas últimas décadas, um crescente número de pesquisas tem investigado o ajustamento de crianças adotadas (Singer *et al.*, 1985). São estudos variados, realizados em diferentes faixas etárias, com diferentes tipos de adoção – internacional/nacional, tardia/precoce. Empregam diferentes metodologias e têm como questão central o risco que essas crianças teriam de desenvolver problemas socioemocionais, comportamentais e/ou escolares, maiores do que as não adotadas.

Wierzlicki (1993), em uma metanálise realizada com 66 estudos publicados que comparavam crianças adotadas e não adotadas, concluiu que, ao final da década de 1980, a maioria dos autores entendia que os adotados, mais facilmente do que os não adotados, desenvolviam problemas psiquiátricos. Apesar dos resultados das pesquisas não serem uniformes, a maior parte da literatura considera que há associação positiva entre vulnerabilidade psicológica e adoção (Ferguson, Lynskey, & Horwood, 1995; Groze & Ileana, 1996; Groze & Rosenthal, 1993; Juffer & Roosenboom, 1997; Levy-Schiff, Bar, & Har-Even, 1990; Logan, Morrall, & Chambers, 1998; Mainemer, Gilman, & Ames, 1998; Miller, Xitao, Christensen, Grotevant, & Van Dulmen, 2000; O'Connor, Rutter & the English and Romanian Adoptees [ERA] Study Team, 2000; Rutter & ERA Study Team, 1998; Stams, Juffer, Rispens, & Hoksenbergen, 2000; Verhulst, Althaus, & Versluis-den Bieman, 1990a, 1990b; Verhulst & Versluis-den Bieman, 1995). Esses resultados justificam a forma negativa como a adoção foi, durante muitos anos, percebida na área da saúde mental.

Em uma revisão recente de estudos sobre adoção, Petersa, Atkinsb e McKayb (1999) concluíram que existem cinco modelos explicativos para os problemas comportamentais de crianças adotivas. O primeiro modelo contempla os aspectos genéticos, ou fatores biossociais, e o segundo, o que os autores denominam patogênese dos processos de adoção. O terceiro modelo relaciona-se aos efeitos, no longo prazo, dos cuidados pré-adotivos, e o quarto, a problemas concernentes aos pais adotivos. Por último, o quinto modelo investiga as relações pais-criança adotiva. No geral, os pesquisadores realizam estudos que contemplam os quatro primeiros modelos, ou seja, estudos que apontam diferentes variáveis para a explicação de uma maior probabilidade de desenvolvimento de problemas de comportamento em crianças adotadas. Bem menos frequentes são os estudos que consideram o funcionamento familiar, ou seja, as interações familiares como mantenedoras ou desencadeadoras dos problemas comportamentais.

Um exemplo da preferência dos pesquisadores por estudos que procuram por variáveis que explicam problemas de comportamento de crianças ou adolescentes adotados são os estudos de tipo epidemiológico. No geral, esses estudos indicaram a presença significativa de transtornos de conduta e prejuízos no desenvolvimento de mais de mil adolescentes adotados (Ferguson *et al.*, 1995: Miller *et al.*, 2000; Verhulst *et al.*, 1990a, 1990b; Verhulst & Versluisden Bieman, 1995). A utilização de grupos comparativos, que incluíam adoções internacionais e adoções tardias e precoces, não mostrou diferenças significativas entre os grupos, com relação aos problemas identificados. O estudo realizado por Ferguson *et al.* (1995) que acompanhou, ao longo de dezesseis anos, famílias neozelandesas adotivas, não adotivas com ambas as figuras parentais, e famílias não adotivas monoparentais, mostrou que, entre os três grupos, apesar de a adoção ter sido uma variável importante na avaliação do ajustamento dos adolescentes, as famílias não adotivas monoparentais foram as que apresentaram maiores riscos de desordens emocionais.

Esses estudos de tipo epidemiológico, apesar de identificarem os problemas de comportamento de adolescentes adotados, não se preocuparam em apontar indicadores precoces que explicassem estes problemas. Isso foi tentado por grupos de pesquisa que observam as condições de pré-adoção das crianças. Entre eles, talvez o mais importante seja aquele que investiga, dentro do contexto político internacional, o efeito de privações, tanto físicas como psicológicas, de crianças romenas adotadas em seu país de origem e na Grã-Bretanha. A descoberta de milhares de crianças institucionalizadas que foram adotadas por famílias de diversos países desenvolvidos chamou a atenção de pesquisadores de vários países. Muitas dessas crianças, quando foram adotadas, apresentavam sérios problemas de desenvolvimento global por causa da situação de privação em que se encontravam, ocasionada pelo atendimento deficitário que recebiam naquele país. Pesquisadores examinaram as dificuldades apresentadas por essas crianças com o objetivo de verificar como se desenvolviam após a adoção (Chisolm, Carter, Ames, & Morison, 1995; Groze & Ileana, 1996; Kreppner, O'Connor, Dunn, Andersen-Wood & ERA Study Team, 1999; Mainemer, Gilmer & Ames, 1998; O'Connor *et al.*, 2000; Rutter *et al.*, 1998).

Em geral, os resultados desse grupo de pesquisas indicam que as crianças que experimentaram privações maiores, tanto físicas como psicológicas, e que, portanto, foram adotadas mais tarde, são as que evidenciaram maiores déficits cognitivos e dificuldades de apego e, então, problemas comportamentais mais adiante. Assim, as condições pré-adoção, como a idade em que a criança é adotada, são determinantes para o sucesso da adoção.

Quando difícil, o apego das crianças adotivas tem sido considerado pelos pesquisadores como um dos indicadores precoces de problemas comportamentais futuros. São múltiplos os fatores que podem afetar a qualidade do apego em famílias adotivas. Estes incluem: (a) a saúde da criança; (b) a qualidade do apego com a mãe biológica; (c) as experiências prévias de separação; (d) a duração da separação da genitora até o encontro com a mãe adotiva; (e) a história anterior à adoção; (f) a qualidade do ambiente; e (g) a qualidade do atendimento no processo de elaboração das perdas da criança (Portello, 1993).

Papousek e Papousek (1992) observam que a questão crucial na adoção é a capacidade da criança de superar as consequências da experiência de separação e apegar-se a seus novos pais, e a capacidade dos pais adotivos de estabelecer ligação com uma criança não relacionada a situação de gestação, parto e experiências de comunicação precoce. Uma adoção de sucesso pressupõe que a criança adotada vá gradualmente estabelecendo um apego seguro com sua nova família (Hugdes, 1999). Muitas são, de fato, capazes de constituir tais vínculos, que serão o fundamento da integração na família e de seu desenvolvimento psicológico. Certas crianças, no entanto, depois de meses ou anos de negligência e abuso severos, como a passagem por diversas instituições ou cuidadores, criam lacunas em seu desenvolvimento que impedem sua disposição e capacidade de estabelecer apego com as novas famílias adotivas, não importando quanto amor ou comprometimento estas tenham. A história pré-adoção é uma variável importante no estabelecimento do apego das crianças. Logan *et al.* (1998) argumentam que o estabelecimento do apego em famílias adotivas pode gerar complicações e problemáticas na transição para a parentalidade adotiva. Silin (1996) diz que a decisão de adotar uma criança nunca é fácil para o casal, e revelar essa decisão para amigos ou para a família extensa envolverá, possivelmente, a exposição de seu problema de infertilidade.

No entanto, segundo os autores, essas conclusões, retiradas de pesquisas realizadas com crianças em idade precoce, podem não ser válidas para a criança adotada em idade posterior às estudadas, após seis meses por exemplo. Yarrow e Goodwin (1973) sugerem que as reações negativas que algumas crianças mais velhas mostram logo após a colocação, como a rejeição dos novos pais, podem provocar distúrbios nas interações mãe-bebê. Recentemente, alguns estudos (Chisolm *et al.*, 1995; Marcovitch, Cesaroni, Roberts, & Swanson, 1995) indicaram um possível risco para o apego de crianças adotivas que vivenciaram privações com seus pais biológicos. Groze e Rosenthal (1993), por exemplo, examinaram as dificuldades de apego em famílias adotivas constituídas por crianças que, em sua maioria (93%), haviam permanecido institucionalizadas, em média por 2,5 anos, encontrando uma relação negativa significativa entre apego e abusos físicos e sexuais.

No grupo de pesquisas que investiga os problemas de apego em crianças adotivas, a causa mais consistente desses problemas é a idade em que a criança foi adotada. Se a adoção ocorre até os seis meses é menos provável que a criança tenha sofrido privações que afetem o estabelecimento do apego com seus novos pais.

Os estudos que, na classificação de Petersa *et al.* (1999), fazem parte do quinto modelo, ou seja, aqueles que examinam a interação pais-criança, são significativamente menos frequentes e, comumente, interessam-se pela diferença entre pais e mães nas diferentes filiações. Holditch-Davis, Sandelowski e Harris (1999), por exemplo, investigaram os efeitos da infertilidade na interação pais-criança. Neste estudo, foram pesquisados 70 casais, divididos em três grupos: 30 casais inférteis com crianças biológicas, 21 adotivos, também inférteis, e 19 férteis com suas crianças biológicas. Duas observações da interação mãe-pai-criança foram realizadas, a primeira entre 8 e 21 dias após a chegada do bebê na família e a segunda, na semana seguinte à primeira. Entre doze variáveis investigadas, em onze foram encontrados efeitos de gênero significativos. Os pais despenderam menos tempo alimentando, trocando e estando junto com a criança do que as mães. O único comportamento que não mostrou diferença entre pai e mãe foi o brincar. As mães adotivas, quando comparadas às férteis, despendiam menos tempo alimentando, dando colo, e tendo contato corporal com as crianças. Os pais adotivos, ao contrário, tiveram mais esses comportamentos do que os pais férteis. Segundo os autores, tais resultados sugerem que a história de infertilidade e, particularmente, da adoção estão associadas com numerosas alterações nas interações precoces pais-bebê. Estas se explicam, provavelmente, por questões de gênero e de método de alimentação. Pais, em geral, mostram menos comportamentos interativos do que as mães, no entanto, os pais adotivos dividem mais seu tempo com a criança do que os pais biológicos, ficando os casais biológicos inférteis entre os dois.

Entre os fatores que poderiam explicar os resultados encontrados, como a idade mais avançada dos pais adotivos, o tempo de casamento e a participação igualitária no processo de adoção, está o fato de que lidar com a infertilidade poderia levar o homem a um maior comprometimento com a paternidade do que os homens férteis. Apesar de estar menos envolvido do que a mulher no tratamento da infertilidade, os maridos de mulheres inférteis submetem-se a um número maior de avaliações e testes do que os maridos de mulheres férteis, dividindo, assim, mais experiências de desejo e desilusão, enquanto aguardam pela gravidez não alcançada (Abbey, Halman, & Andrews, 1992).

Além da escassez de estudos sobre a interação pais-criança adotiva, a revisão da literatura mostra que aqueles que existem têm tratado o tópico interação pais-criança adotiva enfatizando o gênero ou o tipo de filiação, se fértil ou infértil. Ainda faltam estudos mais específicos sobre a qualidade da interação para ambas as duplas mãe-criança adotiva e pai-criança adotiva. Além disso, os estudos que têm examinado a interação de crianças adotivas têm feito isso logo após a sua entrada na família adotiva, portanto, próximo ao nascimento, não havendo dados sobre esta interação mais adiante no desenvolvimento do bebê. Este estudo teve por objetivo ajudar a suprir, em parte, esta lacuna. Assim, pretendeu examinar os aspectos relacionais presentes na dupla mãe-criança adotiva de dois anos, que são peculiares e comuns a esse tipo específico de filiação e parentalidade, e compará-los com aqueles de famílias não adotivas. Com base na literatura recente, esperava-se que, com relação aos padrões de comportamento interativos, não se evidenciassem diferenças significativas nos comportamentos maternos. Uma maior incidência de intrusividade e responsividade poderia ocorrer em mães adotivas, pois as expectativas com relação à adoção poderiam levá-las a desenvolver uma interação mais intensa com a criança. Já com relação aos comportamentos infantis, não se esperava encontrar diferenças entre os grupos.

A investigação

Os participantes

Participaram do estudo nove crianças adotivas e suas mães (seis meninos e três meninas) e nove crianças não adotivas e suas mães (quatro meninos e cinco meninas). A amostra de famílias não adotivas foi recrutada de um grupo de 77 crianças que vêm sendo observadas dentro de um estudo amplo de pesquisa intitulado "Aspectos Subjetivos e Comportamentais da Interação Pais/Bebê-Criança: Estudo Longitudinal da Gestação ao Segundo Ano de Vida da Criança"[2], desenvolvido pelo Grupo de Interação Social, Desenvolvimento e Psicopatologia UFRGS/CNPq (GIDEP). Esse projeto visa examinar os diversos fatores que contribuem para a qualidade da interação pais/bebê-criança nos dois primeiros anos de vida, em famílias de nível socioeconômico baixo e alto. As gestantes foram recrutadas no Hospital de Clínicas de Porto Alegre, no Hospital Fêmina e em postos de saúde do município de Porto Alegre.

Já a amostra de famílias adotivas foi recrutada no Juizado da Infância e da Juventude de Porto Alegre, Equipe de Adoção, por meio de contato telefônico com todas as famílias que, na época, possuíam filhos adotivos na faixa etária dos 24 meses. Houve um cuidado com a história anterior das famílias adotivas, nivelando-se as condições dessas famílias. Todas as famílias entrevistadas haviam sido submetidas a estudos pré-adotivos, tendo sido habilitadas na equipe de adoção do Juizado da Infância e da Juventude, e receberam seus filhos com idades variando de zero a quatro meses. Houve uma busca de casais que tivessem vivido os diferentes estágios de elaboração de processos na busca de sua parentalidade adotiva, desde a perda da capacidade reprodutiva.

Os dois grupos assinaram o "consentimento informado". Além do consentimento dos próprios pais para estabelecer contato com as famílias adotivas, foi obtida autorização do juiz da infância e da juventude para utilização dos dados processuais.

---

2 Esse projeto envolveu coleta de dados na gestação (Entrevista sobre a Gestação e Expectativas da Gestante e Narrativa Conjunta do Casal); terceiro mês do bebê (Entrevista sobre a Experiência da Maternidade e da Paternidade, Entrevista com o Casal, Entrevista sobre o Temperamento do Bebê e Observação da Interação Familiar); oitavo mês do bebê (Entrevista sobre a Experiência da Maternidade e da Paternidade, Entrevista com o Casal, Entrevista sobre o Temperamento do Bebê e Observação da Interação Familiar); décimo segundo mês do bebê (Entrevista sobre a Experiência da Maternidade e da Paternidade, Entrevista com o Casal, Entrevista sobre o Temperamento do Bebê, Observação da Interação Familiar e Inventário Beck de Depressão para a mãe); e décimo oitavo mês da criança (Entrevista sobre o Desenvolvimento Infantil, Entrevista com o Casal, Entrevista sobre Práticas Educativas Parentais e filmagem da Situação Estranha de Ainsworth).

As crianças adotivas tinham em média 25,7 meses de idade na data da coleta de dados, e as não adotivas, 24 meses. Quanto ao tempo de convivência com a família adotiva, as crianças tinham em média 43 dias na data da adoção (m = 43,89; d.p. = 41,90). As mães adotivas tinham a idade média de 40,67 anos (d.p. = 4,33) e o nível de escolaridade médio de 13,22 anos (d.p. = 2,11). As mães não adotivas tinham a idade média de 25,44 anos (d.p. = 5,05) e o nível de escolaridade médio de 10 anos (d.p. = 3,28). O teste de Mann-Whitney revelou diferença significativa entre os grupos adotivo e não adotivo quanto à idade das mães ($Z = -3{,}501$; $p > 0{,}000$) e dos pais ($Z = -3{,}378$; $p > 0{,}001$): as mães e pais adotivos eram significativamente mais velhos do que os não adotivos. Diferença significativa foi encontrada também quanto à escolaridade dos pais ($Z = -2{,}796$; $p > 0{,}005$) e das mães ($Z = -2{,}226$; $p > 0{,}005$): as mães e os pais adotivos tinham grau de escolaridade significativamente maior do que os não adotivos.

No grupo adotivo, três famílias eram reconstituídas, com filhos de uniões anteriores. Em um dos casos, a criança tinha uma irmã, filha biológica do casal. Ao todo, eram três mães adotivas e quatro pais adotivos que possuíam também filhos biológicos. Já em relação ao grupo não adotivo, este era constituído por mães primíparas. Em uma das famílias, os pais conviviam diariamente, apesar de não morarem juntos.

As entrevistas indicaram que não existiam grandes diferenças entre o nível de desenvolvimento das crianças: com relação à saúde da criança nos últimos seis meses, todas as mães do grupo adotivo referiram algum tipo de moléstia – bronquite (asma); refluxo gastroesofágico; rinite alérgica; infecção urinária; infectocontagiosa (catapora). No grupo não adotivo, duas mães não referiram doenças de seus bebês. Entre as doenças referidas estão: bronquite (asma); sinusite; gripe; diarreia; otite. Houve prevalência de casos de doenças respiratórias no grupo adotivo, em comparação com o grupo não adotivo: quatro casos de bronquite e dois casos de rinite alérgica entre os adotivos e dois casos de bronquite e um caso de sinusite entre os não adotivos. Os casos de refluxo gastroesofágico apareceram apenas no grupo adotivo. Trata-se de uma doença que requer cuidados especiais nos primeiros meses de vida em relação à alimentação do bebê.

As mães dos dois grupos, em sua maioria, consideraram que as crianças dormiam bem. Seis mães adotivas e cinco mães não adotivas consideraram o sono de seus filhos tranquilo. No grupo adotivo, oito crianças dormiam em seu próprio quarto e apenas uma, no quarto dos pais, mas em sua própria cama. No grupo de crianças não adotivas, ao contrário, apenas três dormiam em seu próprio quarto, cinco, no quarto dos pais em sua própria cama e uma dormia na cama com a mãe.

Nenhuma mãe adotiva referiu dificuldade de alimentação de seus filhos. No grupo dos bebês não adotivos, duas mães referiram rejeição a algum tipo de alimento. Duas mães adotivas e seis mães não adotivas falaram de agitação no momento das refeições. A mamadeira ainda era utilizada por quatro mães adotivas e por seis mães não adotivas, sendo que uma das crianças não adotivas ainda era amamentada, eventualmente, no peito.

Nos dois grupos, a maioria das mães dizia ser satisfatória a comunicação com seu bebê. Apenas quatro mães adotivas e três mães não adotivas expressaram preocupações. Uma das mães adotivas referiu atraso na linguagem. Pela fala das mães, foi possível perceber uma diferença entre os dois grupos quanto ao desenvolvimento da linguagem: no grupo adotivo cinco crianças ainda não formulavam frases, enquanto que no grupo não adotivo, apenas três.

A aquisição do controle esfincteriano nos dois grupos também era semelhante. Cinco crianças em cada um dos grupos ainda usavam fraldas de forma constante, três estavam em processo de treinamento (usavam em algum período do dia) e apenas uma em cada grupo já possuía o controle total de seus esfíncteres.

Com relação aos cuidados diários da criança, houve diferenças importantes entre os dois grupos. As crianças adotivas, em sua maioria, iam à creche, apenas uma era cuidada pela mãe em tempo integral. Em duas famílias adotivas havia também uma babá como cuidadora em tempo parcial do bebê. Entre as crianças não adotivas apenas duas iam à creche, a maioria era cuidada pela mãe em tempo integral. Duas crianças eram cuidadas por membros da família extensa. Outros cuidadores eventuais foram mencionados pelas mães. Não houve diferenças entre os grupos, mas havia uma maior participação das famílias paternas no grupo adotivo e maternas no grupo não adotivo. Os irmãos se constituíam como um importante apoio no cuidado com o bebê nas famílias adotivas.

Os procedimentos

Foram utilizados dois grupos de díades mãe-criança: grupo adotivo e grupo não adotivo (Nachmias & Nachmias, 1996). Em cada um dos grupos foram investigadas questões relativas à interação mãe-criança.

Quando a criança adotiva completou 24 meses, o pesquisador, previamente autorizado pelo juiz da infância e da juventude, contatou a família por telefone, para ver da disponibilidade para integrar o projeto. O grupo não adotivo, já participante do projeto longitudinal, foi contatado pelo membro do grupo responsável pela coleta de dados, conforme contrato inicial feito no início do projeto. Após a assinatura do "consentimento informado", as famílias foram encaminhadas ao Laboratório de Brinquedo para a Sessão de Observação. A filmagem das sessões de observação foi realizada no Laboratório de Brinquedo do Instituto de Psicologia da Universidade Federal do Rio Grande do Sul. Foram realizadas duas filmagens, cada uma de dez minutos, sendo uma com a mãe e outra com o pai. Para contrabalançar a ordem de gênero dos pais na sessão, metade das crianças iniciou a interação com o pai e a outra metade, com a mãe. Nesse estudo, foi utilizada a observação com a mãe. A consigna dada aos pais foi a seguinte: "Você pode ficar à vontade e fazer como normalmente faz quando está com (nome da criança)". Após as filmagens, os pais foram entrevistados separada e simultaneamente pela pesquisadora e por participantes do GIDEP sobre a experiência de maternidade e paternidade e o desenvolvimento da criança. As entrevistas foram gravadas em fita de áudio e posteriormente transcritas para análise.

Os instrumentos

Entrevista de dados demográficos do casal: no grupo de díades provenientes do estudo longitudinal, a ficha de dados demográficos foi preenchida pelo casal na primeira fase da coleta de dados. Essa ficha visou obter dados demográficos do casal, tais como estado civil, religião, tempo de trabalho, etnia e número de moradores da casa, bem como o grau de parentesco com a criança. No grupo adotivo, a ficha de dados demográficos foi preenchida antes da sessão de filmagem e após a assinatura do "consentimento informado".

Entrevista sobre o desenvolvimento infantil com a família adotiva: essa entrevista foi realizada nos mesmos moldes da entrevista com o grupo longitudinal que já havia sido feita anteriormente para outros estudos. A Análise de Conteúdo (Bardin, 1977) foi usada para analisar as entrevistas.

Sessão de observação: para avaliação da interação das díades mãe-criança, utilizou-se uma sessão de observação de dez minutos de duração com cada mãe. Todas as observações foram realizadas no laboratório de observação. Objetos de brincar foram oferecidos às crianças. Dos dez minutos, os primeiros quatro foram ignorados, por constituírem o período de adaptação da dupla ao *setting*. Foram selecionados os seis últimos minutos de filmagem para análise da interação. Estes foram divididos em intervalos de quinze segundos, perfazendo um total de 24 intervalos de tempo codificados. Em cada um desses intervalos a avaliadora dava uma nota de 1 a 5 para cada categoria que constituiu o protocolo de observação desenvolvido por Castro, Chaves e Piccinini (2001), baseado no estudo de Gibson, Ungerer, McMahon, Leslie e Saunders (2000).

A descrição das categorias encontra-se no anexo deste capítulo. As categorias foram divididas em dois grandes grupos: categorias maternas e categorias da criança. Nas categorias maternas, foram analisadas a responsividade, a intrusividade e o afeto. A responsividade e a intrusividade são comportamentos definidos na literatura como os grandes indicadores da qualidade do apego mãe-criança (Belsky, Rovine, & Taylor, 1984). Cada uma dessas categorias foi pontuada de 1 a 5, conforme os critérios: a) responsividade materna – habilidade da mãe em estar conectada emocionalmente à criança; b) intrusividade materna – extensão em que a mãe apropriadamente estrutura e segue o brinquedo da criança, bem como coloca limites em seu comportamento; e c) afeto materno – expressões de sentimentos por meio de comportamentos ou da fala da mãe para com a criança.

As categorias da criança envolveram a análise da responsividade da criança para com a mãe, o envolvimento da criança para com a mãe e o afeto da criança. Essas categorias foram pontuadas de 1 a 5: a) responsividade da criança – forma com a qual a criança expressa seu engajamento aos convites maternos durante a interação; b) envolvimento da criança com a mãe – grau de como a criança busca engajar a mãe no brinquedo buscando suporte, como companheira ou ouvinte; e c) afeto infantil – expressões de sentimentos da criança por meio de comportamentos ou da fala.

A codificação foi realizada utilizando um protocolo de observação por dois juízes treinados em outros vídeos de observação que não foram utilizados neste estudo. Após, uma amostra de seis vídeos foi selecionada aleatoriamente para o estabelecimento da fidedignidade entre as avaliadoras. O teste de Kendall indicou uma concordância que variou de 0,99 (intrusividade materna e afeto infantil) a 0,72 (envolvimento da criança), com índice médio de concordância de 0,88.

Os resultados e a discussão

O teste de Mann-Whitney foi utilizado para examinar as diferenças entre os grupos adotivo e não adotivo, nas categorias de interação selecionadas. A Tabela 1 apresenta a incidência média, o desvio-padrão e o nível de significância das categorias maternas e infantis investigadas nos dois grupos.

Tabela 1 Incidência média, desvio-padrão, valor de z e nível de significância das variáveis maternas e infantis para cada grupo

Categorias	Adotivos Média (DP)	Não adotivos Média (DP)	U	p
1. Responsividade materna	3,69 (0,36)	3,50 (0,55)	37,5	0,79
2. Intrusividade materna	3,21 (0,35)	2,92 (0,31)	25	0,19
3. Afeto materno	3,22 (0,19)	3,06 (0,007)	18	0,05
4. Responsividade infantil	3,36 (0,35)	3,55 (0,35)	27,5	0,25
5. Envolvimento infantil	2,98 (0,23)	2,86 (0,30)	29	0,34
6. Afeto infantil	3,12 (0,18)	3,11 (0,33)	36,5	0,73

Das categorias maternas e infantis investigadas, houve diferença significativa entre os grupos apenas em afeto materno ($p < 0,05$), indicando que o grupo de mães adotivas mostrou, na sessão de observação, o afeto positivo de forma mais intensa do que o grupo de mães não adotivas. Não houve diferenças significativas entre os dois grupos nas outras categorias.

Uma análise detalhada mostra algumas tendências nos resultados. As categorias responsividade materna e intrusividade materna tiveram médias mais altas no grupo de mães adotivas. Assim, as expectativas quanto ao comportamento materno foram parcialmente confirmadas: não eram esperadas diferenças significativas entre os grupos na categoria afeto, mas eram esperadas as tendências de maior intrusividade e responsividade das mães adotivas.

Esses resultados podem ser entendidos ao se considerar a trajetória diferenciada que o grupo adotivo percorreu para a realização da maternidade. A busca do filho de diferentes formas pode fazer com que essas mães, tendo superado as questões anteriores relativas à perda da fertilidade, envolvam-se de forma mais intensa na relação com seu bebê. A tendência à maior intrusividade da mãe adotiva para com o seu bebê pode indicar uma maior expectativa quanto ao exercício da maternidade.

Outras considerações podem ser feitas com relação ao resultado. Em primeiro lugar, observa-se na amostra estudada que as mães adotivas têm idades mais elevadas do que as não adotivas. Elas, então, teriam mais maturidade para exercer a maternidade. A diferença de escolaridade entre as famílias adotivas e não adotivas é também relevante na compreensão dos resultados. Os autores divergem quanto à importância do nível de instrução no cuidado com o bebê. Para Winnicott (1956/1993), a característica mais importante de uma mãe nos estágios iniciais é a capacidade de adaptar-se, delicada e sensivelmente, às necessidades do bebê. Assim, para essa aproximação afetiva, a cognição, ou o grau de instrução da família, não seria tão importante, mas sim a capacidade de empatia com o bebê.

A tendência à maior responsividade das mães adotivas merece uma cuidadosa investigação por causa da importância teórica desse conceito (Canavarro, 1999). Junto à tendência de maior intrusividade, mostra a necessidade de pensar no processo de separação-individuação da criança adotiva. Uma mãe mais intrusiva, ou com responsividade além do esperado para uma relação de apego saudável, poderia dificultar a independização do bebê, interferindo em seu processo de separação (Mahler, 1963/1982; Mahler, Pine & Bergman, 1974/1977; Winnicott, 1963/1990).

Quanto às categorias infantis, não houve diferenças significativas entre os dois grupos, confirmando a expectativa inicial do estudo. Algumas tendências podem ser observadas para os dois grupos. Enquanto a categoria responsividade infantil apresentou média mais alta no grupo de crianças adotivas, a categoria envolvimento infantil apresentou média mais alta no grupo de crianças não adotivas. Uma maior responsividade das crianças adotivas poderia, talvez, ser entendida como maior dependência dessas crianças com relação às suas mães, ou, ainda, como uma resposta ao afeto materno. Essa possibilidade deveria ser mais bem investigada, já que as crianças do grupo adotivo têm uma rede de apoio mais efetiva e estável do que a dos não adotivos, que têm as mães como cuidadoras em tempo quase integral. É importante observar que, com relação à categoria afeto infantil, não foi encontrada diferença entre os dois grupos.

A questão do estabelecimento do papel parental na adoção é controversa. Brodzinsky e Huffman (1998) argumentam que as dificuldades na elaboração dos sentimentos concernentes à infertilidade e à ansiedade gerada pelo tempo que leva o processo de adoção, somada à avaliação dos pais pelas agências de adoção (no caso do Brasil, pelo sistema judiciário) como altamente intrusivas e ansiogênicas, podem dificultar a transição para a parentalidade adotiva. Já Levy-Shiff *et al.* (1990) afirmam que pais que aguardam a adoção não são menos ajustados do que os biológicos. Para os autores, se for dada aos pais uma atmosfera positiva nessa fase precoce do ciclo adotivo – e isso parece que aconteceu neste estudo, pois todos os casais mencionaram um bom suporte social por parte dos trabalhadores das agências de adoção – mais fácil será a passagem à parentalidade adotiva.

Os resultados de alguns estudos têm ratificado a posição de Levy-Shiff *et al.* (1990). Singer *et al.* (1985) não encontraram diferenças significativas na qualidade do apego de mãe-crianças adotivas e não adotivas com bebês de treze a dezoito meses, adotados em idade precoce. O mesmo ocorreu no estudo de Juffer e Rosenboom (1997), com crianças na mesma faixa etária. Os autores também não constataram um número representativo de apegos inseguros, indicando que a qualidade da interação mãe-bebê não foi afetada pela adoção. As crianças parecem ser capazes de usar seus novos pais como uma base segura e, também, os pais adotivos parecem ser suficientemente sensíveis às necessidades de seus filhos adotivos, tornando essa base segura. O presente estudo, de uma forma geral, confirma os dados encontrados pelos investigadores citados, já que as diferenças encontradas na amostra indicam apenas algumas tendências para interagir de uma determinada forma que não podem ser relacionadas a uma menor qualidade na interação.

Entretanto, essas considerações parecem ser válidas somente para crianças que foram adotadas em idade precoce. As pesquisas têm mostrado que a adoção a partir de seis meses é mais difícil (Juffer & Rosenboom, 1997). Yarrow e Goodwin (1973) observam que as reações negativas que algumas crianças adotadas com mais idade evidenciam logo após a colocação podem comprometer as interações mãe-criança.

Os resultados obtidos no presente estudo confirmam outros encontrados em pesquisas sobre interação e adoção precoces (Singer *et al.*, 1985; Juffer & Rosenboom, 1997). Parece não haver indicativos de que a adoção, por si só, cause problemas de interação precoce mãe-criança. Os estudos que constataram dificuldades nessa interação, especialmente com crianças mais velhas, não concluem que a adoção seja o fator de risco, mas sim, outras variáveis relacionadas à história pregressa das crianças adotadas, como abuso, negligência e privação (Chisolm *et al.*, 1995; Marcovitch *et al.*, 1995; Yarrow & Goodwin, 1973). Um maior número de estudos sobre fatores de risco ligados à adoção, especialmente aqueles relacionados à história pregressa de pais e filhos adotivos, é importante para compreender problemas futuros dessas crianças. A compreensão desses fatores poderá oferecer subsídios para uma prática profilática da adoção. Na medida em que as equipes estiverem mais bem instrumentadas para reconhecer indicadores patológicos, melhor transcorrerá o processo de adoção.

Algumas questões referentes ao método utilizado neste estudo podem ter interferido nos resultados encontrados. O ambiente de laboratório é um desses aspectos. Há dúvida quanto à representatividade dos comportamentos apresentados em laboratório com relação àqueles que ocorrem no ambiente natural da criança. Além disso, é possível que a sessão de observação tenha repercutido diferentemente nos dois grupos. O grupo de crianças não adotivas, por ter participado de diferentes etapas do estudo longitudinal, estava mais familiarizado com o laboratório. Já para as duplas adotivas, a situação era nova. A falta de familiarização com o laboratório pode ter dificultado sua interação.

O emparelhamento dos grupos de comparação é outra questão a ser considerada. Existem diferenças estatisticamente significativas entre as idades e a escolaridade das mães dos dois grupos: as mães adotivas são mais velhas e têm maior escolaridade do que as não adotivas. Normalmente, os casais adotivos têm mais idade, por causa das tentativas de tratamento da infertilidade realizadas antes da decisão de adotar. Neste estudo, não foi diferente, pois além do motivo elencado, a amostra de pais adotivos à qual foi possível ter acesso foi muito pequena, apesar de refletir quase a totalidade da população de casos de adoção precoce de bebês na idade pretendida. Isso impossibilitou encontrar, no universo das famílias participantes do projeto longitudinal, aquelas com as mesmas características dos adotados para compor uma amostra que fosse emparelhada quanto à idade. Também, a maioria dos casais adotivos possuía realidade econômica distinta daquela das famílias do projeto longitudinal, consequentemente havia diferenças significativas na escolaridade. Todas as famílias adotivas com bebês na idade de 24 meses e que haviam adotado antes dos seis meses de idade foram contatadas. Com a recusa a participar da investigação de três famílias, nove famílias adotivas compuseram a amostra.

São amostras de famílias que têm vivências sociais e emocionais diferentes, o que, provavelmente, interfere no estabelecimento das interações precoces com seus bebês. Se a escolaridade interfere nos cuidados maternos e, consequentemente, na interação com o bebê, isso ainda é uma questão controversa, mas torna-se relevante se somada às diferenças de idade e, portanto, de maturidade das mães. A idade é uma variável difícil de ser emparelhada nos estudos encontrados que utilizam grupos comparativos, pela trajetória de vida das mães adotivas. Isso deve ser considerado quando se utiliza esse tipo de delineamento.

As considerações finais

As várias facetas da constituição de uma família adotiva trazem diferentes questionamentos sobre sua formação e consolidação. A observação das interações precoces no contexto adotivo é uma das possibilidades de estudá-la. No entanto, como visto na revisão da literatura, é um procedimento muito pouco utilizado pelos pesquisadores. Esse fato talvez esteja relacionado a índices cada vez menores de adoções precoces nos países desenvolvidos.

Atualmente, nos países europeus, e mesmo nos Estados Unidos, a maior parte das adoções dá-se com crianças provenientes de outros países e até de outros continentes. A tramitação jurídica desses procedimentos entre países, já por si só, impõe uma diferenciação temporal entre o início do estabelecimento das interações de pais adotivos e não adotivos. Essa, no entanto, não é a realidade do Brasil, uma vez que grande parte das crianças colocadas para adoção é composta de bebês. Isso ocorre porque, apesar das políticas de prevenção ao abandono, as crianças privadas do convívio familiar desde tenra idade ainda atingem um número elevado, constituindo-se num grave problema social.

Pergunta-se, então, por que não há estudos no Brasil que examinem as relações precoces de pais-filhos adotivos? A dificuldade que se impõe aos pesquisadores em nosso meio é de outra ordem: não existem políticas de incremento ao estudo científico das práticas da adoção, sendo esta considerada, ainda, uma problemática apenas de ordem social ou jurídica. Este trabalho é uma tentativa de mudar tal panorama, ao desenvolver uma investigação sistemática dos vínculos precoces de mães adotivas e não adotivas, visando a sua melhor compreensão pelas equipes de adoção e também pelos profissionais em Psicologia.

Referências

Abbey A., Halman L. J., & Andrews F. M. (1992). Psychosocial, treatment, and demographic predictors of the stress associated with infertility. *Fertility and Sterility*, *57*(1), 122-128.

Badinter, E. (1985). *Um amor conquistado: o mito do amor materno* (W. Dutra, Trad.). Rio de Janeiro: Nova Fronteira.

Bardin, L. (1977). *Análise de conteúdo*. São Paulo: Martins Fontes.

Belsky, J., Rovine, M., & Taylor, D. G. (1984). The Pensylvannia infant and family development project III: the origins of individual differences in infant-mother attachment: maternal and infant contributions. *Child Development*, *55*, 718-728.

Brodzinsky, D. M., & Huffman, L. (1998). Transitions to adoptive parenthood. *Marriage and Family Review*, *12*, 267-286.

Canavarro, M. C. S. (1999). *Relações afectivas e saúde mental*. Coimbra: Quarteto.

Castro, E. K., Chaves, V. P., & Piccinini, C. A. (2001). *Protocolo de observação*. Instituto de Psicologia – UFRGS, Porto Alegre. Instrumento não publicado.

Chisolm, K., Carter, M., Ames, E. W., & Morison, S. J. (1995). Attachment security and indiscriminately friendly behavior in children adopted from Romanian orphanages. *Development and Psychopatology*, *7*, 283-294.

Cornet, D. (2000). Le bébé de l'assitance médicale à lá procréation est-il assimilable au bébé de l'adoption? In M. Szejer (Org.). *Le bébé face à l'abandon, le bébé face à l'adoption* (pp. 126-138). Paris: Albin Michel.

Farinati, D. M. (1998, novembro). Narcisismo diante das novas técnicas de reprodução humana. *Anais do 18° Congresso Brasileiro de Reprodução Humana*. Natal, RN.

Ferguson, D., Lynskey, M., & Horwood, J. (1995). The adolescent outcomes of adoption: a 16-year longitudinal study. *Journal of Child and Psychiatry*, *36*(4) 597-615.

Garma, E. G., Garma, C., Greco, N., & Moreno, C. M. (1985). *Más allá de la adopción*. Buenos Aires: Epsilon.

Giberti, E. (1999). Fertilización asistida y novela familiar. In E. Giberti & M. Vul (Eds.). *La adopción: nuevos enigmas en la clínica*. Buenos Aires: Sudamericana.

Gibson, F. L., Ungerer, J. A., McMahon, C. A., Leslie, G. I., & Saunders, D. M. (2000). The mother-child relationship following in vitro fertilisation (IVF): infant attachment, responsivity, and maternal sensitivity. *Journal of Child Psychology and Psychiatry*, *41*(8), 1.015-1.023.

Groze, V., & Ileana, D. (1996). A follow-up study of adopted children from Romania. *Child and Adolescent Social Work Journal*, *13*(6), 541-563.

Groze, V., & Rosenthal, J. A. (1991). Single parents and their adopted children: a psychosocial analysis. *Families in Society*, *72*(2) 67-77.

Groze, V., & Rosenthal, J. A. (1993). Attachment theory and the adoption of children with special needs. *Social Work Researchs and Abstracts*, *29*(2), 5-12.

Holditch-Davis, D. M., Sandelowski, M., & Harris, B. G. (1999). Effect of infertility on mother's and father's interactions with young infants. *Journal of Reproductive and Infant Psychology*, *17*(2), 159-173.

Hugdes, D. A. (1999). Adopting children with attachment problems. *Child Welfare*, *78*(5), 541-560.

Johnston, P. I. (1992). *Adopting After Infertility*. Indianapolis: Perspectives.

Juffer, F., & Rosenboom, L. G. (1997). Infant-mother attachment of internationally adopted children in the Netherlands. *International Journal of Behavioral Development*, *20*(1), 93-107.

Kreppner, J., O'Connor, T. G., Dunn, J., Andersen-Wood, L., & the English Team and Romanian Adoptees (ERA) Study Team (1999). The pretend and social role play of children exposed to early severe deprivation. *British Journal of Developmental Psychology*, *17*, 319-332.

Lebovici, S., Diaktine, R., & Soulé, M. (1995). *Nouveau Traitè de Psychiatrie de L'enfant et de Adolescent*. Paris: PUF.

Levy-Schiff, R., Bar, O., & Har-Even, E. (1990). Psychological adjustment of adoptive parents-to-be. *American Journal of Orthopsychiatry, 60*(2), 258-267.

Logan, F., Morrall, P. E., & Chambers, H. (1998). Identification of risk factors for psychological disturbance in adopted children. *Child Abuse Review, 7*, 154-164.

Mahler, M. (1963/1982). *O processo de separação-individuação* (H. M. de Souza, Trad.). Porto Alegre: Artes Médicas.

Mahler, M., Pine, F. & Bergman, A. (1974/1977). *O nascimento psicológico da criança: simbiose e individuação* (J. A. Russo, Trad.). Rio de Janeiro: Zahar.

Mainemer, H., Gilman, L. C., & Ames, E. W. (1998). Parenting stress in families adopting children from Romanian orphanages. *Journal of Family Issues, 19*(2), 164-180.

Marcovtich, S., Cesaroni, L., Roberts, W., & Swanson, C. (1995). Romanian adoption: parents' dreams, nightmares and realities. *Child Welfare, 74*, 993-1017.

McEvan, K. L., Costello, C. G., & Taylor, P. J. (1987). Adjustment to infertility. *Journal of Abnormal Psychology, 96*, 108-116.

Miller, B. C., Xitao, F., Christensen, M., Grotevant, H. D., & Van Dulmen, M. (2000). Comparisons of adopted and non-adopted adolescents in a large, nationally representative sample. *Child Development, 7*(5), 1458.

Minyersky, N. (1999). Procreación asistida. In E. Giberti & M. Vul (Eds.). *La adopción: nuevos enigmas en la clínica*. Buenos Aires: Sudamericana.

Mosher, W. D., & Pratt, W. F. (1991). Fecundity and infertility in the United States: incidence and trend. *Fertility and Sterility, 56*, 192-193.

Nabinger, S. (1997). A construção dos vínculos na adoção. In N. Fichtner (Org.). *Transtornos mentais da infância e da adolescência: um enfoque desenvolvimental*. Porto Alegre: Artes Médicas.

Nachmias, C., & Nachmias, D. (1996). *Research methods in the social sciences*. London: Arnolds.

O'Connor, T. G., Rutter, M. D., & the English and Romanian Adoptees Study Team (2000). Attachment disorder behavior following early severe deprivation: extension and longitudinal follow-up. *Journal of American Academic Child and Adolescent Psychiatry, 39*(6), 703-712.

Papousek, H., & Papousek, M. (1992) Beyond emotional bonding: The role of pre-verbal communication in mental growth and health. *Infant Mental Health Journal, 13*, 43-52.

Petersa, B. R. Atkinsb, M. S., & McKayb, M. M. (1999). Adopted children behavior problems: a review of five explanatory models. *Clinical Psychology Review*, *19*(3), 297-328.

Portello, J. (1993). The mother-infant attachment process in adoptive families. *Canadian Journal of Counselling*, *27*(3), 177-190.

Rutter, M., & the English and Romanian Adoptees Study Team (1998). Developmental catch-up and deficit: following adoption after severe global early privation. *Journal of Child Psychology and Psychiatry*, *34*(4), 456-476.

Silin, M. W. (1996). The vicissitudes of adoption for parents and children. *Child of Adolescent Social Work Journal*, *13*(3), 255-269.

Singer, L. M., Brodzinsky, D. M., Ramsay, D., Steir, M., & Watters, E. (1985). Mother-infant attachment in adoptive families. *Child Development*, *56*, 1543-1551.

Stams, G. J. M., Juffer, F., Rispens, J., & Hoksenbergen, R. A. C. (2000). The development and adjustment of 7-year-old children adopted in infancy. *Journal of Child Psychology and Psychiatry*, *8*, 1025-1037.

Trumper, E. (1999). Duda y certezas en fertilización asistida. In E. Giberti, & M. Vul (Orgs.). *La adopción: nuevos enigmas en la clínica*. Buenos Aires: Sudamericana.

Verhulst, F. C., Althaus, M., & Versluis-den Bieman H. J. M. (1990a). Problem behavior in international adoptees I: an epidemiological study. *Journal of American Academy of Child and Adolescent Psychiatry*, *29*(1), 94-103.

Verhulst, F. C. Althaus, M., & Versluis-den Bieman H. J. M. (1990b). Problem behavior in international adoptees II: age at placement. *Journal of American Academy of Child and Adolescent Psychiatry*, *29*(1), 104-110.

Verhulst, F. C. & Versluis-den Bieman, H. J. M. (1995). Developmental course of problems behaviors in adolescent adoptees. *Journal of American Academy of Child and Adolescent Psychiatry*, *34*(2), 151-159.

Wierzlicki, M. (1993). Psychological adjustment of adoptees: a meta-analysis. *Journal of Clinical Child Psychology*, *22*, 447-454.

Winnicott, D. W. (1963/1990). Da dependência à independência no desenvolvimento do indivíduo (I. C. S. Ortiz, Trad.). In D. W. Winnicott. *O ambiente e os processos de maturação: estudos sobre a teoria do desenvolvimento emocional*. Porto Alegre: Artes Médicas.

Winnicott, D. W. (1956/1993). Preocupação materna primária. *Textos selecionados: da pediatria à psicanálise* (J. Russo, Trad.). Rio de Janeiro: Francisco Alves.

Yarrow, L. J., & Goodwin, M. S. (1973). The immediate impact of separations: reactions of infants to a change in mother figure. In L. J. Stone, & L. B. Murphy, *The competent infant: research and commentary*. New York: Basic Books.

Anexo

Análise da interação mãe-criança com 24 meses

(Castro, Chaves, & Piccinini, 2001)

Categorias maternas

Responsividade materna: Refere-se à habilidade da mãe em estar conectada emocionalmente à criança.

1. Mãe evita ou reprime as atividades/solicitações/vontades da criança.
2. Mãe responde de forma inadequada à criança (propõe atividades de forma insistente e/ou incompatível e/ou contrariada e/ou ansiosa).
3. Mãe é indiferente às atividades/solicitações/vontades da criança.
4. Mãe responde de forma adequada à criança (seja por meio da fala ou de comportamentos como olhar, fazer gestos, participar da brincadeira com a criança etc.).
5. Mãe responde *prontamente* de forma adequada às solicitações/vontades da criança.

Intrusividade materna: Extensão na qual a mãe, apropriadamente, estrutura e segue o brinquedo da criança, bem como coloca limites no seu comportamento.

1. Mãe não direciona a interação (a criança brinca sozinha sem interferências).
2. Mãe direciona um pouco a interação (arruma os brinquedos, alcança objetos, faz perguntas, arruma a criança etc.).
3. Mãe direciona um pouco sugerindo elementos novos no brinquedo.
4. Mãe direciona o brinquedo/fala da criança.
5. Mãe direciona o brinquedo de forma altamente estruturada (inclui proibição).

Afeto materno: Diz respeito às expressões de sentimentos (por meio de comportamentos ou da fala) da mãe para com a criança.

1. Mãe demonstra irritação e/ou aborrecimento e/ou oposição consistente às vontades da criança.
2. Mãe mostra sinais de desconforto/descontentamento na interação (inclui ansiedade, ou quando a mãe fica apática).
3. Mãe não demonstra qualquer afeto explícito.
4. Mãe demonstra sinais de prazer na interação (sorri ou esboça um sorriso).
5. Mãe demonstra sinais intensos de prazer na interação (abraça, beija, canta, dá gargalhadas).

Categorias da criança

Responsividade da criança: Forma com a qual a criança expressa seu engajamento aos convites maternos durante a interação.

1. Criança evita ou reprime as atitudes maternas.
2. Criança responde à sua mãe de forma contrariada e/ou tardiamente (fica praticamente todo o intervalo olhando para o que a mãe está fazendo ou resmunga).
3. Criança mostra-se indiferente às atitudes maternas.
4. Criança responde de forma adequada à sua mãe (seja por meio da fala ou de comportamentos como olhar, fazer gestos, brincar junto com a mãe).
5. Criança responde prontamente às atitudes maternas (pega objetos imediatamente após a solicitação, ou responde verbalmente em seguida).

Envolvimento da criança com a mãe: Avalia o grau com que a criança busca engajar a mãe no brinquedo buscando suporte, como companheira ou como ouvinte.

1. Criança não busca envolvimento com a mãe.
2. Criança dá sinais de algum envolvimento com a mãe (olha para ela enquanto brinca sozinha, por exemplo).
3. Criança busca algum envolvimento com a mãe (fala com ela, mostra algum brinquedo/objeto etc.), mas na mesma tarefa que já estava sendo feita.
4. Criança busca contato e envolvimento da mãe em suas atividades (que participe).
5. Criança busca insistentemente contato e envolvimento da mãe em suas atividades (busca participação intensa).

Afeto infantil: Diz respeito às expressões de sentimentos da criança (por meio de comportamentos ou da fala).

1. Criança demonstra irritação e/ou tristeza e/ou oposição consistente à mãe (chora, faz birra).
2. Criança mostra sinais de desconforto/descontentamento na interação (reclama, quer ir embora).
3. Criança não demonstra qualquer afeto explícito.
4. Criança demonstra sinais de prazer na interação.
5. Criança demonstra sinais intensos de prazer na interação (bate palmas, mexe as pernas, canta etc.).

Angela Maria Brasil Biaggio (1940-2003): notas biográficas

Luciana Karine de Souza

Universidade Federal de Minas Gerais

Gustavo Gauer

Universidade Federal do Rio Grande do Sul

William Barbosa Gomes

Universidade Federal do Rio Grande do Sul

Desde que Angela Biaggio nos deixou, um tanto já se escreveu sobre sua trajetória acadêmica e sua relevância para a pesquisa em Psicologia no Brasil. O legado da professora Angela tem sido apreciado de diversas formas, em homenagens, obituários e estudos históricos propriamente ditos (Camino, 2003a, 2003b, 2003c; Milnitsky-Sapiro, 2004; Souza & Gauer, 2008). A professora Angela Biaggio foi uma das pioneiras na formação pós-graduada na área da Psicologia no Brasil. Também foi pioneira em pesquisa do desenvolvimento, muito atuante nos congressos e orientadora competente. Reconhecida no Brasil, no exterior representou o país como uma pesquisadora de destaque na Psicologia, tanto pela produção publicada como pelas investigações que conduzia. Por exemplo, o papel da professora Angela na Sociedade Interamericana de Psicologia (SIP) pode ser apreciado em Maluf (2004), e sua valiosa contribuição ao Programa de Pós-Graduação em Psicologia da Universidade Federal do Rio Grande do Sul (UFRGS) pode ser encontrada em Gomes e Hutz (2010). Ainda foi citada por Florence Denmark (1998), pela qual foi inserida em um seleto grupo de mulheres pesquisadoras da América Latina como merecedoras de maior reconhecimento por parte dos pesquisadores dos Estados Unidos pela qualidade de seu trabalho.

Este capítulo, longe de empreender qualquer análise mais exaustiva, busca apenas organizar e oferecer um material breve que possa ser de interesse a futuros estudos voltados à compreensão da trajetória dessa importante personagem da Psicologia brasileira. Em primeiro lugar, apresentamos um resumo do currículo de Angela escrito por ela mesma. Organizado pelo psicólogo chileno Marcelo Urra, há um site dedicado à biografia de pesquisadores proeminentes na história da SIP. Nele, há uma página sobre Angela, ex-presidente da SIP, contendo fotografias escolhidas e fornecidas por ela própria, indicações pessoais de sua produção científica mais relevante e um resumo em inglês de seu currículo profissional, de sua própria autoria (ver <http://www.uniweb.cl/marcelo.urra/videosip/Biaggio>). Originalmente, ela havia elaborado esse resumo de currículo para apreciação da Association for Moral Education (AME), por ocasião do congresso de 2002, ocorrido em Chicago, quando a professora propôs e coordenou um simpósio com pesquisas brasileiras sobre moralidade. A tradução daquele resumo aparece mais adiante neste capítulo, cumprindo o intuito de se dar voz à própria Angela na apresentação de sua trajetória.

Em seguida, apresentamos um esboço da vida e a obra de Angela Maria Brasil Biaggio na forma de uma linha do tempo, com as principais datas e acontecimentos pessoais e profissionais. Para tanto, foram consultados diversos documentos de seu arquivo pessoal, bem como as valiosas lembranças da filha, Ana Cristina, e do professor Aroldo Rodrigues, querido colega e amigo muito próximo de Angela.

Na terceira e última seção deste capítulo é listada a produção científica da professora publicada postumamente. Essa inclusão visa suplementar a informação de produção constante do currículo Lattes da pesquisadora. Cabe mencionar que, muito recentemente e com a colaboração do CNPq, Luciana Karine de Souza e William Barbosa Gomes têm empreendido esforços para a atualização e o preenchimento completo do currículo da professora Angela na Plataforma Lattes. O primeiro resultado dessa movimentação foi a atualização do resumo de apresentação que consta na abertura do currículo. Publicado em novembro de 2010, ele foi elaborado na forma de um resumo de sua biografia, incluída a informação sobre a data de seu falecimento. A continuidade desse trabalho trará a inserção de dados faltantes no currículo e dos trabalhos publicados após sua morte.

Resumo de currículo elaborado pela professora Angela Biaggio em 2002

Tenho trabalhado com a teoria de Kohlberg desde minha tese de doutorado na Universidade de Wisconsin-Madison, em 1967, sob a supervisão do professor Robert E. Grinder. O tema da tese era a relação entre aspectos cognitivos, comportamentais e emocionais da consciência infantil. A publicação resultante foi Nelsen, Grinder e Biaggio (ver referência número 28).

Voltando ao Brasil, prossegui pesquisando a aplicabilidade dos estágios de Kohlberg à cultura brasileira (2, 3) e procurei relações entre julgamento moral e outros construtos, como dissonância cognitiva (16, 17), *locus* de controle (15), ansiedade (8, 9, 12), participação e afiliação religiosa (29), estudantes de Direito (24), complexidade da estrutura linguística (27), culpa (1), atitudes parentais (4) e outras variáveis da personalidade (18). Depois disso, passei mais a aspectos educacionais aplicados, trabalhando com a adaptação de técnicas de discussão de grupo (5, 6) e a abordagem da "comunidade justa" no Brasil (10).

Passei um semestre na Universidade de Notre Dame, trabalhando com Clark Power, e aprendi muito sobre a abordagem da "comunidade justa". Lá eu também desenvolvi interesse por ecologia (23) e paz (22). Considerações teóricas também têm sido objeto de meu interesse (7, 11).

Eu recém finalizei um livro para a Editora Moderna (São Paulo), intitulado *Lawrence Kohlberg: Ética e Educação Moral* (a sair em julho de 2002) (13), que será o primeiro livro disponível sobre Kohlberg publicado em português. Ele também contém a tradução de três textos de Kohlberg: *"My personal search for a universal morality"*, *"From is to ought"*; e *"The return of stage six"* (25)[1].

Após ter encerrado meus estudos de mestrado sob a supervisão do professor Julian C. Stanley na Wisconsin, eu aprendi sobre avaliação e desenvolvi um gosto pela adaptação de testes para culturas e idiomas estrangeiros (26). Eu realizei uma adaptação do *Sociomoral Reflective Objective Measure* de Gibb's *et al. (14)*, do *Inventário de Ansiedade Estado-Traço de Spielberger*

1 O livro referido foi lançado em 2002, logo após a escrita deste resumo biográfico. Nele, apenas não constou a tradução do texto "*From is to ought*", como a professora havia planejado. O livro está recentemente em sua segunda edição (Biaggio, 2002, 2006).

(19, 20), e do *Inventário de Expressão de Raiva Estado-Traço (21)*, e agora do *DIT-2* de Rest, Narvaez, Bebeau e Thoma (manuscrito em preparação)[2].

Sou membro da AME desde 1990 e compareci aos congressos da associação ocorridos em Notre Dame (EUA), em Athens (Geórgia, EUA) e em Minneapolis (EUA).

De modo geral, estive envolvida com o ensino e a pesquisa em diversas universidades brasileiras e na Moorhead State University (Minnesota State University at Moorhead), Minnesota. Sou membro da APA desde 1969, e sou *fellow* da Divisão 15 da APA (Educational Psychology), fui membro da AERA, SRCD, ISSBD (por alguns anos), e sou membro da Sociedade Interamericana de Psicologia, da qual fui presidente em 1991-1993. Sou também presidente da recém-fundada Sociedade Brasileira de Psicologia do Desenvolvimento, e recebi uma homenagem no primeiro congresso ocorrido em 2000. No Brasil, tenho também sido consultora da CAPES, FAPERGS e CNPq (todas, agências financiadoras governamentais) e pesquisadora sênior do CNPq desde 1977 até hoje.

Total de artigos publicados: 60. Total de trabalhos apresentados em eventos científicos: 110.

Referências

1 Biaggio, A. M. B. (1969). Internalized *versus* externalized guilt: A cross-cultural study. *Journal of Social Psychology, 73*, 147-149[3].

2 Biaggio, A. M. B. (1975). Um estudo intercultural sobre julgamento moral: Comparação entre universitários norte-americanos e brasileiros na escala de julgamento moral de Kohlberg. *Arquivos Brasileiros de Psicologia Aplicada, 27*(2), 71-81.

3 Biaggio, A. M. B. (1976). A developmental study of moral judgment of Brazilian children and adolescents. *Interamerican Journal of Psychology, 10*, 71-73.

4 Biaggio, A. M. B. (1979). Maternal and peer correlates of moral judgment. *Journal of Genetic Psychology, 135*, 203-208.

5 Biaggio, A. M. B. (1983). Desenvolvimento de valores: Um estudo piloto. *Educação e Realidade, 8*(1), 25-33.

---

2 O manuscrito ao qual a professora se refere, como citado anteriormente, foi redigido para a apresentação de um trabalho no simpósio que organizou e que compôs a programação do congresso da AME de 2002, em Chicago. O texto original e inédito consta como capítulo do presente livro.

3 O volume correto dessa publicação da professora Angela é 78, no número 1, de junho de 1969.

6 Biaggio, A. M. B. (1985). Discussões de julgamento moral: Idiossincrasias do caso brasileiro. *Psicologia: Teoria e Pesquisa, 1*(3), 195-204.

7 Biaggio, A. M. B. (1988). Desenvolvimento moral: Vinte anos de pesquisa no Brasil. Psicologia: *Reflexão e Crítica, 2*(1/2), 60-69.

8 Biaggio, A. M. B. (1989). Relações entre maturidade de julgamento moral e ansiedade traço-estado. *Arquivos Brasileiros de Psicologia Aplicada, 41*(3), 9-22.

9 Biaggio, A. M. B. (1992). Relações entre maturidade de julgamento moral e comportamento moral como função do nível de ansiedade. *Análise Psicológica, 10*(4), 443-456.

10 Biaggio, A. M. B. (1997). Kohlberg e a "comunidade justa": Promovendo o senso ético e a cidadania na escola. *Psicologia: Reflexão e Crítica, 10*(1), 47-69.

11 Biaggio, A. M. B. (1999). Universalismo versus relativismo em julgamento moral. Psicologia: *Reflexão e Crítica, 12*(1), 5-20.

12 Biaggio, A. M. B. (in press – a). Anxiety, anger, and moral judgment (Interamerican Society of Psychology Presidential Address, Santiago, Chile). In C. D. Spielberger (Ed.), *Stress and emotion* (Vol. 17). New York: Hemisphere Publishing Company.

13 Biaggio, A. M. B. (in press – b). *Lawrence Kohlberg: Ética e educação moral*. São Paulo: Editora Moderna.

14 Biaggio, A. M. B., & Barreto, M. S. L. (1991). Adaptação brasileira de uma medida objetiva de julgamento moral. *Arquivos Brasileiros de Psicologia, 43*(1/2), 107-119.

15 Biaggio, A. M. B., & Guazelli, E. F. (1984). Relações entre maturidade de julgamento moral e locus de controle. *Arquivos Brasileiros de Psicologia Aplicada, 36*(2), 63-73.

16 Biaggio, A. M. B., & Rodrigues, *A. (1971)*. Behavioral compliance and devaluation of the forbidden object as a function of probability of detection and severity of threat. *Developmental Psychology, 4*, 320-323.

17 Biaggio, A. M. B., Simpson, S., & Wegner, G. (1973). A developmental study of cognitive dissonance as a function of level of performance on Piagetian tasks. *Genetic Psychology Monographs, 38*, 175-200.

18 Biaggio, A. M. B., & Spada, M. (1982). Relationships between maturity of moral judgment and the structure of personality: A test of Hogan's hypothesis with Brazilian subjects. *Interamerican Journal of Psychology, 16*(1), 23-30.

19 Biaggio, A. M. B., & Spielberger, C. D. (1980). *Manual do Inventário de Ansiedade Traço-Estado: IDATE*. Rio de Janeiro: CEPA.

20 Biaggio, A. M. B., & Spielberger, C. D. (1983). *Manual do Inventário de Ansiedade Traço-Estado – Forma infantil: IDATE-C*. Rio de Janeiro: CEPA.

21 Biaggio, A. M. B., & Spielberger, C. D. (1994). *Manual do Inventário de Expressão de Raiva: STAXI*. Rio de Janeiro: CEPA.

22 Biaggio, A. M. B., & Souza, L. K. (in press). Atitudes em relação à paz, à guerra e à violência em jovens de cinco cidades brasileiras. *Revista do Departamento de Psicologia da Universidade Federal Fluminense*[4].

23 Biaggio, A. M. B., Vargas, G. A. O., Monteiro, J. K., Plitzco-Gries, G., Souza, L. K., Viñas, A. C., Giongo, A. L., Müller, M. L. P., Gurski, R., & Tesche, S. L. (1998). Julgamento moral e maturidade de atitude em relação à ecologia. *Interamerican Journal of Psychology, 32*(1), 33-52.

24 Keunecke, C. M., Bardagi, M. P., & Biaggio, A. M. B. (1994). Desenvolvimento moral em estudantes de Direito e juízes. *Psicologia: Reflexão e Crítica, 7*(1), 15-28.

25 Kohlberg, L., Boyd, D., & Levine, C. (1990). The return of stage 6: Its principle and moral point of view. In T. E. Wren (Ed.). *The moral domain: Essays in the ongoing discussion between philosophy and the social sciences* (pp. 151-181). Cambridge, MA: MIT Press.

26 Koller, S. H., Biaggio, A. M. B., Lopes, R. S., Rique Neto, J., Camino, C. P. S., Dias, M. G., & Costa, A. E. (1994). Uma investigação sobre os instrumentos de medida de maturidade de julgamento moral em uso no Brasil. *Psicologia: Reflexão e Crítica, 7*(1), 5-14.

27 Marcolin, E. H., & Biaggio, A. M. B. (1985). Relações entre maturidade de julgamento moral e complexidade de estrutura linguística. *Educação e Realidade, 10*(1), 23-38.

28 Nelsen, E., Grinder, R., & Biaggio, A. M. B. (1969). Relationships among behavioral, development, and self-report measures of morality and personality. *Multivariate Behavior Analysis, 4*, 483-500. (Based in part on Ph.D. Dissertation).

29 Urbina-Léon, C. I., Biaggio, A. M. B., & Vegas, C. (1998). Relações entre julgamento moral pós-convencional, grau de fé, afiliação e participação religiosas. In M. L. S. Moura, J. Correa & A. Spinillo (Eds.). *Pesquisas brasileiras em psicologia do desenvolvimento* (pp. 141-161). Rio de Janeiro: EDUERJ.

4 Artigo publicado logo após a escrita deste resumo de currículo pela professora (Biaggio & Souza, 2001).

Linha do tempo biográfica da professora Angela Biaggio

ANO	EVENTO
jul./1940	Filha de Mario Nobrega Brasil da Silva e Maria de Lourdes Canario Brasil, nasce, no dia 29, Angela Maria Canario Brasil, na cidade do Rio de Janeiro.
1958-1959	Vai para os Estados Unidos da América (EUA) como intercambista do programa American Field Service (AFS) para passar um ano cursando o ensino médio.
1959	Retorna ao Brasil para concluir os estudos de professora primária (escola normal), com estágio de docência em uma favela da cidade do Rio de Janeiro.
1960	Inicia o Curso de "Formação de Psicólogos" na PUC-RJ, tendo sido aluna do então diretor do Instituto de Psicologia Revmo. Pe. Antonius Benko, S. J., e do vice-reitor acadêmico Julian C. Stanley.
ago./1963	Casa-se com Luis Isnard Leão Biaggio.
1964	Obtém o título de Psicóloga pela PUC-RJ.
abr./1964	Vai para os EUA para fazer Mestrado na University of Wisconsin-Madison, sob a orientação de Julian C. Stanley. Durante os estudos de Mestrado, trabalha como assistente de pesquisa do Prof. Herbert J. Klausmeier, diretor do Wisconsin Research and Development Center for Cognitive Learning.
1964	Primeiro trabalho apresentado em evento científico, em coautoria com o orientador de Mestrado, Julian C. Stanley.
1965	Conclui o Mestrado em Educational Psychology, com a dissertação "Relative predictability of freshman grades from scholastic aptitude tests (S.A.T.) in negro and white southern colleges". Publica seu primeiro texto científico da carreira, na *Journal of Educational Measurement.*
1965	Inicia o programa de PhD na University of Wisconsin-Madison (EUA), sob a orientação do professor Robert E. Grinder.
1967	Conclui o PhD em Psicologia do Desenvolvimento, com a tese "Relationships among behavioral, cognitive, and affective aspects of children's conscience". Deixa os EUA em setembro.
out./1967	Nasce sua filha, Ana Cristina, na cidade do Rio de Janeiro.
1968	Publica o primeiro texto científico em língua portuguesa, intitulado "Identificação: Principais hipóteses", no periódico *Arquivos Brasileiros de Psicotécnica.*

Ano	Evento
1969	Ingressa na APA como *"Member"*.
jul./1969	Nasce seu filho, Maurício, na cidade do Rio de Janeiro.
set./1969	Vai para Ribeirão Preto (SP) com a família, onde permanece até junho de 1970.
1970	Conquista o segundo lugar no Premio Mira y Lopes (ISOP/FGV).
jul./1970	Voltando aos Estados Unidos, dedicou-se por dois anos à docência e à pesquisa em Psicologia do Desenvolvimento no Departamento de Psicologia da Minnesota State University Moorhead.
ago./1970- -jan./1972	Torna-se *Associate Professor* no Moorhead State College, com dedicação à pós-graduação.
jan./1972	Retorna para o Brasil e insere-se como docente e pesquisadora na Universidade de Brasília (DF).
dez./1972- -fev./1974	Trabalha na PUC-RS, dedicando-se ao ensino, à pesquisa e à administração universitária.
1973	Conclui sua primeira orientação de Mestrado em Psicologia, na PUC-RS
1974	Inicia seu trabalho na PUC-RJ, sob a direção de Aroldo Rodrigues no Departamento de Psicologia.
1974	Conclui sua primeira orientação de Mestrado em Educação, na PUC-RJ.
1975	Publica seu primeiro livro, *Psicologia do Desenvolvimento*, pela Editora Vozes.
1975	Conclui sua primeira orientação de Mestrado em Psicologia, na PUC-RJ.
1975	Participa, pela primeira vez, de banca de defesa de dissertação de Mestrado (Psicologia Clínica), na PUC-RJ.
1976	Conclui sua primeira orientação de Doutorado, na área de Psicologia Clínica, na PUC-RJ.
1977	Início do vínculo de pesquisadora no CNPq.
1980	É admitida na Universidade Federal do Rio Grande do Sul, onde virá a trabalhar até seu falecimento.
1981	Publica o *Manual do Inventário de Ansiedade Traço-Estado*, pelo CEPA.
1984	Publica o livro *Pesquisas em Psicologia do Desenvolvimento e da Personalidade*, pela Editora da UFRGS.
1986	Traduz o livro *Teoria Crítica e Resistência em Educação: Para Além das Teorias de Reprodução*, de Henry Giroux, para a Editora Vozes.

Ano	Evento
1988	É publicada a nona edição do livro *Psicologia do Desenvolvimento*, revisada e atualizada pela autora.
1988	Traduz o livro *Rituais na Escola: Em Direção a uma Economia Política de Símbolos e Gestos na Educação*, de Peter McLaren, junto com J. C. Marques, para a Editora Vozes.
1988	Conclui sua primeira orientação de Doutorado em Educação, na UFRGS.
mar./1988	Transfere-se para o Departamento de Psicologia do Instituto de Filosofia e Ciências Humanas da UFRGS.
1988	É lançada a 13ª edição do livro *Psicologia do Desenvolvimento*.
out./1988	Assume o cargo de diretora do COESP.
1990	Entra para The Association for Moral Education (AME) como *member*.
1991-1993	Eleita presidente da Sociedade Interamericana de Psicologia.
1994	Embarca para os EUA para estudos de pós-doutorado na University of Notre Dame (Notre Dame, Indiana) sob a orientação de F. Clark Power.
1994	Publica o *Manual do Inventário de Expressão de Raiva Estado-Traço: STAXI*, pela Editora Vetor.
1995	Ingressa como *Fellow* na Division 15 – Educational Psychology, da APA.
1995	Aposenta-se como professora na UFRGS. Prossegue como pesquisadora, docente e orientadora no PPG-Psicologia da mesma universidade. Enfrenta o falecimento precoce de seu filho Maurício, então com 26 anos.
1997	Presidente Honorária da Sociedade Brasileira de Psicologia do Desenvolvimento.
2000	Homenageada pela Sociedade Brasileira de Psicologia do Desenvolvimento.
2000	Conclui sua primeira orientação de Doutorado em Psicologia, na UFRGS. Neste ano nasce sua primeira neta, Ana Clara.
2000	Participa da *Encyclopedia of Psychology* organizada por Alan Kazdin, colaborando com o verbete "Brazil".
2002	Trabalha na atualização, inacabada, de seu livro *Psicologia do Desenvolvimento*.
2002	Publica o livro *Lawrence Kohlberg: Ética e Educação Moral*, pela Editora Moderna. O livro inclui a tradução de dois textos de Kohlberg para o português.

Ano	Evento
2002	Comparece à reunião da AME em Chicago (EUA) para conduzir o simpósio Moral Judgment, Peace and Forgiveness: Studies by Brazilian Researchers e nele apresentar o trabalho "Moral Judgment and Peace: Studies with the DIT-2 in Brazil".
jan./2003	Submete o trabalho "Atitudes de estudantes paraibanos em relação à natureza" para apresentar no IV Congresso Brasileiro de Psicologia do Desenvolvimento de 24 a 27 de maio, em João Pessoa (PB).
mar./2003	Última atualização de seu Currículo Lattes.
maio/2003	Falece no dia 19, em Porto Alegre, aos 62 anos de idade. No ano seguinte, nasceria sua segunda neta, Ana Laura.

Textos de autoria da professora Angela Biaggio publicados postumamente

Biaggio, A. M. B., Souza, L. K, Monteiro, J. K., & Camino, C. P. S. (2008). Atitudes em relação à ecologia em jovens de diferentes países e estados brasileiros. *Gerais: Revista Interinstitucional de Psicologia*, *1*(2), 148-163.

Biaggio, A. M. B., Souza, L. K, Monteiro, J. K., & Martini, R. M. F. (2004). Attitudes toward peace, war, and violence in five countries. *Journal of Peace Education*, *1*(2), 179-189.

Biaggio, A. M. B., Vikan, A., & Camino, C. P. S. (2005). Orientação social, papel sexual e julgamento moral: Uma comparação entre duas amostras brasileiras e uma norueguesa. *Psicologia: Reflexão e Crítica*, *18*(1), 1-6.

Souza, L. K., Sperb, T. M., McCarthy, S. N., & Biaggio, A. M. B. (2006). Brazilian Children's Conceptions of Peace, War, and Violence. *Peace and Conflict: Journal of Peace Psychology*, *12*(1), 49-63.

Vikan, A., Camino, C. P. S., & Biaggio, A. M. B. (2005). Note on a cross-cultural test of Gilligan's ethic of care. *Journal of Moral Education*, *34*(1), 107-111.

Vikan, A., Camino, C. P. S., Biaggio, A. M. B., & Nordvik, H. (2007). Endorsement of the New Ecological Paradigm: A comparison of two Brazilian samples and one Norwegian sample. *Environment and Behavior*, *39*(2), 217-228.

Referências do capítulo

Biaggio, A. M. B. (2002). *Lawrence Kohlberg: ética e educação moral* (2a ed.). São Paulo: Editora Moderna.

Biaggio, A. M. B., & Souza, L. K. (2001). Atitudes em relação à paz, à guerra e à violência em cinco cidades brasileiras. *Revista do Departamento de Psicologia da UFF, 13*(2), 65-82.

Camino, C. S. P. (2003a). Angela Biaggio (1940-2003): Um percurso na história do desenvolvimento sociomoral do Brasil. *Psicologia: Reflexão e Crítica, 16*(1), V-VIII.

Camino, C. S. P. (2003b). Notícia: O legado científico de Angela Biaggio (1940-2003) para o Brasil. *Psicologia: Teoria e Pesquisa, 19*(2), 187-188.

Camino, C. S. P. (2003c). Angela Biaggio: The course of history of Brazil's socio-moral development research. *Revista Interamericana de Psicologia, 37*(2), 215-220.

Denmark, F. (1998). Women and Psychology: An international perspective. *American Psychologist, 53*(4), 465-473.

Gomes, W. B., & Hutz, C. S. (2010). Anotações históricas e conceituais sobre o Programa de Pós-Graduação em Psicologia da Universidade Federal do Rio Grande do Sul. *Psicologia: Reflexão e Crítica, 23*(supl.1), 47-57.

Maluf, M. R. (2004). A participação de psicólogos brasileiros na Sociedade Interamericana de Psicologia: Contribuições e perspectivas. *Revista Interamericana de Psicologia, 38*(2), 323-332.

Milnitsky-Sapiro, C. (2004). Obituary: Angela Biaggio (1940-2003). *Journal of Moral Education, 33*(2), 233-235.

Souza, L. K., & Gauer, G. (2008). Orientação acadêmica da iniciação científica ao pós-doutorado: O exemplo de Angela M. B. Biaggio (1940-2003). *Mosaico: Estudos em Psicologia, 2*(1), 57-63.